São Tomás de Aquino e São Francisco de Assis

G. K. Chesterton

São Tomás de Aquino e São Francisco de Assis

Tradução:
André Oides Matoso e Silva

MADRAS®

Publicado originalmente em inglês sob o título *Saint Thomas Aquinas/ Saint Francis of Assisi.*
Direitos de tradução para todos os países de língua portuguesa.

Editor:
Wagner Veneziani Costa

Produção e Capa:
Equipe Técnica Madras

Tradução:
André Oides Matoso e Silva

Revisão da tradução:
Marcos Malvezzi Leal

Revisão:
Sergio Scuotto de Souza
Tatiana B. Malheiro
Letícia Pieroni

Dados Internacionais de Catalogação na Publicação (CIP)
(Câmara Brasileira do Livro, SP, Brasil)

Chesterton, G. K., 1874-1936.
São Tomás de Aquino e São Francisco de Assis / G. K. Chesterton; tradução André Oides Matoso e Silva. -- São Paulo: Madras, 2012.
Título original: Saint Thomas Aquinas and Saint Francis Assisi.

ISBN 978-85-370-0748-8

1. Francisco de Assis, Santo, 1181 ou 2-1226
2. Santos cristãos - Biografia 3. Tomás, de Aquino, Santo, 1225?-1274 I. Título.
12-01122 CDD-270.092

Índices para catálogo sistemático:
1. Santos cristãos : Vida e obra 270.092

MADRAS EDITORA LTDA.
Rua Paulo Gonçalves, 88 — Santana
CEP: 02403-020 — São Paulo/SP
Caixa Postal: 12183 — CEP: 02013-970
Tel.: (11) 2281-5555 — Fax: (11) 2959-3090
www.madras.com.br

Índice

São Tomás de Aquino

A
Dorothy Collins

Sem cujo auxílio o autor teria ficado mais desamparado que de costume

Nota Introdutória

Este livro não tem a pretensão de ser qualquer coisa além de um esboço popular sobre um grande personagem histórico que deveria ser mais popular. O objetivo será alcançado se mesmo aqueles que nunca ouviram falar de São Tomás de Aquino se interessarem posteriormente em ler a respeito dele em livros melhores. Mas desta limitação necessária seguem-se certas consequências, que talvez devam ser admitidas desde o início.

Primeiro, a história é contada em grande medida para aqueles que não pertencem à comunhão de São Tomás e que se interessam por ele como eu me interessaria por Confúcio ou Maomé. Por outro lado, a própria necessidade de um perfil claro exigiu uma adaptação a outras linhas de pensamento entre aquelas pessoas que podem ter uma visão diferente. Se escrevo um esboço de Nelson, principalmente para estrangeiros, terei de explicar em detalhes muitas coisas que todos os ingleses sabem e possivelmente excluir, para fins de brevidade, diversos detalhes que muitos ingleses gostariam de saber. Mas, por outro lado, seria difícil escrever uma narrativa muito vívida e comovente a respeito de Nelson omitindo o fato de que ele lutou contra os franceses. Seria fútil fazer um esboço de São Tomás e ocultar o fato de que ele lutou ao lado dos hereges, o que por sua vez poderia prejudicar o propósito da própria luta. Posso apenas expressar a esperança, e até mesmo a confiança, de que aqueles que me consideram herege dificilmente me culparão por expressar minhas convicções, e menos ainda as convicções de meu herói. Só há um ponto a considerar nessa questão, no que diz respeito a esta narrativa bastante simples. É a convicção, que expressei uma ou duas vezes no decurso da narrativa, de que o cisma do século XVI foi realmente uma revolta atrasada dos pessimistas do século XIII. Foi uma reação do antigo puritanismo agostiniano contra a liberalidade aristotélica. Sem isso, eu não poderia situar minha figura histórica na história. Mas o todo visa apenas a um esboço rudimentar de uma figura em uma paisagem, e não uma paisagem com figuras.

Em segundo lugar, em qualquer simplificação desse tipo, não posso dizer muito acerca do filósofo além de mostrar que ele tinha uma filosofia. Só dei, por assim dizer, amostras dessa filosofia. Por fim, é praticamente impossível lidar de modo adequado com a teologia. Uma senhora que conheço apanhou um livro comentado de seleções de São Tomás de Aquino e começou a ler, cheia de esperança, uma seção com o inocente título "A Simplicidade de Deus". Ela então pôs o livro de lado com um suspiro e disse: "Bem, se essa é a simplicidade d'Ele, imagino como deve ser Sua complexidade". Com todo respeito àquele excelente comentário tomista, não tenho nenhum desejo de que este livro seja posto de lado, à primeira olhada, com um suspiro semelhante. Adotei a visão de que a biografia é uma introdução à filosofia e que a filosofia é uma introdução à teologia, e de que só posso transportar o leitor um pouco além do primeiro estágio da história.

Em terceiro lugar, não achei necessário notar aqueles críticos que, de tempos em tempos, tentam desesperadamente agradar ao público reimprimindo parágrafos de demonologia medieval, na esperança de horrorizar o leitor moderno por meio de uma linguagem não familiar. Considerei como dado que as pessoas educadas sabem que Tomás e todos os seus contemporâneos, bem como todos os seus oponentes ao longo dos séculos seguintes, acreditavam em demônios e fatos semelhantes, mas não pensei que estes fossem dignos de menção aqui, pela simples razão de que não ajudam a destacar ou distinguir o retrato. Em tudo isso não houve nenhum desacordo entre teólogos protestantes ou católicos, por todas as centenas de anos em que houve alguma teologia; e São Tomás não é notável por sustentar tais visões, exceto com bastante moderação. Deixei de fora tais discussões, não porque tenha qualquer razão para ocultá-las, mas porque elas não dizem respeito pessoalmente, de modo algum, à única pessoa que tenho aqui a tarefa de revelar. De qualquer forma, não haveria espaço para tal figura em tão restrita moldura.

I

Sobre Dois Frades

Deixem-me antecipar logo o comentário, respondendo ao nome daquele notório personagem que se apressa a entrar onde até mesmo os anjos do Doutor Angélico temem caminhar. Algum tempo atrás, escrevi um pequeno livro deste tipo e formato sobre São Francisco de Assis e, algum tempo depois (não sei quando ou como, como diz a canção, e certamente não sei por quê), prometi escrever um livro do mesmo tamanho, ou da mesma pequenez, a respeito de São Tomás de Aquino. A promessa era franciscana apenas em sua ousadia, e o paralelo estava muito longe de ser tomista em sua lógica. Você pode fazer um esboço de São Francisco, mas só pode fazer uma planta de São Tomás, como a planta de uma cidade labiríntica. E ainda assim, em certo sentido, ele se encaixaria em um livro muito maior, ou em um livro muito menor. Aquilo que realmente sabemos de sua vida pode ser abordado de modo bastante satisfatório em poucas páginas, pois ele não desapareceu em uma chuva de historietas pessoais e lendas populares, como São Francisco. O que sabemos, ou poderíamos saber, ou ter a sorte de aprender acerca de sua obra, provavelmente preencherá ainda mais bibliotecas no futuro do que já preencheu no passado. É admissível esboçar São Francisco em um perfil; mas com São Tomás tudo depende do preenchimento do perfil. Seria até mesmo medieval, em certo sentido, iluminar uma miniatura do *Poverello*, cujo próprio título é um diminutivo. Mas fazer um resumo, à maneira dos tabloides, da vida do Boi Mudo da Sicília supera todas as experiências dissertativas desse estilo de escrita; seria como tentar colocar um boi em uma xícara de chá. Esperemos, contudo, que seja possível fazer um esboço de biografia, já que hoje em dia parece que qualquer um é capaz de escrever um esboço de história ou de qualquer coisa. Neste caso, porém, o perfil é antes uma extrapolação de tamanho. O hábito grande o suficiente para conter o frade colossal não existe.

Afirmei que estes só podem ser retratos em esboço. Mas o contraste concreto aqui é bastante notável, pois mesmo que víssemos as silhuetas das duas figuras humanas subindo o morro em seus hábitos de frade, acharíamos esse contraste até mesmo cômico. Seria como ver, mesmo de longe, as silhuetas de Dom Quixote e Sancho Pança ou de Falstaff e Mestre Delgado. São Francisco era um homenzinho esbelto e jovial, magro como um fio de linha e vibrante como uma corda de arco, seus movimentos eram como os de uma flecha. Toda sua vida foi uma série de saltos e fugas precipitadas, disparando atrás do mendigo, correndo nu para a floresta, lançando-se no navio estranho, arremessando-se na tenda do sultão e oferecendo-se para lançar-se ao fogo. Sua aparência devia lembrar uma folha fina e seca de outono dançando eternamente ao vento; mas na verdade ele era o próprio vento.

São Tomás era um homem imenso e pesado como um boi; gordo, lento e silencioso; muito brando e magnânimo, mas não muito sociável; tímido, mesmo fora da humildade da santidade; absorto, mesmo fora de suas ocasionais experiências de transe ou êxtase, cuidadosamente mantidas em segredo. São Francisco era tão impetuoso e irrequieto que os eclesiásticos, perante os quais ele aparecia de modo tão súbito, pensavam que fosse um louco. São Tomás era tão estólido, que os estudiosos nas escolas que ele frequentava pensavam que fosse um idiota. De fato, ele era o tipo de estudante, não raro, que preferiria ser considerado um idiota a ter seus próprios sonhos invadidos por idiotas mais ativos ou animados. Esse contraste externo se estende a quase todos os pontos das duas personalidades. O paradoxo de São Francisco era que, apesar de apaixonado por poemas, ele tinha muita desconfiança dos livros. O fato notável sobre São Tomás era que ele amava os livros e vivia debruçado sobre eles; vivia a própria vida do copista ou estudioso dos *Contos da Cantuária*, que preferiria ter uma centena de livros de Aristóteles e sua filosofia a qualquer riqueza que o mundo pudesse lhe dar. Quando lhe foi perguntado pelo que ele mais agradecia a Deus, respondeu simplesmente: "Entendi toda página que li". São Francisco era muito vívido em seus poemas e bastante vago em seus documentos; São Tomás dedicou toda sua vida a documentar sistemas inteiros de literatura pagã e cristã, e ocasionalmente escrevia um hino, como um homem tirando uma folga. Eles enxergavam o mesmo problema sob diferentes ângulos de simplicidade e sutileza. São Francisco pensava que seria suficiente abrir seu coração aos muçulmanos para persuadi-los a não cultuar Maomé. São Tomás ocupava a cabeça com toda distinção e dedução sutil sobre o Absoluto ou o Acidental, meramente para impedir os mesmos muçulmanos de compreender erroneamente Aristóteles. São Francisco era filho de um lojista ou comerciante de classe média e, enquanto toda sua vida foi uma revolta contra a vida mercantil de seu pai, ele reteve, não obstante, algo da rapidez e adaptabilidade social que faz o mercado zumbir como uma colmeia. Como diria o ditado, embora gostasse de campos verdejantes, ele não deixava a grama crescer sob seus pés. Ele era o que os milionários e *gangsters* norte-americanos chamam de um fio vivo [*live wire*]. É típico dos mecanicistas modernos que, mesmo quando tentam imaginar uma coisa viva, só podem pensar em uma metáfora mecânica derivada de uma coisa morta. Existe algo como um verme vivo, mas não existe tal coisa como um fio vivo. São Francisco teria concordado de bom grado em ser visto como um verme, mas era um verme bastante vivo. O maior dos inimigos do ideal do "vá em frente e conquiste", ele abandonou a conquista, mas ainda ia em frente. São Tomás, por outro lado, veio de um mundo onde ele poderia ter desfrutado lazer, e continuou a ser um daqueles homens cujo trabalho tem algo da placidez do lazer. Ele trabalhava duro, mas ninguém poderia confundi-lo com uma pessoa enérgica. Ele tinha algo indefinível, uma marca daqueles que trabalham quando não precisam. Pois ele era por nascimento um cavalheiro de uma grande casa; e tal condição pode se tornar um hábito, quando deixa de ser um motivo. Mas, em Tomás, isso se expressava apenas em seus elementos mais agradáveis; por exemplo, em sua cortesia e paciência sem esforço. Todo santo é um homem antes de ser um santo; e pode-se fazer um santo a partir de qualquer tipo ou espécie de homem. A maioria de nós escolherá entre esses diferentes tipos, de acordo com nossos diferentes gostos. Mas confessarei que, embora a glória romântica de São Francisco não tenha perdido nenhuma parte de seu *glamour* para mim, passei a sentir nos últimos anos quase tanta afeição, ou em alguns aspectos ainda mais afeição, por esse homem que habitou inconscientemente um grande coração e uma grande cabeça, como alguém que herda uma grande casa e pratica com ela grande hospitalidade, embora um tanto distraída. Há momentos em que São Francisco, o homem menos mundano que já caminhou neste mundo, é quase eficiente demais para mim.

São Tomás de Aquino reapareceu recentemente na cultura atual das faculdades e dos salões de uma maneira que teria sido bastante surpreendente até mesmo dez anos atrás. E o clima que se formou em torno dele é sem dúvida muito diferente daquele que popularizou São Francisco há uns 20 anos.

O Santo é um remédio, porque é um antídoto. De fato, é por isso que o santo é frequentemente um mártir, confundido com um veneno por ser antídoto. Ele costuma devolver a santidade ao mundo quando enxerga aquilo que o mundo negligencia, que de modo algum é sempre o mesmo elemento em todas as épocas. Contudo, cada geração busca seu santo por instinto; e ele não é o que as pessoas querem, mas antes o que as pessoas precisam. Esse é certamente o significado muito mal compreendido daquelas palavras dirigidas aos primeiros santos: "Vós sois o sal da terra", que fizeram o ex-Kaiser observar, com toda solenidade, que seus vigorosos alemães eram o sal da terra, significando meramente que eles eram os mais vigorosos da terra e, portanto, os melhores. Mas o sal tempera e preserva a carne, não porque é como a carne, mas porque é muito diferente dela. Cristo não disse a seus apóstolos que eles eram apenas pessoas excelentes, ou as únicas pessoas excelentes, mas que eram pessoas excepcionais, pessoas permanentemente incongruentes e incompatíveis; e o texto sobre o sal da terra é de fato tão afiado, contundente e ácido quanto o gosto do sal. Por serem pessoas excepcionais, eles não deviam perder sua qualidade excepcional. "Se o sal se tornar insosso, com que o salgaremos?" é uma questão muito mais relevante do que qualquer mero lamento sobre o preço da melhor carne. Se o mundo se tornar muito mundano, pode ser repreendido pela Igreja; mas se a Igreja se tornar muito mundana, ela não pode ser devidamente repreendida pelo mundo por sua mundanidade.

Portanto, o paradoxo da história é que cada geração é convertida pelo santo que mais a contradiz. São Francisco exercia uma curiosa e quase misteriosa atração sobre os vitorianos, os ingleses do século XIX, que aparentavam grande complacência em relação ao comércio e ao senso comum. Não apenas um inglês bastante complacente como Matthew Arnold, mas até mesmo os liberais ingleses que ele criticava por sua complacência, começaram a descobrir o mistério da Idade Média por meio da estranha história contada com penas e chamas nas figuras hagiográficas de Giotto. Havia algo na história de São Francisco que trespassou todas aquelas qualidades inglesas que são mais famosas e supérfluas para chegar àquelas mais ocultas e humanas: a secreta ternura do coração, a vagueza poética da mente, o amor pela paisagem e pelos animais. São Francisco de Assis foi o único católico medieval que realmente se tornou popular na Inglaterra por seus próprios méritos. Isso se deveu em grande medida a um sentimento subconsciente de que o mundo moderno negligenciara aqueles méritos particulares. As classes médias inglesas encontraram seu único missionário na figura que, de todos os tipos do mundo, elas mais desprezavam: um mendigo italiano.

Assim, da mesma forma que o século XIX se agarrou ao romance franciscano precisamente por negligenciar o romance, o século XX já está se agarrando à teologia racional tomista, porque negligenciou a razão. Em um mundo por demais estólido, o Cristianismo retornou na forma de um vagabundo; em um mundo que se tornou excessivamente turbulento, o Cristianismo retornou na forma de um professor de lógica. No mundo de Herbert Spencer, os homens desejavam uma cura para a indigestão; no mundo de Einstein, eles querem uma cura para a vertigem. No primeiro caso, perceberam vagamente o fato de que foi após um longo jejum que São Francisco cantou o "Cântico do Sol" e o louvor à terra frutífera. No segundo caso, já perceberam, também vagamente, que, mesmo que queiram apenas entender Einstein, é necessário primeiro entender o uso do entendimento. Começaram a ver que, assim como o século XVIII pensava em si mesmo como a era da razão, e o século XIX como a era do senso comum, o século XX ainda não consegue se ver como outra coisa senão a era do contrassenso incomum. Nessas condições, o mundo precisa de um santo; mas, acima de tudo, necessita de um filósofo. E esses dois casos realmente mostram que o mundo, para lhe sermos justos, tem um instinto para aquilo de que ele necessita. A Terra era plana demais para aqueles vitorianos que mais vigorosamente repetiam que era redonda, e o Alverne dos estigmas se elevava como uma única montanha na planície. Mas a Terra é um terremoto, um incessante e aparentemente interminável terremoto, para os modernos para os quais Newton foi jogado fora junto com Ptolomeu. E para eles há algo mais íngreme e ainda mais incrível do que uma montanha: um pedaço de chão realmente sólido, o nível do homem equilibrado. Assim, em nossa época, os dois santos tiveram um apelo para duas gerações, uma era de românticos e uma era de céticos; contudo, em sua própria época eles faziam o mesmo trabalho: um trabalho que mudou o mundo.

De novo, pode-se mesmo dizer que a comparação é vã e não serve nem mesmo como uma fantasia, uma vez que os homens de fato nem sequer pertenciam à mesma geração ou ao mesmo momento histórico. Se dois frades devem ser apresentados como um par de Gêmeos Celestes, a comparação óbvia é entre São Francisco e São Domingos. As relações entre São Francisco e São Tomás eram, na melhor das hipóteses, aquelas entre tio e sobrinho; e meu extravagante excurso pode parecer apenas uma versão altamente profana de "Tommy make room for your uncle".[1] Pois, se São Francisco e São Domingos foram os grandes

1. "Tommy Make Room for Your Uncle" é uma canção escrita por T. S. Lansdale em 1875.

irmãos gêmeos, Tomás foi obviamente o grande primogênito de São Domingos, assim como seu amigo Boaventura foi o de São Francisco. Não obstante, tenho uma razão (de fato, duas razões) para adotar como texto o acidente de duas páginas de título e colocar São Tomás ao lado de São Francisco em vez de emparelhá-lo com Boaventura, o franciscano. Ocorre que a comparação, remota e perversa como pode parecer, é na verdade uma espécie de atalho para o coração da história, e nos leva pelo caminho mais rápido à verdadeira questão da vida e da obra de São Tomás de Aquino. Pois a maioria das pessoas de hoje tem na mente uma imagem rudimentar, mas pitoresca, da vida e da obra de São Francisco de Assis. E o caminho mais curto para contar a outra história é dizer que, embora os dois homens fossem, portanto, um contraste em quase todos os traços, eles estavam de fato fazendo a mesma coisa. Um deles o fazia no mundo da mente, e o outro, no mundo daquilo que é mundano. Mas foi o mesmo grande movimento medieval, ainda pouco compreendido. Em um sentido construtivo, foi mais importante do que a Reforma. Ou melhor, em um sentido construtivo, ele foi a Reforma.

Sobre esse movimento medieval, há dois fatos que devem antes ser enfatizados. Não são, é claro, fatos contrários, mas talvez respostas para falácias contrárias. Primeiro, apesar de tudo que já foi dito sobre a superstição, sobre a Idade das Trevas e sobre a esterilidade do escolasticismo, ele foi, em todos os sentidos, um movimento de alargamento, movendo-se sempre rumo a uma maior luminosidade e a uma liberdade ainda maior. Segundo, apesar de tudo que foi dito posteriormente a respeito do progresso, do Renascimento e dos precursores do pensamento moderno, foi quase inteiramente um movimento de entusiasmo teológico ortodoxo, desdobrado a partir do interior. *Não* foi um acordo com o mundo nem uma rendição aos pagãos ou aos hereges, tampouco um mero empréstimo de auxílios externos, mesmo quando de fato os tenha tomado emprestados. Na medida em que se alçou a luz do dia comum, o Movimento foi como a ação de uma planta que impele por sua própria força suas folhas rumo ao Sol, e não como a ação de alguém que apenas deixa a luz do dia entrar em uma prisão.

Em suma, tratou-se do que tecnicamente chamamos de um Desenvolvimento de doutrina. Porém, parece haver uma estranha ignorância não apenas sobre o significado técnico, mas também sobre o significado natural da palavra desenvolvimento. Os críticos da teologia católica parecem supor que ela não é tanto uma evolução quanto uma evasão, que é, na melhor das hipóteses, uma adaptação. Eles imaginam que o sucesso dela é o sucesso da rendição. Mas esse não é o significado natural da palavra desenvolvimento. Quando dizemos que uma criança é bem desenvolvida, isso significa que ela ficou maior e mais forte por sua própria força, não que está apoiada com travesseiros emprestados ou caminha sobre pernas de pau para parecer mais alta. Quando dizemos que um filhote se desenvolve e se torna um cão, isso não significa que seu crescimento é uma concordância gradual com um gato; significa que ele se torna mais canino, e não menos. O desenvolvimento é a expansão de todas as possibilidades e implicações de uma doutrina, conforme haja tempo para distingui-las e extraí-las; e o ponto focal aqui é que o alargamento da teologia medieval foi simplesmente a compreensão plena daquela teologia. E é de primária importância perceber logo esse fato acerca da época do grande dominicano e do primeiro franciscano, porque a tendência deles, humanista e naturalista em vários sentidos, foi verdadeiramente o desenvolvimento da doutrina suprema, que também foi o dogma de todos os dogmas. É nisso que a poesia popular de São Francisco e a prosa quase racionalista de São Tomás aparecem de forma mais clara como parte do mesmo movimento. Ambas são grandes crescimentos do desenvolvimento católico, dependendo de coisas externas apenas como toda coisa viva e crescente depende delas: isto é, ela as digere e transforma, mas continua à sua própria imagem, e não à delas. Um budista ou um comunista poderiam sonhar com duas coisas que comem uma à outra ao mesmo tempo, como sendo a forma perfeita da unificação. Mas isso não ocorre com as coisas vivas. São Francisco contentou-se em chamar-se de Trovador de Deus, mas não se contentou com o Deus dos Trovadores. São Tomás não reconciliou Cristo com Aristóteles, reconciliou Aristóteles com Cristo.

Sim, apesar dos contrastes tão conspícuos e até mesmo cômicos, como a comparação entre o homem gordo e o homem magro, o homem alto e o baixo; apesar do contraste entre o vagabundo e o estudante, entre o aprendiz e o aristocrata, entre o que odiava os livros e o que os amava, entre o mais selvagem de todos os missionários e o mais brando de todos os professores, o grande fato da história medieval é que esses dois grandes homens estavam realizando a mesma grande obra; um na sala de leitura e o outro na rua. Eles não traziam algo novo para o Cristianismo, no sentido de algo pagão ou herético; ao contrário, eles levavam o Cristianismo à cristandade. Mas o faziam contra a pressão de certas tendências históricas cristalizadas como hábitos em muitas grandes escolas e autoridades da Igreja Cristã, e utilizavam ferramentas e armas que pareciam para muitas pessoas estar associadas à heresia e ao Paganismo. São Francisco usou a natureza tanto quanto São Tomás usou Aristóteles; e para alguns, eles pareciam usar uma deusa pagã e um sábio pagão. O que eles de fato fizeram – particularmente São Tomás – constituirá o assunto central destas páginas, mas cabe compará-lo desde o início com um santo mais popular, para que possamos, assim, resumir a substância de tal assunto da maneira mais popular. Talvez soe paradoxal demais afirmar que esses dois santos nos salvaram da espiritualidade, um destino terrível. Talvez eu seja malcompreendido se disser que São Francisco, com todo seu amor pelos animais, nos salvou de sermos budistas e que São Tomás, com todo seu amor pela filosofia grega, nos salvou de sermos platônicos. Mas é melhor dizer a verdade em sua forma mais simples: que ambos reafirmaram a encarnação, trazendo Deus de volta à Terra.

Essa analogia, que pode parecer muito remota, talvez seja o melhor prefácio prático à filosofia de São Tomás. Como teremos de considerar mais detidamente depois, o lado puramente espiritual ou místico do Catolicismo foi, em grande medida, dominante nos primeiros séculos católicos: por meio do gênio de Agostinho, que fora um platônico, e talvez nunca tenha deixado de ser; por meio do transcendentalismo da suposta obra do Areopagita; por meio da tendência oriental do último império e de algo de asiático acerca da realeza quase pontifical de Bizâncio; todas essas coisas diminuíram o peso daquilo que hoje chamaríamos grosseiramente de elemento ocidental, uma vez que seu senso comum é apenas a familiaridade sagrada da palavra feita carne. De qualquer modo, deve ser suficiente por ora dizer que os teólogos haviam se enrijecido bastante em uma espécie de orgulho platônico em torno da posse de verdades interiores, intangíveis e intraduzíveis, como se nenhuma parte de sua sabedoria tivesse qualquer raiz em algum lugar do mundo real. Ora, a primeira coisa que Tomás fez, embora de modo algum a última, foi dizer a esses transcendentalistas puros algo que se resumiria nestes termos:

"Que esteja longe de um pobre frade negar que vocês possuem esses fascinantes diamantes em suas cabeças, todos desenhados com as mais perfeitas formas matemáticas e brilhando com uma luz puramente celestial, todos ali, quase antes de vocês começarem a pensar, e muito menos ver, ouvir ou sentir. Mas não me envergonho de dizer que minha razão é alimentada por meus sentidos, que devo grande parte do que penso àquilo que vejo, cheiro, provo e manipulo, e que, no que diz respeito à minha razão, me sinto obrigado a tratar toda essa realidade como real. Para ser breve, com toda humildade, não acredito que Deus pretendesse que o homem exercesse apenas aquele tipo peculiar, elevado e abstrato de intelecto que vocês têm a fortuna de possuir; mas acredito que haja um campo mediano de fatos que são dados pelos sentidos para ser objeto da razão e que, naquele campo, a razão tem um direito de governar como representante de Deus no homem. É verdade que tudo isso é inferior aos anjos, mas é superior aos animais e a todos os objetos materiais reais que o homem encontra a seu redor. É verdade que o homem também pode ser um objeto, e até mesmo um objeto deplorável. Mas o que o homem fez, o homem pode fazer; e se um velho pagão antiquado chamado Aristóteles pode me ajudar a fazê-lo, eu lhe agradecerei com toda humildade."

Assim começou o que se costuma chamar de apelo a Tomás de Aquino e a Aristóteles. Poderíamos dizer apelo à Razão e à Autoridade dos Sentidos. Será óbvio o paralelo popular com o fato de que São Francisco não ouvia apenas os anjos, mas também os pássaros. E antes de chegarmos àqueles aspectos de São Tomás severamente intelectuais, podemos notar que nele, assim como em São Francisco, há um elemento prático preliminar que é moral: uma espécie de humildade boa e sincera e uma prontidão no homem para considerar até mesmo ele próprio de certas maneiras como um animal, como São Francisco comparava seu corpo ao de um asno. Pode-se dizer que o contraste vale em toda parte, até mesmo na metáfora zoológica, e que, se São Francisco era como aquele asno comum ou de jardim que carregou Cristo para dentro de Jerusalém, São Tomás, comparado a um boi, se assemelhava bastante àquele monstro apocalíptico de mistério quase assírio, o touro alado. De novo, porém, não devemos deixar tudo o que pode ser contrastado eclipsar aquilo que era comum nem esquecer que nenhum deles seria orgulhoso demais para esperar pacientemente como o boi e o asno no estábulo de Belém.

Havia, é claro, como logo veremos, várias outras ideias muito mais curiosas e complicadas na filosofia de São Tomás, além dessa ideia primária de um senso comum central nutrido pelos cinco sentidos. Mas, nesse estágio, o ponto importante da história é que não se tratava apenas de uma doutrina tomista, mas sim de uma doutrina verdadeira e eminentemente cristã. Pois os escritores modernos escrevem muitos contrassensos em torno dessa questão e mostram mais do que sua costumeira capacidade de errar o alvo. Partindo do pressuposto inquestionável de que toda emancipação deve levar os homens para longe da religião e rumo à irreligião, eles simplesmente esqueceram de modo cego e absoluto qual é a característica notável da própria religião.

Não será possível esconder de ninguém por muito mais tempo o fato de que São Tomás de Aquino foi um dos grandes libertadores do intelecto humano. Os sectários dos séculos XVII e XVIII foram essencialmente obscurantistas e protegeram a lenda de que o escolástico era um obscurantista. Tal visão se esvaia já no século XIX, e será impossível no século XX. Isso nada tem a ver com a verdade da teologia deles ou de Tomás, mas apenas com a verdade da proporção histórica, que começa a reaparecer conforme as disputas minguam. Simplesmente como um dos fatos que se assomam grandiosos na história, é verdadeiro dizer que Tomás foi um grande homem que reconciliou a religião com a razão, que a expandiu rumo à ciência experimental, que insistiu que os sentidos eram as janelas da alma e a razão tinha um direito divino de se alimentar de fatos e que era tarefa da fé digerir a carne forte das mais duras e práticas filosofias pagãs. É fato, assim como a estratégia militar de Napoleão, que Tomás lutava, portanto, em defesa de tudo que é liberal e esclarecido em comparação com seus rivais ou, aliás, com seus sucessores e suplantadores. Aqueles que, por outras razões, aceitam honestamente o efeito final da Reforma se depararão, não obstante, com o fato de que o reformador foi o escolástico e que os reformadores posteriores foram, em comparação, reacionários. Utilizo a palavra não como uma reprovação a partir de meu ponto de vista, mas sim do ponto de vista progressista moderno ordinário. Por exemplo, eles voltaram a se concentrar na suficiência literal das Escrituras hebraicas, quando São Tomás já falara da graça dada pelo espírito às filosofias gregas. Tomás insistia no dever social das obras, enquanto eles, apenas no dever espiritual da fé. A própria essência do ensinamento tomista era que se pode confiar na razão; já o foco do ensinamento luterano era que a razão é absolutamente não confiável.

Ora, quando se descobre que tal fato é fato, incorre-se no perigo de que toda a oposição instável escorregue subitamente para o extremo oposto. Aqueles que até esse momento acusavam o escolástico de ser um dogmático começarão a admirá-lo como um modernista que diluiu o dogma. Começarão logo a adornar sua estátua com todas as grinaldas desbotadas do progresso para apresentá-lo como um homem à frente de sua época, o que sempre deve ser visto de acordo com nossa época, e a sobrecarregá-lo com a imputação não provocada de ter produzido a mente moderna. Descobrirão sua atração e deduzirão de modo bastante precipitado que ele era como eles próprios, por ser atraente. Até certo ponto isso é perdoável; já ocorreu no caso de São Francisco. Mas não passaria dali. Ninguém, nem mesmo um livre pensador como Renan ou Matthew Arnold, alegaria que São Francisco fosse qualquer coisa senão um cristão devoto ou tivesse qualquer outro motivo original exceto a imitação de Cristo. Contudo, São Francisco também teve aquele efeito libertador e humanizador sobre a religião, embora talvez mais sobre a imaginação do que sobre o intelecto. Mas ninguém diz que São Francisco afrouxara o código cristão, quando obviamente o firmava, assim como fazia com a corda ao redor de seu hábito de frade. Ninguém afirma que ele apenas abriu os portões para a ciência cética, ou vendeu o passe para o humanismo pagão, ou voltou-se somente para o Renascimento, ou encontrou os racionalistas a meio caminho. Nenhum biógrafo alega que São Francisco, que teria aberto os Evangelhos ao acaso e lido os grandes textos acerca da Pobreza, na verdade leu apenas a *Eneida* e praticou a *Sors Virgiliana** por respeito às letras e à erudição pagãs. Nenhum historiador alegará que São Francisco escreveu o "Cântico do Sol" em imitação do Hino Homérico a Apolo ou que ele amava os pássaros porque aprendera com esmero todos os truques dos augúrios romanos.

Em suma, a maioria das pessoas, cristãs ou pagãs, hoje concordaria que o sentimento franciscano foi, antes de mais nada, um sentimento cristão, brotando em seu interior, derivado de uma fé inocente (ou ignorante, se preferirem) na própria religião cristã. Ninguém, como eu disse, diz que São Francisco teve como inspiração principal Ovídio. Seria igualmente falso afirmar que Tomás derivou sua principal inspiração de Aristóteles. Toda a lição de sua vida, especialmente de sua juventude, toda a história de sua infância e de sua escolha de uma carreira, mostra que ele era suprema e diretamente devocional e que amava o culto católico muito antes de descobrir que tinha de lutar por ele. Mas há também um exemplo especial e confirmador disso, o qual mais uma vez conecta São Tomás a São Francisco. Por estranho que pareça, esquece-se que ambos os santos estavam de fato imitando um Mestre, que não era Aristóteles e muito menos Ovídio, quando santificaram os sentidos ou as coisas simples da natureza, quando São

* N. T.: Literalmente sorte virgiliana, uma forma de adivinhação praticada no período final do Império Romano e na Idade Média a partir da seleção aleatória de trechos da *Eneida*, de Virgílio.

Francisco caminhou humildemente entre os animais ou São Tomás debateu cortesmente entre os gentios.

Aqueles que ignoram isso não percebem o ponto central da religião, mesmo que ela seja uma superstição; ignoram, aliás, o próprio ponto que chamariam de mais supersticioso. Refiro-me a toda a assombrosa história do Deus-homem nos Evangelhos. Alguns até mesmo o ignoram em relação a São Francisco e a seu apelo puro e ingênuo aos Evangelhos. Falam sobre a prontidão de São Francisco para aprender com as flores ou com os pássaros como algo que só pode apontar para o futuro, para o Renascimento pagão. Enquanto isso, o fato os olha de frente: primeiro, que tal atitude aponta para o passado, para o Novo Testamento, e segundo, que indica o futuro, se é que o faz, para o realismo aristotélico da *Summa* de São Tomás de Aquino. Sem noção, imaginam que qualquer um que humanize a divindade a está paganizando; não veem que a humanização da divindade é realmente o mais forte, completo e incrível dogma do credo. São Francisco estava se tornando mais semelhante a Cristo, e não apenas mais parecido com o Buda, quando observava os lírios do campo ou as aves do ar; e São Tomás se tornava mais cristão, não meramente mais aristotélico, quando insistia que Deus e a imagem de Deus entravam em contato por meio da matéria, com um mundo material. Esses santos foram, no sentido mais exato do termo, humanistas, pois insistiram na imensa importância do ser humano no esquema teológico das coisas. Mas não eram humanistas marchando ao longo de um caminho de progresso que leva ao modernismo e ao ceticismo geral, pois em seu próprio humanismo eles afirmavam um dogma hoje frequentemente considerado o mais supersticioso sobre-humanismo. Eles fortaleciam aquela assombrosa doutrina da encarnação, na qual os céticos acham mais difícil crer. Não pode haver uma parte mais dura da divindade cristã do que a divindade de Cristo.

Há um ponto bastante relevante aqui: esses homens se tornaram mais ortodoxos quando se tornaram mais racionais ou naturais. Só com tal ortodoxia, poderiam, portanto, ser racionais ou naturais. Em outras palavras, aquilo que pode ser realmente chamado de uma teologia liberal desdobrou-se a partir do interior, a partir dos mistérios originais do Catolicismo. Mas essa liberalidade nada teve a ver com o liberalismo; de fato, ela não pode nem mesmo hoje coexistir com o liberalismo.[2]

2. Utilizo a palavra liberalismo aqui no sentido teológico estritamente limitado usado por Newman e outros teólogos. Em seu sentido político popular, conforme aponto mais adiante, São Tomás tendia antes a ser um liberal, especialmente para sua época [GKC].

A questão é tão irrefutável que tomarei uma ou duas ideias especiais de São Tomás para ilustrar ao que me refiro. Sem antecipar o esboço elementar do tomismo que deve ser feito posteriormente, os seguintes pontos podem ser notados aqui.

Por exemplo, uma ideia bastante especial de São Tomás era que o homem deve ser estudado em toda sua humanidade; um homem não é um homem sem seu corpo, assim como não é um homem sem sua alma. Um cadáver não é um homem, mas um fantasma também não. A escola anterior de Agostinho, e mesmo de Anselmo, negligenciara isso, tratando a alma como o único tesouro necessário, embrulhado por um tempo em um guardanapo insignificante. Mesmo aqui eles foram menos ortodoxos ao serem mais espirituais. Às vezes pairaram sobre a borda daqueles desertos orientais que se estendem à distância rumo à terra da transmigração, onde a alma essencial pode passar por centenas de corpos não essenciais, reencarnada até mesmo nos corpos de bestas ou pássaros. São Tomás defendeu com afinco o fato de que o corpo de um homem é seu corpo, assim como sua mente é sua mente, e de que só *ele próprio, o homem*, pode ser um equilíbrio e uma união dos dois. Ora, esta é de certa forma uma noção naturalista, muito próxima do respeito moderno pelas coisas materiais, um elogio do corpo que poderia ser cantado por Walt Whitman ou justificado por D. H. Lawrence: algo que poderia ser chamado de humanismo ou mesmo reivindicado pelo modernismo. De fato, pode ser materialismo, mas é o contrário direto do modernismo. É um conceito ligado, na visão moderna, ao mais monstruoso, o mais material e, portanto, o mais milagroso dos milagres. Tem uma ligação especial com o tipo mais surpreendente de dogma, que o modernista menos aceitaria: a Ressurreição do Corpo.

Ou, mais uma vez, seu argumento em favor da revelação é bastante racionalista e, por outro lado, decididamente democrático e popular. É um argumento de modo algum oposto à razão. Ao contrário, Tomás parece inclinado a admitir que a verdade poderia ser alcançada por um processo racional, se ao menos tal processo fosse racional o suficiente e também longo o suficiente. De fato, algo em seu caráter, que em outro lugar chamei de otimismo e para o qual não conheço nenhum outro termo aproximado, o levou antes a exagerar a medida em que todos os homens ouviriam, em última instância, a razão. Em suas controvérsias, ele sempre presume que eles ouvirão a razão. Isto é, acredita piamente que os homens podem ser convencidos por argumentos quando chegam ao final da disputa. Seu senso comum, porém, também lhe dizia que a argumentação nunca termina. Eu poderia convencer um homem de que a matéria, como origem da mente, é algo sem sentido, se ele e eu gostássemos bastante um do outro e lutássemos um com o outro todas as noites durante 40 anos. Mas muito antes de o outro ser convencido em seu leito de morte, mil outros materialistas teriam nascido; e ninguém pode explicar tudo a todos. São Tomás adota a visão de que as almas de todas as pessoas comuns que trabalham duro e têm mentes simples são tão importantes quanto as almas dos pensadores e buscadores da verdade, e ele se pergunta como todas essas pessoas poderão encontrar tempo para a quantidade de raciocínio necessária para encontrar a verdade. Todo o tom dessa passagem mostra tanto um respeito pela investigação científica quanto uma forte simpatia pelo homem comum. Seu argumento a favor da revelação não é um argumento contra a razão, mas um argumento a favor da revelação. A *conclusão* que ele tira é que os homens devem receber as verdades morais mais elevadas de uma maneira milagrosa, ou a maioria dos homens não as receberia de forma alguma. Seus argumentos são racionais e naturais, mas sua dedução é toda em favor do sobrenatural; e, como é comum no caso de seu argumento, não é fácil encontrar dedução alguma exceto a sua. Quando chegamos a esse ponto, descobrimos que é algo tão simples quanto o próprio São Francisco desejaria: a mensagem do céu, a história que é contada desde o céu, o conto de fadas que é realmente verdadeiro.

Essa questão fica ainda mais clara em problemas mais populares como o livre-arbítrio. Se São Tomás representa uma coisa mais do que outra, é o que se pode chamar de soberanias ou autonomias subordinadas. Ele era, se pudermos usar a loquacidade, um forte defensor das regras da casa. Poderíamos até mesmo dizer que estava sempre defendendo a independência de coisas dependentes. Insistia que tal coisa podia ter seus próprios direitos em sua própria região. Sua atitude em relação à regra da casa da razão e até mesmo dos sentidos era: “Filha eu sou na casa de meu pai, mas senhora em minha própria”. E exatamente nesse sentido ele enfatizava certa dignidade no homem, às vezes engolida pelas generalizações puramente teístas acerca de Deus. Ninguém diria que ele queria separar o homem de Deus; mas queria, sim, distinguir o homem de Deus. Nesse sentido forte de dignidade e liberdade humanas, há muitas coisas que podem e são apreciadas hoje como uma nobre liberalidade humanista. Mas não esqueçamos que seu resultado foi aquele mesmo livre-arbítrio, ou responsabilidade moral do homem, que tantos liberais modernos negariam. Dessa sublime e perigosa liberdade dependiam o céu e o inferno, bem como todo o misterioso drama da alma. Essa é uma distinção, não uma separação; mas um homem *pode* separar-se de Deus, o que, de certa forma, é a maior distinção de todas.

Novamente, embora essa seja uma questão mais metafísica, que deve ser mencionada posteriormente e apenas em tom superficial, é idêntica à antiga disputa filosófica sobre os Muitos e o Um. Será que as coisas são tão diferentes que nunca podem ser classificadas ou tão unificadas que nunca podem ser distinguidas? Sem pretender dar respostas a tais perguntas aqui, podemos dizer de modo geral que São Tomás se encontra definitivamente do lado da variedade, como uma coisa que é tão real quanto a unidade. Nesta, e em questões semelhantes, ele se afasta com frequência dos grandes filósofos gregos, que eram às vezes seus modelos, e se afasta inteiramente dos grandes filósofos orientais, que, em certo sentido, são seus rivais. Ele parece bastante certo de que a diferença entre giz e queijo, ou entre porcos e pelicanos, não é uma mera ilusão ou uma fascinação de nossa mente confusa, cegada por uma luz única, mas é em grande medida aquilo que todos sentimos que seja. Pode-se dizer que isso não passa de senso comum, o senso comum de que porcos são porcos e, nessa medida, relacionado ao senso comum, prático, aristotélico – um senso comum humano e até mesmo pagão. Note-se aqui, contudo, que mais uma vez os extremos do céu e da terra se encontram. Ele também está ligado à ideia cristã dogmática da Criação, de um Criador que criou os porcos, distinto de um Cosmo que simplesmente os produziu por evolução.

Em todos esses casos, vemos se repetir o ponto enunciado no início. O movimento tomista na metafísica, assim como o movimento franciscano na moral e nos costumes, foi um alargamento e uma liberação, um desenvolvimento enfático da teologia cristã a partir de dentro, *não* foi um encolhimento da teologia cristã sob influências pagãs ou mesmo humanistas. O franciscano era livre para ser um frade em vez de ser obrigado a ser um monge. Mas era mais cristão, mais católico, ainda mais asceta. Da mesma forma, o tomista era livre para ser um aristotélico em vez de ser obrigado a ser um agostiniano. Mas era ainda mais teólogo, um teólogo mais ortodoxo e mais dogmático, por ter recuperado, mediante Aristóteles, o mais desafiador de todos os dogmas, o casamento de Deus com o homem e, portanto, com a matéria. Ninguém pode compreender a grandeza do século XIII se não perceber que foi um grande crescimento de coisas novas produzidas por algo vivo. Nesse sentido, foi um período mais ousado e mais livre do que aquilo que chamamos de Renascença, uma ressurreição de velhas coisas descobertas em uma coisa morta. Sob tal perspectiva, o medievalismo não foi um Renascimento, mas antes um Nascimento. Não baseou seus templos no modelo de tumbas nem convocou deuses mortos do Hades. Produziu uma arquitetura tão nova quanto a engenharia moderna: de fato, ela ainda continua a ser a arquitetura mais moderna. Só que foi seguida na Renascença por uma arquitetura mais antiquada. Nesse sentido, a Renascença pode ser chamada de Recaída. O que quer que se possa dizer sobre o gótico e sobre o Evangelho segundo São Tomás, eles não foram uma Recaída. Tratou-se de uma nova estocada, como a estocada titânica da engenharia gótica, e sua força estava em um Deus que torna todas as coisas novas.

Em uma palavra, São Tomás estava tornando a cristandade mais cristã, ao torná-la mais aristotélica. Isso não é um paradoxo, mas um simples truísmo, que só pode ser ignorado por aqueles que sabem o significado de ser aristotélico, mas simplesmente esqueceram o significado de ser cristão. Em comparação com um judeu, um muçulmano, um budista, um deísta ou alternativas mais óbvias, ser cristão *significa* um homem que acredita que a divindade ou a santidade se ligou à matéria ou adentrou o mundo dos sentidos. Alguns escritores modernos, ignorando esse ponto simples, falam como se a aceitação de Aristóteles fosse uma espécie de concessão aos árabes, como um vigário modernista fazendo uma concessão aos agnósticos. O mesmo poderiam afirmar acerca das Cruzadas ou do ato de Tomás resgatar Aristóteles de Averróis. Os cruzados queriam recuperar o lugar onde o corpo de Cristo estivera, porque acreditavam, correta ou erroneamente, que era um lugar cristão. São Tomás queria recuperar aquilo que era, em essência, o próprio corpo de Cristo, o corpo santificado do Filho do homem, que se tornara um mediador milagroso entre o céu e a terra. E queria o corpo e todos os seus sentidos, porque acreditava – estivesse ele certo ou não – que o corpo era uma coisa cristã. Podia ser algo mais humilde e tosco do que a mente platônica, por isso era cristão. Pode-se dizer o que São Tomás percorrera a estrada secundária quando seguiu os passos de Aristóteles. O mesmo fez Deus quando trabalhou na oficina de José.

Por fim, esses dois grandes homens foram não apenas unidos um ao outro, mas separados da maioria de seus companheiros e contemporâneos pelo caráter revolucionário de sua própria revolução. Em 1215, Domingos de Gusmão, o castelhano, fundou uma ordem muito semelhante à de Francisco e, por uma curiosa coincidência da história, quase exatamente no mesmo momento. Era uma ordem voltada principalmente para a pregação da filosofia católica aos hereges albigenses, cuja própria filosofia era uma das muitas formas daquele maniqueísmo de que se ocupa este relato. Ela teve suas raízes no remoto misticismo e desapego moral do Oriente, sendo, portanto, inevitável que os dominicanos fossem antes uma irmandade de filósofos, enquanto os franciscanos eram, em comparação, uma irmandade de poetas. Por essa e outras razões, São Domingos e seus seguidores são pouco conhecidos ou compreendidos na Inglaterra moderna; acabaram se envolvendo em uma guerra religiosa, que se seguiu a um argumento teológico, e houve algo na atmosfera de nosso país, durante o último século aproximadamente, que tornou o argumento teológico ainda mais incompreensível do que a guerra religiosa. O efeito final é curioso em vários sentidos, porque São Domingos, mais do que São Francisco, foi marcado por aquela independência intelectual e pelo padrão estrito de virtude e veracidade que as culturas protestantes tendem a considerar como particularmente protestantes. É dele que se conta a história, que certamente seria mais conhecida entre nós se narrada a respeito de um puritano, de que o papa apontou para seu magnífico Palácio Papal e disse: "Pedro não pode mais dizer 'Não tenho nenhuma prata e nenhum ouro'", e o frade espanhol respondeu: "Não, e tampouco pode ele agora dizer 'Levanta-te e anda'".

O conto popular de São Francisco pode ser uma espécie de ponte entre o mundo moderno e o medieval também em outro sentido, baseando-se naquele mesmo fato já mencionado: São Francisco e São Domingos se encontram juntos na história por terem feito o mesmo trabalho, e ainda assim são separados na tradição popular inglesa da maneira mais estranha e surpreendente. Em suas próprias terras eles são como Gêmeos Celestes, irradiando a mesma luz vinda do céu, parecendo às vezes ser dois santos com uma mesma auréola, assim como outra Ordem representou a Pobreza Sagrada como dois cavaleiros em um cavalo. Nas lendas de nossa terra, eles são quase tão unidos quanto São Jorge e o Dragão. Domingos ainda é concebido como um inquisidor inventando instrumentos de tortura, enquanto Francisco já é aceito como um humanitário que deplora as ratoeiras. Para nós parece bastante natural, por exemplo, e cheio das mesmas associações de flores e fantasia estelares, que o nome de Francisco pertença a Francis Thompson. Mas imagino que pareça menos natural chamá-lo de Dominic Thompson ou descobrir que um homem com um longo registro de simpatias populares e ternura prática para com os pobres tenha um nome como Dominic Plater.[3] Soa como se ele fosse chamado de Torquemada Thompson.

Ora, deve haver algo errado por trás dessa contradição, transformando aqueles que eram aliados em casa em antagonistas no exterior. Sobre qualquer outra questão, o fato seria aparente para o senso comum. Suponha que os liberais ingleses ou partidários do livre-comércio descobrissem que, em partes remotas da China, se afirmasse que Cobden[4] era um monstro cruel, mas Bright[5], um santo imaculado. Julgariam esses ingleses que haveria um erro de interpretação. Suponha que evangélicos americanos descobrissem que, na França ou na Itália, ou em outras civilizações impenetráveis para Moody[6] e Sankey, houvesse uma crença popular de que Moody era um anjo, mas Sankey, um demônio; pensariam também esses evangélicos que deveria haver um equívoco aí. Alguma outra distinção acidental posterior deve ter atravessado o curso principal de uma tendência histórica. Esses paralelos não são tão fantásticos como parecem. Cobden e Bright foram de fato chamados de "torturadores de crianças", graças à raiva contra sua suposta insensibilidade em relação aos males corrigidos pelas Leis das Fábricas; alguns diriam que o sermão de Moody e Sankey sobre o inferno foi uma exibição infernal. Tudo isso é uma questão de opinião; mas ambos os homens tinham o mesmo tipo de opinião, e deve haver um disparate em uma opinião que os separa tão completamente. E é claro que há um completo disparate na lenda de São Domingos. Aqueles que conhecem algo acerca de São Domingos sabem que ele foi um missionário, e não um perseguidor militante; que sua contribuição para a religião foi o Rosário e não a prancha de tortura; que toda sua carreira é sem sentido, a menos que compreendamos que suas famosas vitórias foram vitórias de persuasão, e não de perseguição. Ele de fato acreditava na justificativa da perseguição, no sentido de que o braço secular podia reprimir desordens

3. Charles Dominic Plater, S. J. (1875-1921) foi um líder do movimento social católico britânico no início do século XX. Mais conhecido por seu papel na fundação e direção do trabalho da Guilda Social Católica.

4. Richard Cobden (1804-1854) foi um político britânico da Liga Contra as Leis dos Cereais.

5. John Bright (1811-1889), orador e estadista britânico, foi o cofundador daquela liga. Tanto Cobden quanto Bright foram importantes porta-vozes da Escola de Economia de Manchester.

6. Dwight Lyman Moody (1837-1899) foi um evangelista americano que conheceu Ira Sankey em 1870 e juntou-se a ele em campanhas evangelizadoras.

religiosas. Da mesma forma, todas as outras pessoas acreditavam na perseguição e ninguém a defendia mais do que o elegante blasfemador Frederico II, que não acreditava em mais nada além dela. Alguns dizem que ele foi o primeiro a queimar hereges; mas de qualquer modo, ele julgava ter o privilégio e o dever imperial de perseguir hereges. Entretanto, afirmar que Domingos não fazia nada a não ser perseguir hereges é como culpar o padre Matthew,[7] que persuadiu milhões de bêbados a fazerem um voto de temperança, porque a lei estipulada às vezes permitia que um bêbado fosse preso. Trata-se de uma completa falha de compreensão da questão – esse homem em particular tinha um gênio para a conversão, bastante distinto da compulsão. A diferença real entre Francisco e Domingos, que não é nenhum descrédito para qualquer um deles, é que Domingos enfrentou de fato uma imensa campanha de conversão de hereges, enquanto Francisco teve apenas a tarefa mais sutil da conversão de seres humanos. É uma história velha e conhecida que, embora precisemos de alguém como Domingos para converter os pagãos ao Cristianismo, temos uma necessidade ainda maior de alguém como Francisco para converter os cristãos ao Cristianismo. Ainda assim, não devemos perder de vista o problema específico de São Domingos, que foi o de lidar com toda uma população, reinos, cidades e áreas rurais, que haviam se afastado da fé e se solidificado em estranhas e anormais novas religiões. Que ele tenha recuperado massas de homens assim enganados, meramente por meio da fala e da pregação, permanece como um enorme triunfo digno de um troféu colossal. São Francisco é chamado de humanitário porque tentou converter sarracenos e falhou; São Domingos é chamado de fanático e enlouquecido porque tentou converter albigenses e teve sucesso. Contudo, encontramo-nos aqui, em um curioso recanto ou esconderijo das colinas da história, a partir do qual podemos ver Assis e as colinas da Úmbria; mas estamos fora da vista do imenso campo de batalha da Cruzada do Sul, do milagre de Muret e do milagre ainda maior de Domingos, quando as raízes dos Pirineus e as costas do Mediterrâneo testemunharam a derrota do desespero asiático.

Há, porém, uma ligação anterior e mais essencial entre Domingos e Francisco, que é mais relevante para o propósito imediato deste livro. Se em épocas posteriores foram envoltos em glória, é porque em seus dias se viram envoltos em infâmia ou, pelo menos em impopularidade. Pois cometeram o ato mais impopular que um homem pode

7. Theobald Matthew (1796-1856) foi um padre irlandês conhecido como o Apóstolo da Temperança, muito bem sucedido na promoção da abstinência total.

cometer: iniciaram um movimento popular. Um homem que ousa fazer um apelo direto à população sempre cria uma longa série de inimigos – começando pela própria população. À medida que os pobres começam a compreender que ele pretende ajudá-los, e não feri-los, as classes sólidas citadas começam a se fechar ao seu redor, decididas a impedir e não ajudar. Os ricos, e até mesmo os instruídos, às vezes sentem, não sem razão, que a coisa mudará o mundo, não apenas em sua mundanidade ou em sua sabedoria mundana, mas, em alguma medida, talvez em sua sabedoria real. Tal sentimento foi natural nesse caso, se consideramos, por exemplo, a atitude realmente inconsequente de São Francisco acerca da rejeição dos livros e da erudição ou a tendência que os frades posteriormente exibiram de apelar para o papa, desprezando os bispos e oficiais eclesiásticos locais. Em suma, São Domingos e São Francisco criaram uma revolução, certamente tão popular e impopular quanto a Revolução Francesa. Mas é muito difícil, hoje em dia, sentir que até mesmo a Revolução Francesa foi tão nova quanto de fato o foi. A Marselhesa uma vez soou como a voz humana do vulcão ou o ritmo de dança do terremoto; e os reis da terra tremeram, alguns temendo que os céus desabassem, alguns muito mais temerosos de que a justiça fosse feita. A Marselhesa é tocada hoje em jantares diplomáticos, nos quais monarcas sorridentes encontram milionários radiantes, e é muito menos revolucionária do que "Home, Sweet Home". Além disso, como é pertinente lembrar, os revolucionistas modernos de hoje diriam que a revolta dos jacobinos franceses foi insuficiente, assim como diriam que a revolta dos frades foi insuficiente. Afirmariam que nenhuma delas foi longe o suficiente; mas muitos, em sua própria época, pensaram que, ao contrário, elas foram longe demais. No caso dos frades, as ordens superiores do Estado e, em certa medida, até mesmo da Igreja, ficaram profundamente chocadas com tal liberação de extravagantes pregadores populares entre o povo. Não é de modo algum fácil para nós sentir que eventos distantes foram tão desconcertantes e até mesmo mal afamados. As revoluções se transformam em instituições, as revoltas que renovam a juventude de velhas sociedades por sua vez envelhecem e o passado, que estava cheio de coisas novas, de dissidências, inovações e insurreições, nos parece uma textura única de tradição.

Se quisermos, no entanto, um fato que torne vívido esse choque de mudança e desafio e mostre o quanto esse experimento dos frades pareceu realmente tosco e maltrapilho, quase arruaceiro em sua inconsequente novidade, o quanto ele pareceu algo da sarjeta e afastado da vida refinada para muitos em sua época, há aqui um fato bastante relevante para revelá-lo. Mostra o quanto uma cristandade estabelecida e já antiga o sentiu como algo semelhante ao fim de uma era e como as próprias estradas da terra parecem haver tremido sob os pés do novo e inominado exército, a marcha dos mendigos. Uma canção de ninar mística sugere a atmosfera de tal crise: “Ouça, ouça, os cães latem; os mendigos estão chegando à cidade”. Houve muitas cidades que quase se fortificaram contra eles e muitos cães de guarda de propriedade e posição realmente latiram – e latiram alto – quando aqueles mendigos passaram; mas mais alto foi o Cântigo dos mendigos, entoado ao Sol, e mais alto o latido dos Cães do Céu, os *Domini canes**, do trocadilho medieval os Cães de Deus. E se medirmos o quanto aquela revolução pareceu real e estilhaçadora, o quanto ela foi uma ruptura com o passado, podemos vê-la no primeiro e mais extraordinário evento da vida de São Tomás de Aquino.

* N. T.: Referência aos frades dominicanos, os quais, na época medieval, foram às vezes chamados de *Domini canes*, que significa, literalmente, “cães do Senhor”.

II

O Abade Fugitivo

Tomás de Aquino, de uma maneira estranha e bastante simbólica, brotou do próprio centro do mundo civilizado de sua época, do nó ou espiral central dos poderes que controlavam a cristandade. Ele estava intimamente ligado a todos, até mesmo a alguns dos que poderiam ser descritos como destruidores da cristandade. Toda a disputa religiosa, toda a disputa internacional, era para ele uma disputa de família. Ele nasceu na púrpura, quase literalmente na orla da púrpura imperial, pois seu próprio primo era o Sacro Imperador Romano. Poderia ter reunido metade dos reinos da Europa em seu escudo – se não tivesse jogado fora o escudo. Ele era italiano, francês e alemão, e europeu em todos os sentidos. De um lado, herdou algo da energia que produziu o episódio dos normandos, cujos estranhos ataques organizados soavam e crepitavam como voos de flechas nos recantos da Europa e nos confins da Terra, um desses voos seguindo o duque William por uma longa distância rumo ao norte, através das neves cegantes, até Chester; outro trilhando as pegadas gregas e púnicas pela ilha da Sicília até os portões de Siracusa. Outro laço de sangue ligava-o aos grandes imperadores do Reno e do Danúbio, que afirmavam usar a coroa de Carlos Magno; o Vermelho Barbarossa, que dorme sob o rio corrente, foi seu tio-avô, e Frederico II, a Maravilha do Mundo, seu primo de segundo grau; e ele ainda se ligava por uma centena de laços mais íntimos à ativa vida interior, à vivacidade local, às pequenas nações muradas e aos milhares de santuários da Itália. Embora herdasse esse parentesco físico com o imperador, manteve muito mais firme seu parentesco espiritual com o papa. Ele compreendia o significado de Roma e em que sentido ela ainda dominava o mundo; provavelmente não pensava que os imperadores alemães de sua época, não mais do que os imperadores gregos de uma época anterior, poderiam de fato ser romanos desafiando Roma. A essa abrangência cosmopolitana de sua posição herdada, ele posteriormente acrescentou muitas coisas de si próprio, que contribuíram para a compreensão mútua entre os povos e lhe deram algo do caráter de um embaixador e intérprete. Viajou muito. Não se tornou apenas bem conhecido em Paris e nas universidades alemãs, mas é quase certo que visitou a Inglaterra e provavelmente foi a Oxford e Londres. Dizem que talvez pisemos sobre suas pegadas e de seus companheiros dominicanos sempre que descemos o rio até a estação de trem que ainda traz o nome dos Frades Negros. Mas essa verdade se aplica às viagens de sua mente, assim como às de seu corpo. Ele estudou a literatura até mesmo dos oponentes do Cristianismo de modo muito mais cuidadoso e imparcial do que era costume na época; ele realmente tentou compreender o aristotelismo árabe dos muçulmanos e escreveu um tratado altamente humanitário e razoável acerca do problema do tratamento dos judeus. Sempre tentava olhar tudo a partir do interior, mas teve a sorte de ter nascido no interior do sistema estatal e da alta política de sua época. O que pensava deles possa talvez ser inferido da seguinte passagem de sua história.

São Tomás pode corresponder muito bem ao homem internacional, para tomarmos emprestado o título de um livro moderno. É justo lembrar, contudo, que ele viveu na Era Internacional, em um mundo internacional em um sentido não sugerido em qualquer livro moderno nem por qualquer homem moderno. Se me lembro bem, o candidato moderno para o posto de homem internacional foi Cobden, um homem nacional em níveis quase anormais, um homem estreitamente nacional, um tipo muito bom, mas que dificilmente seria visualizado não oscilando entre Midhurst e Manchester. Ele tinha uma política internacional e se dedicava às viagens internacionais, mas se foi sempre uma pessoa nacional era porque permaneceu como uma pessoa normal, isto é, normal para o século XIX. Não era assim no século XIII. Naquela época, um homem de influência internacional, como Cobden, podia ser também quase um homem de nacionalidade internacional. Os nomes das nações, cidades e lugares de origem não conotavam aquela profunda divisão que é a marca do mundo moderno. Tomás, enquanto estudante, recebeu o apelido de Boi da Sicília, embora seu local de nascimento fosse próximo de Nápoles; mas isso não impediu a cidade de Paris de considerá-lo simples e solidamente parisiense, pois fora uma glória da Sorbonne, a ponto de a Universidade propor sepultar seus ossos quando ele morrese. Ou tomemos um contraste mais óbvio com os tempos modernos. Consideremos a referência na maior parte da fala moderna por parte de um professor alemão. Percebamos, então, que o maior de todos os professores alemães, Alberto Magno, foi também uma das glórias da Universidade de Paris, e foi em Paris que Tomás o apoiou. Pensemos no professor alemão moderno sendo famoso em toda a Europa por sua popularidade ao ministrar aulas em Paris.

Assim, se houve uma guerra entre a cristandade, foi uma guerra internacional no sentido especial em que falamos de uma paz internacional. Não foi uma guerra de duas nações, mas uma guerra de dois internacionalismos, de dois Estados mundiais: a Igreja Católica e o Sacro Império Romano. A crise política na cristandade afetou a vida de Tomás de Aquino no início com um acentuado desastre e, posteriormente, de muitas maneiras indiretas. Tal crise teve muitos elementos: as Cruzadas; as cinzas do pessimismo albigense, sobre o qual São Domingos havia triunfado com argumentos e Simon de Montfort com armas; o experimento dúbio de uma Inquisição que derivou daí; e muitas outras coisas. De um modo geral, porém, esse é o período do grande duelo entre os papas e os imperadores, isto é, os imperadores alemães que se intitulavam Sacros Imperadores Romanos, a Casa de Hohenstaufen. Esse período particular da vida de Tomás, contudo, é inteiramente eclipsado pelo imperador particular, que era ele próprio mais italiano do que alemão, o brilhante Frederico II, chamado de Maravilha do Mundo. Pode-se observar, de passagem, que o latim era a mais viva das línguas da época, e é comum sentimos certa fraqueza na tradução necessária. Pois parece que li em algum lugar que a palavra usada era mais forte do que Maravilha do Mundo, que seu título medieval era *Stupor Mundi*, que em termos mais exatos seria o Estupor do Mundo. Algo assim se nota, mais tarde, na linguagem filosófica; o equívoco de traduzir uma palavra como *Ens* por uma palavra como Ser. Mas por ora o parêntese tem outra aplicação, pois se pode muito bem dizer que Frederico de fato estupefez o mundo; que havia algo de atordoante e cegante nos golpes que ele desferiu contra a religião, como aquele golpe que quase inicia a biografia de Tomás de Aquino. Ele também pode ser chamado de estuporante em outro sentido, uma vez que seu fulgor deixou alguns de seus admiradores modernos muito estúpidos.

Pois Frederico II é a primeira figura – aliás, bastante feroz e ameaçadora – que cavalga através da cena do nascimento e da infância de seu primo: uma cena de luta selvagem e de fogo. É até admissível fazermos um parêntese acerca de seu nome, por duas razões particulares: primeiro, que sua reputação romântica, mesmo entre os historiadores modernos, cobre e parcialmente esconde o verdadeiro pano de fundo da época; e segundo, que a tradição em questão envolve de modo direto toda a situação de São Tomás de Aquino. A visão do século XIX, ainda tão estranhamente chamada de visão moderna por muitos modernos, no tocante a um homem como Frederico II, foi bem resumida por algum vitoriano convicto, creio que Macaulay: Frederico foi "um estadista em uma época de cruzados; um filósofo em uma época de monges". Nota-se que a antítese envolve a pressuposição de que um cruzado não pode ser um estadista e que um monge não pode ser um filósofo. Contudo, para tomarmos apenas um exemplo particular, seria fácil apontar que os casos de dois homens famosos da época de Frederico II, sozinhos, seriam fortes o suficiente para desfazer tanto a pressuposição quanto a antítese. São Luís, apesar de ser um cruzado e até mesmo um cruzado malsucedido, foi na verdade um estadista muito mais bem-sucedido do que Frederico II. Pelo teste da política prática, ele popularizou, solidificou e santificou o governo mais poderoso da Europa, a ordem e a concentração da monarquia francesa, a única dinastia que aumentou paulatinamente sua força durante cinco séculos até o *Grand Siècle*, ao passo que Frederico caiu em ruína perante o papado, as repúblicas e uma vasta combinação de clérigos e povos. O Sacro Império Romano que ele desejou fundar foi um ideal, mais no sentido de um sonho; nunca se tornou um fato, como o claro e sólido Estado que o estadista francês fundou na realidade. Ou, para tomarmos outro exemplo da geração seguinte, um dos estadistas mais estritamente práticos da história, nosso próprio Eduardo I, também foi um cruzado.

A outra metade da antítese é ainda mais falsa e aqui ainda mais relevante. Frederico II não foi um filósofo em uma era de monges. Foi um cavalheiro dedicando-se à filosofia como amador na era do monge Tomás de Aquino. Era, sem dúvida, um cavalheiro inteligente e até mesmo brilhante; mas, se de fato deixou quaisquer notas sobre a natureza do ser e do tornar-se ou sobre o sentido preciso em que as realidades podem ser relativas à Realidade, não imagino que essas notas estimulem hoje em dia os graduandos em Oxford ou homens de letras em Paris, muito menos os pequenos grupos de tomistas que já surgiram até mesmo em Nova York e Chicago. Não é um desrespeito para com o imperador dizer que ele certamente não foi um filósofo no sentido em que Tomás de Aquino o foi, muito menos um filósofo tão grande, tão universal ou tão permanente. E Tomás de Aquino viveu naquela mesma era de monges e naquele próprio mundo de monges, a respeito dos quais Macaulay fala como se fossem incapazes de produzir filosofia.

Não precisamos nos deter em torno das causas desse preconceito vitoriano, que alguns ainda pensam ser tão avançado. Ele surgiu principalmente a partir de uma noção estreita ou insular de que nenhum homem poderia construir o melhor do mundo moderno, se acompanhasse o movimento principal do mundo medieval. Esses vitorianos pensavam que apenas os hereges ajudaram a humanidade; só o homem que quase destruiu a civilização medieval poderia ter alguma utilidade na construção da civilização moderna. Daí vêm muitas fábulas cômicas, como a de que as catedrais devem ter sido construídas por uma sociedade secreta de maçons ou que o épico de Dante deve ser um criptograma referindo-se às esperanças políticas de Garibaldi. Mas a generalização não é de natureza provável, tampouco é verdadeira. Esse período medieval foi, de um modo muito especial, o período do pensamento comum ou corporativo e, em alguns assuntos, foi bem mais amplo do que o pensamento individualista moderno. Pode-se comprovar isso sem hesitação com o mero fato do uso da palavra "estadista". Para um homem do período de Macaulay, um estadista *sempre* significava um homem que sustentava os interesses nacionais de seu próprio Estado contra outros Estados, como Richelieu sustentou os da França; ou Chatham, os da Inglaterra; ou Bismarck, os da Prússia. Mas se um homem quisesse mesmo defender todos esses Estados, combiná-los todos, criar uma irmandade viva de todos esses Estados para resistir a algum perigo externo, como os milhões de mongóis – então aquele pobre diabo, é claro, não poderia realmente ser chamado de estadista. Era apenas um cruzado.

Dessa maneira, é justo para com Frederico II dizer que ele era um cruzado, embora fosse também muito semelhante a um anticruzado. Sem dúvida, foi um estadista internacional. De fato, era um tipo particular que pode ser chamado de soldado internacional. O soldado internacional é sempre muito malquisto pelos internacionalistas. Eles antipatizam com Carlos Magno, Carlos V e Napoleão, e com todos os que tentaram criar o Estado Mundial pelo qual clamam dia e noite. Mas Frederico é mais dúbio e menos posto em dúvida; era tido como o líder do Sacro Império Romano e acusado de querer ser o líder de um muito Profano Império Romano. Mas mesmo se ele fosse o Anticristo, ainda seria uma testemunha da unidade da cristandade.

Não obstante, há uma estranha qualidade naquela época, que, apesar de internacional, era também interna e íntima. A guerra, no amplo sentido moderno, é possível não porque mais homens discordam, mas porque mais homens concordam. Sob a peculiaridade das coerções modernas, tais como o recrutamento e a educação compulsórios, há áreas *pacíficas* tão grandes, que todas elas podem concordar quanto à guerra. Naquela época, os homens discordavam até mesmo sobre a guerra, e a paz poderia irromper em qualquer lugar. A paz era interrompida por hostilidades, e as hostilidades por perdões. A individualidade entrava e saía de um labirinto, extremos espirituais eram emparedados uns com os outros em uma pequena cidade amuralhada, e vemos a grande alma de Dante dividida, uma chama dividida, amando e odiando sua própria cidade. Essa complexidade individual é intensamente vívida na história particular que temos de contar aqui, em um esboço bastante grosseiro. Se alguém deseja saber o que significa dizer que a ação era mais individual, e de fato incalculável, pode observar alguns dos estágios na história da grande casa feudal de Aquino, que tinha seu castelo não longe de Nápoles. Na mera anedota apressada que temos agora para contar, notaremos em sucessão cinco ou seis estágios desse tipo. Landulfo de Aquino, um violento guerreiro feudal, típico da época, cavalgou envergando uma armadura atrás dos estandartes imperiais e atacou um monastério, porque o imperador considerava o monastério uma fortaleza dominada por seu inimigo, o papa. Posteriormente, como veremos, o mesmo senhor feudal enviou o próprio filho para o mesmo monastério, provavelmente com base no conselho amigável do mesmo papa. Ainda mais adiante, outro de seus filhos, de modo inteiramente independente, rebelou-se contra o imperador e passou para os exércitos do papa. Por isso, foi executado pelo imperador, com prontidão e rapidez. Eu gostaria que soubéssemos mais acerca daquele irmão de Tomás de Aquino, que arriscou e perdeu a vida para apoiar a causa do papa, que era, em todos os elementos, essenciais humanos a causa do povo. Ele pode não ter sido um santo, mas deve ter tido algumas qualidades de um mártir. Enquanto isso, dois outros irmãos, ainda aparentemente ardorosos e ativos, a serviço do imperador que matou o terceiro irmão, dedicaram-se, eles próprios, a sequestrar outro irmão, porque não aprovavam sua simpatia para com os novos movimentos sociais na religião. Esse é o tipo de complicação no qual essa distinta família medieval se encontrava. Não era uma guerra de nações, mas uma disputa de família bastante acirrada.

No entanto, a razão para nos determos aqui sobre a posição do imperador Frederico como um tipo de sua época, em sua cultura e sua violência, em sua preocupação com a filosofia e sua disputa com a religião, não diz respeito apenas a essas coisas. Ele pode ser aqui a primeira figura que cruza o palco, porque uma de suas ações bastante típicas precipitou a primeira ação, ou obstinada inação, que deu início às aventuras pessoais de Tomás de Aquino neste mundo. A história também ilustra a extraordinária complicação em que se encontrava uma família como a do conde de Aquino, ao mesmo tempo tão próxima da Igreja e em tanta desavença com ela. Pois Frederico II, no curso dessas notáveis manobras militares e políticas, que envolveram desde a morte na fogueira de hereges até a aliança com sarracenos, realizou um voo rasante como o de uma águia predadora (e a águia imperial era bastante predatória) sobre um monastério muito grande e rico, a abadia beneditina de Monte Cassino, tomou-o de assalto e saqueou o lugar.

A algumas milhas do monastério de Monte Cassino, encontrava-se um grande rochedo ou penhasco, erguendo-se como um pilar dos Apeninos. Era coroado com um castelo que trazia o nome de A Rocha Seca e era o ninho onde os filhotes de águias do ramo Aquino da família imperial eram criados para voar. Ali vivia o conde Landulfo de Aquino, que foi o pai de Tomás de Aquino e de outros sete filhos. Nos assuntos militares, ele sem dúvida cavalgou com sua família à maneira feudal e aparentemente teve algo a ver com a destruição do monastério. Mas era típico da confusão da época que o conde Landulfo pareça depois ter pensado que seria um ato diplomático e delicado colocar seu filho Tomás como abade do monastério. Seria uma espécie de gracioso pedido de desculpas à Igreja e também, ao que parece, a solução de uma dificuldade de família.

Por muito tempo parecera ao conde Landulfo que nada poderia ser feito com seu sétimo filho, Tomás, exceto torná-lo abade ou algo desse tipo. Nascido em 1226, ele teve desde a infância uma misteriosa objeção quanto a tornar-se uma águia predatória ou mesmo a adotar um interesse comum pela falcoaria, pelos torneios ou por quaisquer outras atividades cavalheirescas. Ele era um menino grande, pesado e quieto, e fenomenalmente silencioso, raramente abrindo a boca, exceto para dizer de maneira súbita e explosiva a seu mestre-escola: "O que é Deus?". A resposta não foi registrada, mas é provável que o questionador tenha prosseguido imaginando respostas. O único lugar para uma pessoa desse tipo era a Igreja, talvez o claustro, o que não seria difícil de conseguir. Era fácil o suficiente para um homem na posição do conde Landulfo arranjar algum monastério para receber seu filho; e, nesse caso em particular, pensou que seria uma boa ideia o filho ser recebido em algum cargo oficial digno de sua posição mundana. Assim, tudo foi facilmente arranjado para que Tomás de Aquino se tornasse um monge, o que ele próprio parecia querer, e mais cedo ou mais tarde se tornasse abade de Monte Cassino. E, então, aconteceu uma coisa curiosa.

Na medida em que podemos seguir eventos bastante obscuros e controversos, pareceria que o jovem Tomás de Aquino entrou no castelo de seu pai certo dia e anunciou, com toda tranquilidade, que se tornara um dos frades mendicantes da nova ordem fundada por Domingos, o espanhol, assim como o filho mais velho de um fidalgo rural poderia ir para casa e informar sem qualquer cerimônia à família que se casara com uma cigana, ou o herdeiro de um duque tóri declarar que vai marchar amanhã com as Passeatas da Fome organizadas por supostos comunistas. Desse modo, como já notamos, podemos medir muito bem o abismo entre o antigo monasticismo e o novo, e o terremoto da revolução dominicana e franciscana. Tomás parecera querer ser monge, e os portões foram silenciosamente abertos para ele e as longas avenidas da abadia, o próprio tapete, por assim dizer, disposto para ele até o trono do abade mitrado. Ele disse que desejava ser um frade, e sua família se lançou contra ele como um bando de bestas selvagens. Seus irmãos o perseguiram pelas estradas públicas, arrancaram seu hábito de frade de suas costas e, por fim, trancafiaram-no em uma torre como um lunático.

Não é muito fácil traçar o curso dessa furiosa briga de família e como ela se desenrolou contra a tenacidade do jovem frade; de acordo com algumas histórias, a desaprovação de sua mãe durou pouco e ela passou para o seu lado, mas não foram só seus parentes os envolvidos. Podemos dizer que a classe governante central da Europa, que consistia parcialmente em sua família, agitou-se em relação ao deplorável rapaz; pediu-se até mesmo a intervenção diplomática do papa e chegou-se a propor que Tomás deveria ter a permissão de vestir o hábito dominicano enquanto agia como abade na abadia beneditina. Para muitos, isso pareceria uma conciliação diplomática, mas não foi aceita pela estreita mente medieval de Tomás de Aquino. Ele foi incisivo ao afirmar que desejava ser um dominicano na Ordem Dominicana, e não em um baile a fantasia, e a proposta diplomática foi abandonada.

Tomás de Aquino quis ser frade. Esse foi um fato perturbador para seus contemporâneos e é bastante intrigante até mesmo para nós, pois esse desejo, limitado literal e estritamente a tal enunciado, foi a única coisa prática à qual sua vontade se prendeu com obstinação adamantina até sua morte. Ele não seria abade, não seria um monge, não seria nem mesmo um prior ou governante em sua própria fraternidade; ele não seria um frade proeminente ou importante, seria apenas um frade. É como se Napoleão insistisse em permanecer como soldado raso por toda a vida. Algo nesse cavalheiro pesado, quieto, culto e bastante acadêmico não ficaria satisfeito até que ele fosse, por uma proclamação autorizada e uma declaração oficial, estabelecido e apontado para ser um mendigo. Isso é ainda mais interessante porque, embora cumprisse mais do que seu dever mil vezes, ele não era de modo algum semelhante a um mendigo, nem sequer passível de ser um bom mendigo. Nada tinha do vagabundo nativo em si, como tiveram seus grandes precursores, não nascera com algo do menestrel errante, como São Francisco, ou com algo do missionário viajante, como São Domingos. Mas insistia em se colocar sob ordens militares, para fazer tais coisas segundo a vontade de outro, se isso fosse exigido. Ele pode ser comparado com alguns dos aristocratas mais magnânimos que se alistaram em exércitos revolucionários ou com alguns dos melhores poetas e eruditos que se alistraram como soldados rasos, voluntariamente, na Grande Guerra. Algo na coragem e consistência de Domingos e Francisco defasara seu profundo senso de justiça e, embora continuasse sendo uma pessoa bastante razoável, até mesmo diplomática, Tomás nunca deixou coisa alguma abalar a imobilidade férrea dessa única decisão de sua juventude e tampouco seria desviado de sua alta e elevada ambição de assumir o lugar mais baixo.

O primeiro efeito dessa decisão, como vimos, foi muito mais estimulante e até mesmo surpreendente. O ministro-geral dos dominicanos, sob a direção do qual Tomás se alistara, estava provavelmente bem cônscio das tentativas diplomáticas de desalojá-lo e das dificuldades mundanas de resistir a elas. Tratou logo de tirar seu jovem seguidor da Itália, despachando-o a seguir, com uns poucos outros frades, para Paris. Houve algo profético até mesmo acerca desse primeiro progresso do professor viajante das nações, pois Paris estava de fato destinada a ser, em algum sentido, o destino de sua jornada espiritual, uma vez que ali ele haveria de proferir tanto sua grande defesa dos frades quanto seu grande desafio aos antagonistas de Aristóteles. Mas aquela sua primeira jornada a Paris seria interrompida muito cedo. Os frades haviam alcançado uma curva da estrada, próxima a uma fonte à beira do caminho, um pouco ao norte de Roma, quando foram surpreendidos por uma violenta cavalgada de captores, que agarraram Tomás como se fossem bandidos, mas que eram de fato apenas seus irmãos desnecessariamente agitados. Ele tinha um grande número de irmãos: talvez apenas dois tenham participado desse episódio. Na verdade, ele era o sétimo, e os defensores do controle da natalidade podem lamentar que esse filósofo tenha sido desnecessariamente acrescentado à nobre linhagem dos rufiões que o sequestraram. Foi um incidente muito peculiar. Há algo de singular e pitoresco na ideia de sequestrar um frade mendicante, que pode, em certo sentido, ser chamado de um abade fugitivo. Há uma confusão cômica e trágica nos motivos e propósitos de tal trio de estranhos parentes. Há uma espécie de conflito cristão no contraste entre a febril ilusão da importância das coisas, sempre marcando homens que são chamados de práticos, e a pertinácia muito mais prática do homem que é chamado de teórico.

Enfim, aqueles três estranhos irmãos cambalearam ou rastejaram ao longo de sua trágica estrada, atados juntos, por assim dizer, como criminosos e guarda; só que os criminosos estavam efetuando a prisão. Assim suas figuras são vistas por um instante contra o horizonte da história, irmãos tão sinistros quanto quaisquer outros desde Caim e Abel. Pois esse estranho ultraje na grande família de Aquino de fato se sobressai simbolicamente como representando algo que tornará para sempre a Idade Média um mistério e uma perplexidade, passível de interpretações acentuadamente contrastantes, como a escuridão e a luz. Pois em dois desses homens ardia – podemos dizer, gritava – um orgulho selvagem de sangue e brasão de armas, que pareceria mais adequado a uma tribo dançando em torno de um totem, embora eles fossem príncipes do mundo mais refinado de sua época. Naquele momento eles se esqueceram de tudo, exceto do nome de uma família, que é algo mais estreito que uma tribo e muito mais estreito que uma nação. E a terceira figura daquele trio, nascido da mesma mãe e talvez visivelmente igual aos outros no rosto e na forma, tinha uma concepção de irmandade mais ampla do que a maioria das democracias modernas, pois não era nacional e sim internacional; uma fé na misericórdia e na modéstia, muito mais profunda do que qualquer mera suavidade de costumes no mundo moderno; e um drástico voto de pobreza, que hoje seria contado como um louco exagero da revolta contra a plutocracia e o orgulho. Do mesmo castelo italiano vieram dois selvagens e um sábio, ou um santo mais pacífico do que a maioria dos sábios modernos. Esse é o aspecto duplo que confunde uma centena de controvérsias. Isso é o que produz o enigma da Era Medieval: que ela não foi uma era, mas duas. Examinamos as disposições de alguns homens, e ela poderia ser a Idade da Pedra; examinamos as mentes de outros homens, e eles poderiam estar vivendo na Era de Ouro, na mais moderna espécie de utopia. Sempre houve homens bons e homens maus; mas, nessa época, homens bons que eram sutis conviveram com homens maus que eram simples. Viveram na mesma família, foram criados no mesmo quarto de crianças e vieram a lutar, como os irmãos de Aquino lutaram à beira do caminho, quando arrastaram o novo frade pela estrada e o trancaram no castelo sobre a montanha.

Quando seus parentes tentaram despojá-lo de seu hábito de frade, ele parece tê-los enfrentado à maneira lutadora de seus predecessores, aparentemente com sucesso, uma vez que a tentativa foi abandonada. Aceitou o próprio aprisionamento com sua compostura costumeira e provavelmente não se importou muito em ser deixado a filosofar em uma masmorra ou em uma cela. De fato, há algo no modo como toda a história é contada, que sugere que, ao longo de grande parte daquela estranha abdução, ele foi carregado como uma pesada estátua de pedra. Somente uma história contada a respeito de seu cativeiro mostra-o com raiva – e com mais raiva do que jamais teve antes ou depois. Isso mexeu com a imaginação de sua época por razões mais importantes, mas tem um interesse psicológico, bem como moral. Ao menos uma vez na vida, a primeira e última vez, Tomás de Aquino esteve de fato *hors de lui*, enfrentando uma tempestade fora daquela torre de intelecto e contemplação na qual costumava viver. Foi no momento em que seus irmãos trouxeram ao seu quarto uma cortesã deslumbrante e pintada, com a ideia de surpreendê-lo com uma tentação súbita ou, pelo menos, de envolvê-lo em um escândalo. Sua raiva foi justificada, mesmo por padrões morais menos estritos do que os seus próprios, pois a vileza era ainda pior que a obscenidade do ato. Até mesmo segundo os padrões mais inferiores, ele sabia que seus irmãos sabiam, e eles sabiam que ele sabia, que era um insulto a ele como cavalheiro supor que quebraria seu voto com base em uma provocação tão vil; e Tomás era sustentado por uma sensibilidade muito mais terrível, toda aquela imensa ambição de humildade, que era para ele a voz de Deus vinda do céu. Nesse único vislumbre vemos aquela imensa figura desajeitada em uma atitude ativa, ou mesmo animada, como de fato ele estava. Saltou de seu assento, apanhou um ferro incandescente da lareira e brandiu-o como uma espada flamejante. A mulher naturalmente gritou e fugiu, o que era tudo que ele queria; mas é curioso refletir no que ela deve ter pensado daquele louco de estatura monstruosa fazendo malabarismos com chamas e ameaçando incendiar a casa. Tudo que ele fez, contudo, foi correr atrás dela até a porta, fechá-la e trancá-la depois de ela sair; e então, com uma espécie de impulso de ritual violento, ele cravou o ferro em chamas na porta, escurecendo-a e riscando-a com um grande sinal negro da cruz. Depois, retornou, deixou cair o ferro de volta no fogo, e sentou-se naquele assento de erudição sedentária, aquela cadeira de filosofia, aquele trono secreto de contemplação, do qual nunca mais se levantou.

III

A Revolução Aristotélica

Alberto, o suábio, devidamente chamado de o Grande, foi o fundador da ciência moderna. Ele fez mais do que qualquer outro homem para preparar esse processo, que transformou o alquimista no químico e o astrólogo no astrônomo. É estranho que embora fosse em sua época, nesse sentido, quase o primeiro astrônomo, ele subsiste na lenda como quase o último astrólogo. Os historiadores sérios estão abandonando a noção absurda de que a Igreja medieval perseguiu todos os cientistas como se fossem feiticeiros. Isso é quase o oposto da verdade. O mundo às vezes os perseguiu como feiticeiros, e às vezes correu atrás deles como feiticeiros: o tipo de corrida no encalço que é o inverso da perseguição. Só a Igreja considerou-os real e unicamente como cientistas. Muitos clérigos investigadores foram acusados de mera magia ao produzirem suas lentes e espelhos, foram denunciados por seus vizinhos rudes e rústicos, e provavelmente teriam sido acusados exatamente da mesma maneira se seus vizinhos tivessem sido pagãos, puritanos ou adventistas do sétimo dia. Mesmo assim, porém, eles tinham uma chance melhor quando julgados pelo papado do que se fossem meramente linchados pela laicidade. O pontífice católico não denunciou Alberto Magno como um mágico. Eram as tribos semipagãs do norte que o admiravam como tal. São as tribos semipagãs das cidades industriais de hoje, os leitores de livros de sonhos baratos e de panfletos charlatães e os profetas de jornais, que ainda o admiram como astrólogo. Admite-se que o alcance de seu conhecimento registrado sobre fatos estritamente materiais e mecânicos era surpreendente para um homem de sua época. É verdade que, na maioria dos outros casos, havia uma certa limitação acerca dos dados da ciência medieval, mas isso não tinha nada a ver com a religião medieval. Pois os dados de Aristóteles e da grande civilização grega eram ainda mais limitados, de muitas maneiras. Contudo, essa é tanto uma questão de acesso aos fatos quanto de atitude em relação aos fatos. A maioria dos escolásticos, se informados pelos únicos informantes de que dispunham, de que um unicórnio tem um chifre ou que uma salamandra vive no fogo, ainda utilizavam isso mais como um exemplo de lógica do que como um incidente da vida. O que eles realmente diziam era: "Se um unicórnio tem um chifre, dois unicórnios têm tantos chifres quanto uma vaca". E isso não é nem um pouco menos factual pela razão de o unicórnio ser uma fábula. Mas com Alberto, nos tempos medievais, assim como com Aristóteles nos tempos antigos, iniciou-se algo como a ideia de enfatizar a questão: "Mas *será* que o unicórnio só tem um chifre ou que a salamandra tem um fogo em de vez de estar perto do fogo?". Sem dúvida, quando os limites sociais e geográficos da vida medieval começaram a lhes permitir procurar salamandras no fogo ou unicórnios no deserto, eles tiveram de modificar muitas de suas ideias científicas. Esse é um fato que lhes exporá ao desdém bastante apropriado de uma geração de cientistas que acaba de descobrir que Newton é um contrassenso, que o espaço é limitado e que não existe tal coisa como um átomo.

Esse grande alemão, conhecido em seu período mais famoso como professor em Paris, fora anteriormente, por algum tempo, professor em Colônia. Naquela bela cidade romana, reuniam-se ao redor dele milhares de amantes daquela vida extraordinária, a vida estudantil da Idade Média. Eles vinham em grandes grupos chamados de nações, e esse fato ilustra muito bem a diferença entre o nacionalismo medieval e o nacionalismo moderno. Pois, embora pudesse ocorrer, em uma ou outra manhã, uma briga entre estudantes espanhóis e estudantes escoceses, ou entre os flamengos e os franceses, e espadas cintilassem ou pedras voassem por causa dos princípios mais puramente patrióticos, subsiste o fato de que todos eles haviam vindo para a mesma escola aprender a mesma filosofia. Embora isso talvez não impedisse o início de uma briga, poderia ter muito a ver com o término dela. Diante desses grupos multicores de homens dos confins da Terra, o pai da ciência desenrolava seu pergaminho de estranha sabedoria, sobre Sol e cometa, peixe e ave. Ele era um aristotélico desenvolvendo, por assim dizer, a única sugestão experimental de Aristóteles, e nisso foi inteiramente original. Preocupava-se menos em ser original acerca dos assuntos mais profundos dos homens e da moral, sobre os quais ele se contentava em transmitir um decente e cristianizado aristotelismo. Estava até mesmo pronto, em certo sentido, a transigir acerca da questão metafísica dos nominalistas[8] e

8. O nominalismo nega que os universais (representados por substantivos comuns tais como vaca, cão, etc.) existam na mente ou nas coisas. Um universal é, portanto, apenas uma palavra (um *nomen*). O realismo, por outro lado, insiste na existência dos universais tanto na mente quanto na realidade.

realistas. Ele nunca teria sustentado sozinho a grande guerra que estava por vir, em favor de um Cristianismo equilibrado e humanizado, mas quando ela veio, ficou inteiramente do seu lado. Foi chamado de Doutor Universal por causa do alcance de seus estudos científicos; contudo, ele era na verdade um especialista. A lenda popular nunca comete um erro completo: se um homem de ciência é um mágico, ele foi um mágico. E o homem de ciência sempre foi *muito* mais mágico do que o sacerdote, uma vez que buscava "controlar os elementos" em vez de submeter-se ao espírito, que é mais elementar do que os elementos.

Entre os estudantes que se aglomeravam nas salas de aula havia um, conspícuo por sua figura alta e corpulenta, e incapaz ou recusando-se a ser notado por qualquer outro motivo. Ficava tão quieto nos debates, que seus colegas começaram a adotar o significado americano da palavra mutismo, que naquela terra é sinônimo de estupidez. É claro que, em pouco tempo, até mesmo sua estatura impositiva começou a ter apenas a imensidão ignominiosa do menino grande deixado para trás, da forma mais vil. Ele era chamado de Boi Mudo. Era objeto não apenas de zombaria, mas de pena. Um estudante bondoso teve tanta pena dele a ponto de tentar ajudá-lo com suas lições, repassando os elementos da lógica como um alfabeto em uma cartilha. O ignorante agradeceu-lhe com patética polidez, e o filantropo prosseguiu com seu intento, até que encontrou uma passagem sobre a qual ele próprio estava um pouco em dúvida, a respeito da qual, na verdade, estava enganado. E então o ignorante, com toda aparência de embaraço e perturbação, apontou uma possível solução que acabou se mostrando correta. O estudante benevolente ficou a fitar, como se fosse um monstro, aquela misteriosa massa de ignorância e inteligência, e estranhos sussurros começaram a percorrer as escolas.

Um biógrafo de Tomás de Aquino (que era, desnecessário dizer, o ignorante em questão), pertencente ao clero regular, disse que, ao final dessa entrevista, "seu amor pela verdade superou sua humildade", o que, entendido de modo apropriado, é absolutamente verdadeiro. Isso não descreve, porém, no sentido psicológico e social secundário toda a confusão de elementos que circulavam no interior daquela grande cabeça. As poucas historietas contadas a respeito de Tomás têm uma vividez bastante peculiar se visualizarmos o tipo do homem, e esse é um excelente exemplo. Em meio a esses elementos, manifestava-se a dificuldade que o intelecto generalizante tem para adaptar-se de modo súbito a um pequeno detalhe da vida diária, mostrava-se a timidez das pessoas realmente bem criadas em relação ao exibicionismo, manifestava-se, talvez, aquela estranha paralisia e tentação de preferir até mesmo os erros de compreensão às longas explicações, que levou *sir* James Barrie,[9] em seu divertido esboço, a se permitir ser sobrecarregado por um irmão Henry que ele nunca possuiu em vez de se esforçar para dar uma palavra de advertência. Esses outros elementos sem dúvida atuaram junto com a extraordinária humildade desse homem bastante extraordinário; mas outro elemento atuou junto com seu inquestionável "amor pela verdade" para pôr um fim ao engano. É um elemento que nunca deve ser deixado de fora da constituição de São Tomás. Não importando quão sonhador, distraído ou imerso em teorias ele fosse, tinha uma boa dose de senso comum; e quando chegou ao ponto, não apenas de ser ensinado, mas de ser ensinado errado, houve algo nele que disse incisivamente: "Isto deve acabar!".

Parece que foi o próprio Alberto Magno, o conferencista e sábio professor de todos esses jovens, que pela primeira vez suspeitou de algo desse tipo. Ele deu a Tomás pequenas tarefas para fazer, de anotação ou exposição, e persuadiu-o a livrar-se de sua timidez para tomar parte de pelo menos um debate. Ele era um velho bastante sagaz e estudara os hábitos de outros animais além da salamandra e do unicórnio. Pesquisara muitos espécimes da mais monstruosa de todas as monstruosidades, o que é chamado de homem. Ele conhecia os sinais e marcas do tipo de homem que é, de uma maneira inocente, um monstro entre os homens. Ele era um mestre-escola bom demais para não saber que o ignorante nem sempre é um ignorante. Descobriu e até achou divertido que esse ignorante fora apelidado de Boi Mudo por seus colegas de escola. Tudo isso é bastante natural, mas não elimina o sabor de algo bastante estranho e simbólico acerca da extraordinária ênfase com que ele finalmente se pronunciou. Pois Tomás era ainda conhecido como um pupilo obscuro e obstinadamente desinteressado, entre muitos pupilos mais brilhantes e promissores, quando o grande Alberto rompeu o silêncio com seu famoso grito e profecia: "Vocês o chamam de Boi Mudo; eu lhes digo que esse Boi Mudo mugirá tão alto que seus mugidos ecoarão pelo mundo".

Para Alberto Magno, assim como para Aristóteles ou Agostinho, ou quaisquer outros professores mais antigos, São Tomás estava sempre pronto, com aquela espécie de humildade vigorosa, para agradecer por toda sua atenção e seu pensar. Não obstante, seu próprio pensar foi um avanço em relação a Alberto e aos outros aristotélicos, bem como em relação a Agostinho e os outros agostinianos. Alberto chamara a

9. *Sir* James Barrie (1860-1937) foi um romancista e escritor de teatro.

atenção para o estudo direto dos fatos naturais, mesmo que por meio de fábulas como o unicórnio e a salamandra, mas o monstro chamado homem aguardava uma vivissecção muito mais sutil e flexível. Os dois homens, contudo, tornaram-se amigos íntimos, e sua amizade tem grande valor nessa luta central da Idade Média. Pois, como veremos, a reabilitação de Aristóteles foi uma revolução quase tão revolucionária quanto a exaltação de Domingos e Francisco, e São Tomás estava destinado a desempenhar um papel surpreendente em ambas.

Perceber-se-á que a família Aquino finalmente abandonara a perseguição vingadora contra seu patinho feio, o qual, como um frade negro, deveria talvez ser chamado de ovelha negra. Daquela fuga são contadas algumas histórias pitorescas. A ovelha negra geralmente se aproveita das disputas entre as ovelhas brancas de uma família. Elas começam brigando com ela, mas terminam brigando umas com as outras. Há um relato bastante confuso acerca de quais membros de sua família passaram para o seu lado, enquanto ele ainda estava aprisionado na torre. Mas é fato que ele gostava muito de suas irmãs; e, portanto, deve ser verdade que foram elas que planejaram sua fuga. De acordo com a história, elas prenderam uma corda no topo da torre, amarrada a um grande cesto. Devia mesmo ser muito grande, se Tomás foi de fato baixado desse modo para fora da prisão e, daí, fugiu para o mundo. De qualquer forma, ele realmente escapou por meio da energia, exterior ou interior. Mas aquela foi apenas uma energia individual. O mundo ainda perseguia e ia no encalço dos frades, da mesma forma como quando eles fugiam pela estrada até Roma. Tomás de Aquino teve a boa fortuna de se esconder sob a sombra do único grande frade ilustre, cuja respeitabilidade era difícil questionar, o instruído e ortodoxo Alberto; mas até mesmo ele e os seus foram logo perturbados pela crescente tempestade que ameaçava os novos movimentos populares na Igreja. Alberto foi convocado a Paris para receber o grau de doutor, mas todos sabiam que qualquer movimento naquele jogo tinha o caráter de um desafio. Ele fez apenas o pedido, que provavelmente pareceu excêntrico, de levar seu Boi Mudo consigo. Os dois partiram, como frades ou andarilhos religiosos comuns, dormiam nos monastérios que encontravam e, por fim, no monastério de São Tiago em Paris, onde Tomás encontrou outro frade que também era um amigo.

Talvez sob a sombra da tempestade que ameaçava todos os frades, Boaventura, o franciscano, tenha se tornado tão grande amigo de Tomás, o dominicano, que seus contemporâneos os compararam com Davi e Jônatas. Tal fato é interessante porque seria bastante fácil representar o franciscano e o dominicano contradizendo-se mutuamente. O franciscano pode ser representado como o pai de todos os místicos; e os místicos podem ser representados como homens que sustentam que a alegria ou fruição final da alma é antes uma sensação do que um pensamento. O mote dos místicos sempre foi: "Prove e veja". Ora, São Tomás também começou dizendo "Prove e veja", mas se referia às primeiras impressões rudimentares do animal humano. Poder-se-ia sustentar que o franciscano coloca o provar por último e o dominicano o coloca no início. Poderíamos afirmar também que o tomista começa com algo sólido como o gosto de uma maçã e, posteriormente, deduz uma vida divina para o intelecto, enquanto o místico primeiro exaure o intelecto e diz, por fim, que o senso de Deus é algo semelhante ao gosto de uma maçã. Um inimigo comum poderia afirmar que São Tomás começa com o gosto da fruta e São Boaventura termina com o gosto da fruta. Mas ambos estão corretos; se posso dizê-lo, é um privilégio de pessoas que contradizem umas às outras em seu cosmo estarem ambas corretas. O místico está correto ao dizer que a relação entre Deus e o homem é essencialmente uma história de amor, o modelo e o tipo de todas as histórias de amor. O racionalista dominicano também acerta ao dizer que o intelecto encontra-se em casa no mais alto dos céus e que o apetite pela verdade pode sobrepujar e até mesmo devorar todos os apetites mais insípidos do homem.

Naquele momento, Tomás e Boaventura foram encorajados, ante a possibilidade de ambos estarem corretos, pela concordância quase universal de que ambos estavam errados. De qualquer modo, aquela era uma época de violenta perturbação e, como é comum em tais períodos, aqueles que tentavam colocar as coisas em ordem eram mais vigorosamente acusados de criar desordem. Ninguém sabia quem venceria naquele tumulto: o Islã, ou os maniqueus do Midi, ou o dúbio e zombeteiro imperador, ou as cruzadas, ou as antigas ordens da cristandade. Mas alguns homens tinham um sentimento muito vívido de que tudo estava se fragmentando, e havia duas coisas que tais homens consideravam como sinais de ruína: uma era a terrível aparição de Aristóteles vindo do Oriente, uma espécie de deus grego apoiado por devotos árabes; a outra era a nova liberdade dos frades. Aquela era a abertura do monastério e o espalhamento dos monges para vagarem pelo mundo. O sentimento geral era de que eles vagavam como faíscas saídas de uma fornalha até então contida, a fornalha do amor anormal de Deus: a sensação de que eles desequilibrariam de modo absoluto as pessoas comuns com conselhos de perfeição, de que se tornariam demagogos, finalmente eclodiu em um famoso livro chamado *Os Perigos dos Últimos Tempos*, escrito por um furioso reacionário, Guilherme de St. Amour. Ele desafiava o rei francês e o papa, instigando-os a começar uma investigação. E Tomás e Boaventura, os dois amigos incongruentes, com seus respectivos universos desordenados, foram juntos a Roma defender a liberdade dos frades.

Tomás de Aquino defendeu o grande voto de sua juventude, pela liberdade e pelos pobres; e esse deve ter sido o momento mais importante de sua carreira geralmente triunfante, pois ele reverteu todo o movimento retrógrado de sua época. As autoridades responsáveis disseram que, se não fosse por Tomás, todo o grande movimento popular dos frades poderia ter sido destruído. Com essa vitória popular, o tímido e desajeitado estudante se torna enfim um personagem histórico e um homem público. Depois disso, foi identificado com as Ordens Mendicantes. Mas embora se possa dizer que São Tomás fez seu nome em defesa das Ordens Mendicantes contra os reacionários, os quais adotavam em relação a elas a mesma visão que sua própria família adotara, há uma diferença entre um homem fazendo nome e o homem que faz seu trabalho. O trabalho de São Tomás ainda estava por vir, mas observadores menos sagazes do que ele já viam que o trabalho se aproximava. De um modo geral, o perigo provinha dos ortodoxos, ou daqueles que identificam sem hesitar a velha ordem com os ortodoxos, forçando uma condenação final e conclusiva de Aristóteles. Já haviam ocorrido condenações ousadas e aleatórias nesse sentido, emitidas aqui e ali, e a pressão dos agostinianos mais estreitos sobre o papa e sobre os principais juízes se tornava a cada dia mais premente. O perigo surgira, de modo natural, por causa do acidente histórico e geográfico da proximidade muçulmana em relação à cultura de Bizâncio. Os árabes haviam se apossado dos manuscritos gregos antes dos latinos, que eram os verdadeiros herdeiros dos gregos. E alguns muçulmanos, embora não muito ortodoxos, estavam transformando Aristóteles em uma filosofia panteísta ainda menos aceitável para os cristãos ortodoxos. Esta segunda controvérsia, contudo, requer mais explicações do que a primeira. Como observado em uma página introdutória, a maioria das pessoas modernas sabe que São Francisco foi pelo menos um libertador de grandes simpatias; que, qualquer que seja a visão positiva delas sobre o medievalismo, os frades foram, em um sentido relativo, um movimento popular, apontando para uma maior fraternidade e liberdade, e um pouco mais de informação lhes diria que isso se aplicava tanto aos frades dominicanos quanto aos franciscanos. Ninguém hoje tenderia a erguer-se em defesa dos abades feudais ou dos monges fixos e estacionários, contra inovadores insolentes tais como São Francisco e São Tomás. Podemos, portanto, nos permitir um breve resumo do grande debate em torno dos frades, embora ele tenha abalado toda a cristandade em sua época. Mas o debate maior acerca de Aristóteles representa uma dificuldade também maior, pois há erros modernos de concepção sobre ele que só podem ser discutidos com um pouco mais de elaboração.

Talvez não exista realmente uma Revolução registrada na história. O que aconteceu foi sempre uma Contrarrevolução. Os homens sempre estiveram se rebelando contra os últimos rebeldes ou mesmo se arrependendo da última rebelião. Isso poderia ser observado nas modas contemporâneas mais casuais, se a mente ligada à moda não tivesse caído no hábito de enxergar o rebelde mais recente rebelando-se contra todas as épocas de uma vez. A garota moderna com batom e coquetel é tanto uma rebelde contra a mulher dos direitos das mulheres dos anos 1880, com suas golas altas engomadas e sua estrita abstinência, quanto esta última foi uma rebelde contra a dama do início do período vitoriano, das valsas lânguidas e do álbum cheio de citações de Byron; ou no mínimo uma rebelde contra a mãe puritana para quem a valsa era uma orgia selvagem e Byron era o bolchevista de sua época. Acompanhe até mesmo a mãe puritana de volta na história e verá que ela representa uma rebelião contra a indulgência cavalheiresca da Igreja inglesa, que foi de início uma rebelde contra a civilização católica, que fora por sua vez uma rebelde contra a civilização pagã. Ninguém a não ser um lunático poderia alegar que essas coisas foram um progresso, pois elas obviamente seguem em um sentido e depois em outro. Qualquer que seja o certo, porém, uma coisa é errada: o hábito moderno de olhar para as revoluções passadas apenas a partir do lado moderno. Pois com isso só se vê o fim do conto; eles se rebelam contra não sabem o quê, porque tal coisa surgiu eles não sabem quando; atentos apenas ao seu término, são ignorantes de seu início e, portanto, de seu próprio ser. A diferença entre os casos menores e o maior é que neste último há realmente uma sublevação humana tão grande que os homens partem dela como se entrassem em um novo mundo; e essa mesma novidade lhes permite prosseguir assim por muito tempo – às vezes, por tempo demais. É *pelo fato de* tais coisas começarem com uma vigorosa revolta que o ímpeto intelectual dura o suficiente para fazê-las parecer uma sobrevivência. Um excelente exemplo disso é a história real do ressurgimento e da negligência de Aristóteles. Ao final da época medieval, o aristotelismo acabou tornando-se caduco. Só uma novidade bastante fresca e bem-sucedida pode se tornar assim tão caduca.

Quando os modernos, puxando a mais negra cortina de obscurantismo que já encobriu a história, decidiram que nada importava muito antes do Renascimento e da Reforma, eles instantaneamente começaram sua carreira moderna caindo em um grande disparate. Foi o disparate em torno do platonismo. Encontraram, dependurados nas cortes dos arrogantes príncipes do século XVI (que era o maior recuo na história que lhes era permitido), certos artistas e eruditos anticlericais que diziam estar entediados com Aristóteles e que se compraziam com Platão. Os modernos, absolutamente ignorantes de toda a história dos medievais, logo caíram na armadilha. Presumiram que Aristóteles era alguma antiguidade e tirania rabugenta do negrume da Idade das Trevas e que Platão era um prazer pagão inteiramente novo nunca antes experimentado pelos cristãos. O padre Knox mostrou em que surpreendente estado de inocência se encontra a mente do sr. H. L. Mencken, por exemplo, a esse respeito. Na verdade, a história é exatamente contrária. O platonismo é que era a velha ortodoxia. O aristotelismo foi a revolução muito moderna. E o líder daquela revolução foi o homem que é o assunto deste livro.

A verdade é que a Igreja Católica histórica começou sendo platônica – aliás, platônica demais. O platonismo permeava o próprio ar dourado grego que os primeiros grandes teólogos gregos respiravam. Os padres cristãos eram muito mais semelhantes aos neoplatônicos do que o foram os eruditos do Renascimento, os quais foram apenas neoneoplatônicos. Para Crisóstomo ou Basílio, era comum e normal pensar em termos do Logos, ou da Sabedoria que é o objetivo dos filósofos, assim como é normal para qualquer homem de qualquer religião hoje falar de problemas sociais, do progresso ou da crise econômica no mundo. Santo Agostinho seguiu uma evolução mental natural quando foi platônico antes de ser maniqueísta, e maniqueísta antes de ser cristão. E é exatamente nessa última associação que se vê a primeira tênue indicação do perigo de ser platônico *demais*.

Desde o Renascimento até o século XIX, os modernos tiveram um amor quase monstruoso pelos antigos. Ao pensarem a vida medieval, nunca consideraram os cristãos como qualquer coisa além de pupilos dos pagãos; de Platão em ideias, ou de Aristóteles na razão e na ciência. Não foi assim. Em alguns aspectos, mesmo a partir do monótono ponto de vista moderno, o Catolicismo estava séculos à frente do platonismo ou do aristotelismo. Podemos vê-lo ainda, por exemplo, na cansativa tenacidade da Astrologia. Sobre esse assunto, todos os filósofos eram a favor da superstição, e os santos e todas as tais pessoas supersticiosas eram contra a superstição. Até mesmo os grandes santos, porém, achavam difícil se desvencilhar dessa superstição. Dois pontos eram sempre levantados por aqueles que suspeitavam do aristotelismo de Tomás, que soariam para nós hoje bastante exóticos e cômicos, tomados em conjunto. Um deles era a visão de que as estrelas são seres pessoais, governando nossas vidas; o outro era a grande teoria geral de que os homens têm uma mente comum, uma visão obviamente oposta à imortalidade, isto é, à individualidade. Ambos persistem entre os modernos, tão forte é ainda a tirania dos antigos. A Astrologia se espalha nos jornais de domingo, e a outra doutrina tem sua centésima forma naquilo que é chamado de comunismo, ou a Alma da Colmeia.

Como uma abordagem preliminar, essa posição não deve ser malcompreendida. Quando elogiamos o valor prático da Revolução Aristotélica, e a originalidade de Tomás em liderá-la, não pretendemos dizer que os filósofos escolásticos antes dele não eram filósofos, ou altamente filosóficos, ou não tiveram contato com a filosofia antiga. No sentido em que houve uma séria ruptura na história filosófica, ela não ocorreu antes de São Tomás, ou no começo da história medieval; ela ocorreu após São Tomás, ou no início da história moderna. A grande tradição intelectual que chega até nós a partir de Pitágoras e Platão nunca foi interrompida ou perdida mediante ninharias como o saque de Roma, o triunfo de Átila ou todas as invasões bárbaras da Idade das Trevas. Ela só foi perdida após a introdução da imprensa, a descoberta da América, a fundação da Sociedade Real e todo o iluminismo do Renascimento e do mundo moderno. Foi ali que se perdeu ou foi rompido (se é que o foi) o longo, fino e delicado fio que descendia da antiguidade distante, o fio daquele *hobby* humano incomum, o hábito de pensar. Isso se verifica pelo fato de que os livros impressos desse período posterior tiveram de esperar, em grande medida, até o século XVIII ou o fim do século XVII, para encontrar até mesmo os nomes dos novos filósofos, que constituíam na melhor das hipóteses um novo tipo de filósofo. Mas o declínio do império, a Idade das Trevas e o início da Idade Média, apesar de muito tentados a negligenciar aquilo que se opunha à filosofia platônica, nunca negligenciaram a Filosofia. Nesse sentido, São Tomás, como a maioria dos outros homens muito originais, tem uma linhagem longa e clara. Ele próprio se refere constantemente às autoridades, desde Santo Agostinho até Santo Anselmo, e de Santo Anselmo a Santo Alberto; e mesmo quando difere, também se submete.

Um anglicano muito instruído me disse certa vez, talvez não sem um toque de acidez: "Não posso entender por que todos falam como se Tomás de Aquino fosse o início da filosofia escolástica. Eu poderia entender se dissessem que ele foi o fim dela". Tenha o comentário sido feito ou não com a intenção de ser ácido, podemos estar certos de que a resposta de São Tomás teria sido perfeitamente civilizada. E, de fato, seria fácil responder, com uma certa placidez, que, em sua linguagem tomista, o fim de uma coisa não significa sua destruição, mas seu cumprimento. Nenhum tomista reclamará se o tomismo for o fim de nossa filosofia, no sentido de que Deus é o fim de nossa existência. Pois isso não significa que deixamos de existir, mas que nos tornamos tão perenes quanto a *philosophia perennis*. Deixando de lado essa afirmação, contudo, é importante lembrar que meu distinto interlocutor estava perfeitamente correto, uma vez que existiram dinastias inteiras de filósofos doutrinais antes de Tomás, chegando até o dia da grande revolta dos aristotélicos. Tampouco foi aquela revolta algo inteiramente abrupto ou imprevisto. Um hábil escritor da *Dublin Review* observou, não muito tempo atrás, que, em alguns aspectos, toda a natureza da metafísica avançara muito desde Aristóteles, até o momento em que chegou a Tomás. E que não é nenhum desrespeito para com o primitivo e gigantesco gênio do estagirita dizer que, em alguns aspectos, ele foi nada mais que um grosseiro e rude fundador da Filosofia, comparado com algumas das sutilezas subsequentes do medievalismo; que o grego forneceu umas poucas grandes sugestões que os escolásticos desenvolveram nos mais delicados e finos matizes. Esse pode ser um enunciado exagerado, mas há uma verdade nele. De qualquer modo, é certo que até mesmo na filosofia aristotélica, mais ainda na filosofia platônica, já havia uma tradição de interpretação altamente inteligente. Se aquela sutileza se degenerou, mais tarde, em excesso de minuciosidade, ela foi, não obstante, uma minuciosidade delicada e um trabalho que exigia instrumentos bastante científicos.

O que tornou a Revolução Aristotélica realmente revolucionária foi o fato de que ela foi religiosa. Esse é o fato, tão fundamental que achei por bem expô-lo nas primeiras páginas deste livro, de que a revolta foi em grande medida dos elementos mais cristãos da cristandade. São Tomás, tanto quanto São Francisco, sentia subconscientemente que o domínio de seu povo sobre as sólidas doutrina e disciplina católicas, polidas por mais de mil anos de rotina, se estava perdendo, e que a fé precisava ser mostrada sob uma nova luz e abordada a partir de outro ângulo. Mas sua única motivação era o desejo de torná-la popular para a salvação das pessoas. Era verdade, em termos gerais, que por algum tempo fora platônica demais para ser popular. Precisava de algo como o toque astuto e caseiro de Aristóteles para transformá-la novamente em uma religião de senso comum. Tanto o motivo quanto o método são ilustrados na guerra de Tomás contra os agostinianos.

Primeiro, lembremo-nos de que a influência grega continuou a fluir do império grego, ou pelo menos do centro do império romano, que estava na cidade grega de Bizâncio, e não mais em Roma. Aquela influência era bizantina em todos os bons e maus sentidos; como a arte bizantina, ela era severa, matemática e um pouco terrível; como a etiqueta bizantina, era oriental e bastante decadente. Devemos à erudição do sr. Christopher Dawson muitos esclarecimentos sobre o modo como Bizâncio lentamente se enrijeceu para tornar-se uma espécie de teocracia asiática, mais semelhante àquela que servia ao Sagrado Imperador da China. Mas até os incultos podem ver a diferença no modo como o Cristianismo Oriental aplainava tudo, assim como aplainava os rostos das imagens em ícones. Tornou-se uma coisa de padrões em vez de imagens e perpetrou uma guerra destrutiva e definitiva contra as estátuas. Assim vemos, de modo bastante estranho, que o Oriente era a terra da cruz, e o Ocidente era a terra do crucifixo. Os gregos estavam sendo desumanizados por um símbolo radiante, enquanto os góticos o eram por um instrumento de tortura. Somente o Ocidente produziu imagens realistas das maiores de todas as narrativas do Oriente. Assim, o elemento grego na teologia cristã tendeu mais e mais a ser uma espécie de platonismo ressequido, uma coisa de diagramas e abstrações; por fim, abstrações de fato nobres, mas não suficientemente tocadas por aquela grande coisa que é, por definição, quase que o oposto da abstração: a encarnação. Seu logos era o verbo, mas não o verbo feito carne. De milhares de maneiras sutis, frequentemente fugindo à definição doutrinal, esse espírito se espalhou pelo mundo da cristandade a partir do local onde o Sagrado Imperador sentava-se sob seus mosaicos dourados, e o pavimento uniforme do Império Romano tornou-se enfim uma espécie de caminho plano para Maomé. Pois o Islã era a satisfação última dos iconoclastas. Contudo, muito antes disso, houve essa tendência de tornar a cruz mera peça decorativa como o crescente, transformá-la em um padrão como a chave grega ou a roda de Buda. Havia, porém, algo de passivo acerca de tal mundo de padrões; a chave grega não abre nenhuma porta, enquanto a roda de Buda sempre gira e nunca segue adiante.

Em parte por causa dessas influências negativas, em parte em função de um necessário e nobre ascetismo que buscava emular o terrível padrão dos mártires, as primeiras eras cristãs foram excessivamente anticorpóreas e muito próximas do limiar do perigo do misticismo maniqueísta.

Mas havia muito menos perigo no fato de os santos macerarem o corpo do que no fato de os sábios o negligenciarem. Admitindo-se toda a grandeza da contribuição de Agostinho para o Cristianismo, houve, em certo sentido, um perigo mais sutil em Agostinho, o platônico, do que até mesmo em Agostinho, o maniqueu. Proveio dele uma disposição que inconscientemente cometia a heresia de dividir a substância da Trindade. Ele pensava em Deus, de modo muito exclusivo, como um Espírito que purifica ou como um Salvador que redime e muito pouco como um Criador que cria. Por isso homens como Tomás acharam certo corrigir Platão a partir de um apelo a Aristóteles, que considerava as coisas como ele as encontrava, assim como Tomás aceitava as coisas como Deus as criara. Em toda a obra de São Tomás, o mundo da criação positiva está perpetuamente presente. Em termos humanos, foi ele quem salvou o elemento humano na teologia cristã, mesmo usando por conveniência certos elementos da filosofia pagã. Acontece, como já foi dito, que o elemento humano é também o elemento cristão.

O pânico acerca do perigo aristotélico que atravessara os altos postos da Igreja foi provavelmente um vento seco do deserto. Ele foi, sem dúvida, constituído mais pelo medo de Maomé do que pelo medo de Aristóteles. O que era irônico, porque havia mesmo uma dificuldade muito maior em reconciliar Aristóteles com Maomé do que em reconciliá-lo com Cristo. O Islã é, em essência, um credo simples para homens simples; e ninguém pode jamais transformar o panteísmo em um credo simples. Ele é, ao mesmo tempo, muito abstrato e muito complicado. Há crentes simples em um Deus pessoal e há ateus de mentes mais simples do que quaisquer crentes em um Deus pessoal. Mas poucos podem, com mera simplicidade, aceitar um universo sem deus como sendo um deus. E embora o muçulmano, em comparação com o cristão, tivesse talvez um Deus menos humano, ele tinha, se possível, um Deus mais pessoal. A vontade de Alá era sem dúvida uma vontade, e não poderia ser transformada em um fluxo de tendência. Em todo aquele lado cósmico e abstrato, o católico era mais permissivo do que o muçulmano – até certo ponto. O católico podia admitir pelo menos que Aristóteles estava certo acerca dos elementos impessoais de um Deus pessoal. Assim, podemos dizer, de modo geral, acerca dos filósofos muçulmanos que aqueles que se tornavam bons filósofos seriam maus muçulmanos. Não é totalmente antinatural que muitos bispos e doutores temessem que os tomistas se tornassem bons filósofos e maus cristãos. Mas também havia muitos, da escola estrita de Platão e Agostinho, que negavam com veemência que fossem sequer bons filósofos.

Entre essas paixões bastante incongruentes, o amor a Platão e o medo de Maomé, houve um momento em que as perspectivas para qualquer cultura aristotélica na cristandade pareceram de fato bastante sombrias. Anátema após anátema foram proferidos a partir de lugares elevados e, sob a sombra da perseguição, como costuma acontecer, pareceu por um momento que apenas uma ou duas figuras se erguiam sozinhas na área varrida pela tempestade. Ambas vestiam o preto e branco dos dominicanos, pois Alberto e Tomás estavam firmes.

Nesse tipo de combate sempre há confusão, as maiorias se tornam minorias e depois voltam a ser maiorias, como que por mágica. É sempre difícil datar a virada da maré, que parece ser uma confusão de redemoinhos na qual as próprias datas parecem se sobrepor e confundir a crise. Mas a mudança, desde o momento em que os dois dominicanos estavam sozinhos até o momento em que toda a Igreja finalmente se alinhou a eles, talvez possa ser encontrada no momento em que foram levados à presença de um juiz hostil, mas não injusto. Estevão Tempier, o bispo de Paris, parecia um ótimo espécime do antigo eclesiástico fanático, que pensava que admirar Aristóteles era uma fraqueza que culminaria na adoração a Apolo. Ele era também, por uma má sorte, um dos velhos conservadores sociais que lamentavam intensamente a revolução popular dos frades pregadores. Mas era um homem honesto, e Tomás de Aquino nunca pediu nada além da permissão de se dirigir a homens honestos. Todos ao redor dele eram outros revolucionários aristotélicos de um tipo muito mais duvidoso. Havia Siger, o sofista de Brabant, que aprendera todo seu aristotelismo com os árabes e tinha uma engenhosa teoria sobre como um agnóstico árabe podia ser também um cristão. Havia milhares de jovens do tipo que gritava para Abelardo, plenos da juventude do século XIII e bêbados com o vinho grego de Estagira. Acima e contra eles, rebaixante e implacável, encontrava-se o velho partido puritano dos agostinianos, encantados em classificar os racionalistas Alberto e Tomás na mesma categoria dos equivocados metafísicos muçulmanos.

O triunfo de Tomás pareceria, de fato, um triunfo pessoal. Ele não retirou nenhuma de suas proposições, embora se diga que o bispo reacionário condenou algumas delas após sua morte. Em geral, contudo, Tomás convenceu a maioria de seus críticos de que ele era um católico tão bom quanto eles. Houve uma sequência de disputas entre as ordens religiosas após essa crise controversa. No entanto, deve ser verdade, que a afirmação de que um homem como Tomás tenha conseguido, mesmo que parcialmente, satisfazer um homem como Tempier fosse o fim da disputa essencial. Aquilo que já era familiar para uns poucos tornou-se familiar para muitos: que um aristotélico podia, afinal de contas, ser um cristão. Outro fato ajudou na conversão comum. Tem curiosa semelhança com a história da tradução da Bíblia e a suposta supressão católica desta. Por trás das cenas, onde o papa era muito mais tolerante do que o bispo de Paris, os amigos de Tomás trabalhavam duro para produzir uma nova tradução de Aristóteles. Demonstrava que em muitos sentidos a tradução herética fora uma tradução muito herética. Com a consumação final dessa obra, podemos dizer que a grande filosofia grega entrou por fim no sistema da cristandade. O processo foi descrito em termos quase humorísticos como o Batismo de Aristóteles.

Todos ouvimos falar da humildade do homem de ciência, de muitos que foram muito genuinamente humildes e de alguns que foram muito orgulhosos de sua humildade. Um refrão bastante recorrente desse breve estudo é que Tomás de Aquino possuía, sim, a humildade do homem de ciência como uma variedade especial da humildade do santo. É verdade que ele próprio não contribuiu com nada de concreto quanto à experimentação ou aos detalhes da ciência física; nisso, pode-se dizer que ficou para trás em relação à geração anterior, e foi muito menos um cientista experimental do que seu tutor Alberto Magno. Mas apesar disso, era um grande amigo da liberdade da ciência. Os princípios que ele dispôs, entendidos de modo apropriado, são talvez os melhores produzidos para proteger a ciência contra a mera perseguição obscurantista. Por exemplo, quanto à questão da inspiração da Escritura, ele se concentrou primeiro no fato óbvio, esquecido por quatro séculos furiosos de batalhas sectárias, de que o significado da Escritura está muito longe de ser autoevidente, e que devemos interpretá-la à luz de outras verdades. Se uma interpretação literal é simplesmente contradita por um fato óbvio, então só podemos dizer que a interpretação literal deve ser falsa. Mas deve ser mesmo um fato óbvio. E, infelizmente, os cientistas do século XIX estavam tão dispostos a tirar a conclusão precipitada de que qualquer conjetura sobre a natureza era um fato óbvio quanto os sectários do século XVII o estariam para concluir que qualquer conjetura em torno da Escritura era a explicação óbvia. Assim, teorias privadas a respeito do que a Bíblia deveria significar e teorias prematuras sobre o que o mundo deveria significar encontraram-se em controvérsias ruidosas e bastante divulgadas, especialmente na época vitoriana; e essa desastrada colisão de duas formas muito impacientes de ignorância foi conhecida como a disputa entre a ciência e a religião.

São Tomás, no entanto, possuía a humildade científica no sentido muito vívido e especial de que estava disposto a ocupar o lugar mais inferior, pronto para o exame das coisas mais inferiores. Ele não estudou o verme como se fosse o mundo, à maneira de um especialista moderno, mas estava disposto a começar o estudo da realidade do mundo na realidade do verme. Seu aristotelismo significava apenas que o estudo do fato mais humilde levaria ao estudo da verdade mais elevada. O fato de que para ele o processo era lógico, e não biológico, relacionado à filosofia em vez de à ciência, não altera a ideia essencial de que ele acreditava em começar na base da escada. Mas ele também forneceu, por meio de sua visão da Escritura, da ciência e de outras questões, uma espécie de mapa para pioneiros mais práticos do que ele próprio. De certa forma, afirmou que, se eles pudessem de fato provar suas descobertas práticas, a interpretação tradicional da Escritura deveria ceder àquelas descobertas. Dificilmente teria dito algo mais justo. Se a questão dependesse dele e de homens como ele, nunca teria ocorrido nenhuma disputa entre a ciência e a religião. Ele fez o que pôde para mapear duas províncias para ciência e religião, e para traçar uma fronteira justa entre elas.

Comenta-se, com alegria, que o Cristianismo falhou, entendendo-se com isso que ele nunca teve aquela supremacia abrangente, imperial e imposta que pertenceu a cada uma das grandes revoluções, todas fracassadas algum tempo depois. Nunca houve um momento em que os homens puderam dizer que todo homem era cristão, assim como diriam por vários meses que todo homem era realista, ou republicano, ou comunista. Mas se os historiadores de mente sã quiserem compreender o sentido em que o caráter cristão teve sucesso, não acharão um caso melhor do que a intensa pressão moral de um homem como São Tomás em apoio ao racionalismo enterrado dos pagãos, que até então só fora desenterrado para divertimento dos hereges. De modo bastante estrito e exato, foi graças a um novo tipo de homem, que conduzia uma nova espécie de investigação racional, que os homens esqueceram a maldição que caíra sobre os tempos dos demônios mortos e sobre os palácios dos déspotas mortos; esqueceram até mesmo a nova fúria proveniente da Arábia, contra a qual eles lutavam por suas vidas, porque o homem que lhes pedia que voltassem ao bom senso ou que recobrassem os sentidos não era um sofista, mas um santo. Aristóteles descrevera o homem magnânimo, que é grande e sabe que é grande. Mas Aristóteles nunca teria recuperado sua própria grandeza, a não ser pelo milagre que criou o homem mais magnânimo, que é grande e sabe que é pequeno.

Há uma certa importância histórica naquilo que alguns chamariam de o peso do estilo empregado. Ele carrega uma curiosa impressão de candura, que realmente exerceu, penso, um efeito considerável sobre os contemporâneos. O santo foi às vezes chamado de cético. A verdade é que ele foi em grande medida tolerado como cético justamente por ter sido um santo. Quando pareceu erguer-se como um aristotélico teimoso, que mal se distinguia dos hereges árabes, acredito de fato que sua proteção foi em grande medida o prodigioso poder de sua simplicidade e sua óbvia bondade e amor pela verdade. Aqueles que se punham contra a insolente confiança dos hereges foram todos interrompidos ao se depararem com uma espécie de gigantesca humildade, que era como uma montanha ou talvez como aquele imenso vale que emoldura uma montanha. Admitindo todas as convenções medievais, podemos sentir que com os outros inovadores isso nem sempre ocorreu. Os outros, desde Abelardo até Siger de Brabant, nunca perderam inteiramente, no longo processo da história, um leve ar de exibicionismo. Ninguém poderia sentir por um momento que Tomás de Aquino se exibia. A própria lentidão da dicção, da qual alguns reclamam, era evidência disso. Ele poderia ter concedido perspicácia, bem como sabedoria, mas era tão prodigiosamente sincero que concedeu sua sabedoria sem sua perspicácia.

Após a hora do triunfo, veio o momento do perigo. É sempre assim com as alianças, principalmente porque Tomás lutava em duas frentes. Sua tarefa principal era defender a fé contra o abuso de Aristóteles; e fez isso de modo ousado, apoiando o uso de Aristóteles. Ele sabia muito bem que exércitos de ateus e anarquistas aplaudiam nos bastidores sua vitória aristotélica sobre tudo que ele mais prezava. Não obstante, o que perturbou a extraordinária compostura de Tomás de Aquino para controvérsias nunca foi a existência dos ateus, não mais do que a dos árabes ou a dos pagãos. O perigo real que se seguiu à vitória por ele obtida para Aristóteles se apresentou com vigor no curioso caso de Siger de Brabant, e é muito digno de estudo para qualquer um que queira compreender a estranha história da cristandade. É um caso marcado por uma qualidade bastante estranha, que sempre foi a nota peculiar da fé, embora não seja percebida por seus inimigos modernos e raramente o seja por seus amigos modernos. É o fato simbolizado na lenda do Anticristo, que era o duplo de Cristo, e no profundo provérbio de que o Diabo é o imitador de Deus. O que implica que a falsidade nunca é tão falsa como no momento em que está mais próxima da verdade. É quando a punhalada quase atinge o nervo da verdade que a consciência cristã grita de dor. E Siger de Brabant, seguindo alguns aristotélicos árabes, propôs uma teoria que a maioria dos leitores de jornais modernos logo afirmaria ser idêntica à teoria de São Tomás. Foi isso o que finalmente despertou São Tomás para seu último e mais enfático protesto. Ele vencera a batalha a favor de um escopo mais amplo da filosofia e da ciência, e limpara o terreno para uma compreensão geral da fé e da investigação, uma compreensão que, de um modo geral, era observada entre os católicos e nunca fora abandonada sem desastre. Era a ideia de que o cientista deveria prosseguir explorando e experimentando à vontade, contanto que ele não reivindicasse uma infalibilidade e finalidade cuja reivindicação fosse contra seus próprios princípios. Enquanto isso, a Igreja deveria prosseguir em seus desenvolvimentos e definições acerca das coisas sobrenaturais, contanto que não reivindicasse um direito de alterar o depósito da fé, que era contra seus próprios princípios reivindicar. E quando disse isso, Siger de Brabant levantou-se e fez uma afirmação tão horrivelmente semelhante e ao mesmo tempo diferente, que (como o Anticristo) teria enganado os próprios eleitos.

Siger de Brabant disse o seguinte: a Igreja deve estar correta sob o ponto de vista teológico, mas pode estar errada sob uma perspectiva científica. Há duas verdades: a verdade do mundo sobrenatural e a verdade do mundo natural, que contradiz o mundo sobrenatural. Enquanto somos naturalistas, podemos supor que o Cristianismo é um completo contrassenso; mas então, quando lembramos que somos cristãos, devemos admitir que o Cristianismo é verdadeiro, mesmo que seja um contrassenso. Em outras palavras, Siger de Brabant dividiu a cabeça humana em duas, como o golpe em uma velha lenda de batalha, e declarou que o homem tem duas mentes, com uma das quais deve acreditar inteiramente e com a outra pode desacreditar de uma maneira absoluta. Para muitos, isso pareceria no mínimo uma paródia do tomismo. Como fato, isso era o assassinato do tomismo. Não se tratava de encontrar duas maneiras de lidar com a mesma verdade; era uma maneira mentirosa de fingir que há duas verdades. E é por demais interessante notar que essa foi a única ocasião em que o Boi Mudo se mostrou como um verdadeiro touro selvagem. Quando ele se ergueu para responder a Siger de Brabant, estava totalmente transfigurado, e o próprio estilo de suas sentenças, semelhante ao tom de voz de um homem, estava totalmente alterado. Ele nunca se irritara com nenhum dos inimigos que discordavam dele. Mas esses inimigos haviam tentado a pior traição: fizeram-no concordar com eles.

Aqueles que reclamam que os teólogos traçam distinções sutis dificilmente poderiam encontrar um melhor exemplo de sua própria loucura. De fato, uma distinção sutil pode ser uma franca contradição. Isso ocorreu de forma notável nesse caso. São Tomás estava disposto a aceitar que a verdade única fosse abordada por dois caminhos, precisamente *porque* ele estava certo de que havia apenas uma verdade. Uma vez que a fé era a verdade única, nada descoberto na natureza poderia, em última instância, contradizer a fé. Sendo a fé a verdade única, nada deduzido da fé poderia, em última instância, contradizer os fatos. Essa era, na verdade, uma confiança um tanto ousada na realidade de sua religião e, embora alguns insistam em discordar, ela se justificava. Os fatos científicos que pareciam contradizer a fé no século XIX são quase todos considerados como ficções não científicas no século XX. Até mesmo os materialistas fugiram do materialismo, e aqueles que nos deram preleções sobre o determinismo na psicologia já falam do indeterminismo na matéria. Mas, quer essa confiança estivesse certa quer não, ela era, de um modo especial e supremo, uma confiança de que há uma verdade que não pode contradizer a si mesma. E aquele último grupo de inimigos de repente se erguia para anunciar que concordavam inteiramente com ele ao dizer que existem duas verdades contraditórias. A verdade, como no dito medieval, trazia duas caras sob um mesmo capuz; e aqueles sofistas de duas caras ousavam sugerir que aquele era o capuz dominicano.

Assim, pela primeira vez, em seu último combate, ele lutou como se brandisse um machado de batalha. Há um timbre nas palavras que transcende a paciência quase impessoal que ele mantivera no debate com tantos inimigos. "Vejam nossa refutação do erro. Ela não é baseada em documentos de fé, mas nas razões e enunciados dos próprios filósofos. Se, portanto, houver alguém que, orgulhando-se jactanciosamente de sua suposta sabedoria, deseje desafiar aquilo que escrevemos, que não o faça em algum canto ou diante de crianças impotentes para decidir a respeito de tais assuntos difíceis. Que responda de modo franco, se ousar. Eu o confrontarei, e não apenas minha pessoa insignificante, mas muitos outros cujo estudo é a verdade. Travaremos uma batalha contra seus erros ou traremos uma cura para sua ignorância."

O Boi Mudo agora muge como um boi acuado e, ainda assim, terrível, elevando-se sobre todo o bando que o acua. Já notamos por que, nessa disputa com Siger de Brabant, Tomás de Aquino libertou tais trovões de paixão puramente moral; foi porque toda a obra de sua vida estava sendo traída por aqueles que se aproveitavam de suas vitórias sobre os reacionários. A questão aqui é que aquele foi talvez seu único momento de paixão pessoal, exceto por um único episódio em meio aos problemas de sua juventude, e, mais uma vez, ele enfrentou seus inimigos com um ferro incandescente. Ainda assim, mesmo nesse apocalipse isolado de raiva, há uma frase que pode ser recomendada para sempre para homens irritados por muito menos. Se há uma sentença que deveria ser entalhada em mármore, representando a mais calma e duradoura racionalidade de sua inteligência singular, é uma que foi vertida juntamente com todo o resto dessa lava derretida. Se há uma frase que persiste perante a história como típica de Tomás de Aquino, é aquela frase a respeito de seu argumento: "Ele não é baseado em documentos de fé, mas nas razões e enunciados dos próprios filósofos". Que bom seria se todos os doutores ortodoxos em suas deliberações fossem tão razoáveis quanto Tomás enraivecido! Que bom seria se todos os apologistas cristãos se lembrassem dessa máxima e a escrevessem com letras grandes na parede antes de pregarem quaisquer teses. No ápice de sua fúria, Tomás de Aquino compreende aquilo que tantos defensores da ortodoxia nunca compreenderão. De nada adianta dizer a um ateu que ele é ateu; ou acusar alguém que nega a imortalidade da infâmia de negá-la; ou imaginar que alguém pode forçar um oponente a admitir que está errado, ao provar que ele está errado com base nos princípios de outra pessoa, mas não nos dele próprio. Após o grande exemplo de São Tomás, fica estabelecido – ou pelo menos deveria ficar – o princípio de que ou não devemos discutir com um homem de modo algum ou devemos discutir com base nos fundamentos dele, não nos nossos. Podemos fazer outras coisas *em vez de* discutir, de acordo com nossas visões sobre quais ações são moralmente permissíveis; mas, se discutirmos, devemos discutir "com base nas razões e enunciados dos próprios filósofos". Esse é o senso comum em um dito atribuído a um amigo de São Tomás, o grande São Luís, rei da França, que as pessoas superficiais citam como uma amostra de fanatismo, cujo sentido é que ou devo discutir com um infiel da maneira como um verdadeiro filósofo pode discutir, ou então "atravessar seu corpo com uma espada, até onde ela penetrar". Um verdadeiro filósofo (mesmo da escola oposta) será o primeiro a concordar que São Luís foi inteiramente filosófico.

Assim, na última grande crise de controvérsias de sua campanha teológica, Tomás de Aquino conseguiu dar a seus amigos e inimigos uma lição não apenas de teologia, mas de controvérsia. Entretanto, aquela foi, de fato, sua última controvérsia. Ele fora um homem com um grande apetite para controvérsias, algo presente em alguns homens e não em outros, em santos e em pecadores. Mas após aquele grande e vitorioso duelo com Siger de Brabant, ele se viu dominado por um desejo súbito de silêncio e repouso. Disse algo estranho sobre essa sua disposição a um amigo, que encontrará seu lugar mais apropriado em outra parte. Voltou às extremas simplicidades de sua rotina monástica e parecia não desejar nada exceto uma espécie de retiro permanente. Chegou até ele um pedido do papa para que partisse em uma outra missão de diplomacia ou disputa, e ele se preparou para obedecer. Mas, antes de percorrer muitas milhas da jornada, estava morto.

IV

Uma Meditação sobre os Maniqueus

Há uma historieta casual acerca de São Tomás de Aquino que o ilumina como um relâmpago, não só por fora, mas também por dentro. Pois não apenas o mostra como um personagem, aliás de comédia, bem como as cores de seu período e de seu panorama social, mas também, como que por um instante, revela uma transparência de sua mente. Trata-se de um incidente trivial que ocorreu certo dia, quando, relutante, ele foi arrastado de seu trabalho e, quase podemos dizer, de sua diversão. Pois ambos eram para ele encontrados no incomum *hobby* de pensar, que é para alguns homens uma coisa muito mais inebriante que a mera bebida. Recusara quaisquer convites da sociedade para as cortes de reis e príncipes, não porque ele fosse hostil, pois não era, mas porque vivia brilhando por dentro com os planos gigantescos de exposição e argumento que preenchiam sua vida. Em uma ocasião, contudo, Tomás foi convidado à corte do rei Luís IX da França, mais famoso como o grande São Luís, e, por alguma razão ou outra, as autoridades dominicanas de sua Ordem disseram-lhe que aceitasse; assim ele o fez, sendo um frade obediente mesmo durante o sono, ou antes, em seu permanente transe de reflexão.

Um argumento real contra a hagiografia convencional é que ela às vezes tende a fazer todos os santos parecerem iguais, enquanto, de fato, não há homens mais diferentes do que os santos, nem mesmo os assassinos. E dificilmente haveria um contraste mais completo, dados os elementos essenciais da santidade, do que entre São Tomás e São Luís. São Luís nascera cavaleiro e rei, mas era um daqueles homens em quem uma certa simplicidade, combinada com a coragem e a atividade, torna natural e, em certo sentido, fácil cumprir de maneira direta e imediata qualquer dever ou cargo, não importando o quão oficial. E ele era um homem em quem a santidade e a saúde não se opunham de modo algum; o resultado da junção de ambas era a ação. Ele não perdia muito tempo pensando, no sentido de teorização. Mas, mesmo na teoria, possuía aquele tipo de presença de espírito que pertence ao homem raro e prático quando ele tem de pensar. Nunca dizia a coisa errada e era ortodoxo por instinto. No antigo provérbio pagão sobre os reis serem filósofos ou os filósofos serem reis havia um certo erro de cálculo, ligado a um mistério que só o Cristianismo poderia revelar. Pois, embora seja possível para um rei desejar muito ser um santo, não é possível para um santo desejar muito ser um rei. Um homem bom dificilmente sonhará sempre em ser um grande monarca; mas tal é a liberalidade da Igreja, que ela não pode proibir nem mesmo um grande monarca de sonhar em ser um homem bom. Mas Luís era um tipo de pessoa simples e soldadesca que não se importava com o fato de ser rei, assim como não se importaria em ser capitão, sargento ou ocupar qualquer outro posto de seu exército. Ora, a um homem como São Tomás não agradaria ser rei ou se ver envolvido com a pompa e a política dos reis; não apenas sua humildade, mas uma espécie de fastio subconsciente e superior desgosto da futilidade, frequentemente encontrados em homens calmos, instruídos e dotados de grandes mentes, o teriam, sem dúvida, impedido de fazer contato com a complexidade da vida da corte. Além disso, por toda sua vida ele sempre se preocupou em se manter fora da política, e não havia nenhum símbolo político mais notável ou, em certo sentido, mais desafiador, naquele momento, do que o poder do rei em Paris.

Paris era verdadeiramente, naquela época, uma *aurora borealis*, um amanhecer no Norte. Devemos compreender que terras muito próximas de Roma haviam apodrecido com o paganismo, o pessimismo e as influências orientais, das quais a mais respeitável era a de Maomé. A Provença e todo o sul estavam tomados por uma febre de niilismo ou misticismo negativo, e do norte da França vieram as lanças e espadas que varreram para longe o anticristianismo. No norte da França também brotou aquele esplendor de construção que brilha como espadas e lanças: os primeiros pináculos do Gótico. Falamos hoje dos edifícios góticos cinzentos, mas eles devem ter sido muito diferentes quando se ergueram brancos e lampejantes em direção aos céus do norte, pintalgados de ouro e cores brilhantes; um novo voo de arquitetura, tão surpreendente quanto as aeronaves. A nova Paris, finalmente deixada para trás por São Luís, deve ter sido uma coisa branca como lírios e esplêndida como a auriflama. Ela foi o começo daquela grande novidade: a nação da França, que haveria de assaltar e subjugar a antiga contenda entre o papa e o imperador nas terras de onde viera Tomás. Mas Tomás veio muito contrariado e, se pudermos dizer isto de um homem tão gentil, bastante aborrecido. Quando entrou em Paris, eles lhe mostraram da colina aquele esplendor de novos pináculos surgindo, e alguém disse algo próximo de "Como deve ser grandioso possuir tudo isso". E Tomás de Aquino apenas murmurou: "Eu preferiria ter aquele manuscrito de Crisóstomo que não consigo encontrar".

De algum modo, eles guiaram aquela relutante massa de reflexão até um assento no salão de banquetes real; e tudo que sabemos sobre Tomás nos diz que ele foi perfeitamente cortês para com aqueles que falaram com ele, mas falou pouco, e foi logo esquecido no vozerio mais brilhante e barulhento do mundo: o ruído da conversação francesa. Sobre o que os franceses falavam nós não sabemos; mas esqueceram completamente o grande e gordo italiano em seu meio, e é bem possível que ele tenha se esquecido completamente deles. Silêncios súbitos ocorrerão até mesmo nas conversas francesa, e em um destes veio a interrupção. Há muito não havia nenhuma palavra nem movimento naquela imensa pilha de vestes pretas e brancas, como uma mistura homogênea de luto, que o marcava como um frade mendicante saído das ruas e contrastava com todas as cores, padrões e quartéis daquela primeira e mais fresca alvorada da cavalaria e da heráldica. Os escudos triangulares, os pendões e as lanças pontiagudas, as espadas triangulares da Cruzada, as janelas pontiagudas e os capuzes cônicos, repetiam em toda parte aquele fresco espírito medieval francês que em todos os sentidos chegara ao ápice. Mas as cores dos casacos eram alegres e variadas, com pouco para repreender sua riqueza, pois São Luís, que possuía, ele próprio, uma qualidade especial de ir direto ao ponto, dissera a seus cortesãos: "A vaidade deve ser evitada, mas todo homem deve vestir-se bem, à maneira de sua posição, para que sua esposa possa amá-lo com mais facilidade".

E então, de súbito, os cálices saltaram e trepidaram sobre a madeira e a grande mesa sacudiu, pois o frade descera seu grande punho como uma clava de pedra, com um estrondo que assustou a todos como uma explosão, e exclamou com uma voz forte, porém como de um homem no êxtase de um sonho: "E *isto* acabará com os maniqueus!".

O palácio de um rei, mesmo quando é o palácio de um santo, tem suas convenções. Um choque percorreu a corte, e todos se sentiram como se o gordo frade da Itália houvesse lançado um prato sobre o rei Luís ou lhe derrubasse a coroa. Todos olharam timidamente para o terrível assento que foi por mil anos o trono dos Capetos, e muitos deviam estar preparados para jogar o grande mendigo de manto negro pela janela. São Luís, porém, simples como parecia, não era uma mera fonte medieval de honra ou mesmo de misericórdia, mas também a fonte de dois rios eternos, a ironia e a cortesia da França. Ele se voltou para seus secretários, pedindo-lhes em voz baixa que levassem suas tabuletas até o assento do distraído debatedor e tomassem notas do argumento que acabara de lhe ocorrer; porque deveria ser um argumento muito bom, e ele poderia esquecê-lo. Detive-me algum tempo nessa historieta, primeiro, como foi dito, porque ela nos dá a imagem mais vívida de um grande personagem medieval; de fato, de dois grandes personagens medievais. Além disso, ela pode perfeitamente ser tomada como um modelo ou ponto de transição, por causa do vislumbre que fornece da principal preocupação daquele homem e do tipo de coisa que poderia existir em seus pensamentos, se fossem surpreendidos a qualquer momento por um ouvinte filosófico às escondidas ou através de um buraco de fechadura psicológico. Não era à toa que ele ainda ruminava, até mesmo na corte alva de São Luís, acerca da nuvem negra dos maniqueus.

Este livro pretende ser apenas um esboço sobre um homem, mas deve pelo menos tocar de modo superficial, mais adiante, um método e um sentido, ou o que nosso jornalismo costuma importunamente chamar de uma mensagem. Umas poucas páginas bastante inadequadas devem ser dadas para o homem em relação à sua teologia e sua filosofia; mas o tema sobre o qual pretendo discorrer aqui é ao mesmo tempo mais geral e mais pessoal até mesmo do que sua filosofia. Eu a introduzi aqui, portanto, antes de chegarmos a qualquer ponto como um discurso técnico a respeito de sua filosofia. Era algo que poderia ter o rótulo alternativo de sua atitude moral, sua predisposição temperamental ou o propósito de sua vida, no que dizia respeito aos efeitos humanos e sociais: pois ele sabia melhor do que a maioria de nós que há somente um propósito nesta vida, o qual se estende para além desta vida. Mas se quisermos colocar de forma pitoresca e simplificada o que ele queria para o mundo e qual era seu trabalho na história, além das definições teóricas e teológicas, podemos bem dizer que era desferir um golpe e acabar com os maniqueus.

O pleno significado disso pode não ser evidente para aqueles que não estudam a história teológica, e talvez até menos para os que o fazem. De fato, isso pode parecer igualmente irrelevante para a história e para a teologia. Na história, São Domingos e Simon de Montfort já haviam acabado com os maniqueus. E na teologia, claro, um doutor enciclopédico como Tomás de Aquino lidava com mil outras heresias além da heresia maniqueísta. Não obstante, isso representa sua principal posição e a virada que ele imprimiu a toda a história da cristandade.

Achei por bem interpor este capítulo, embora seu escopo possa parecer mais vago do que o restante, porque há um grande disparate a respeito de São Tomás e seu credo, que é um obstáculo para a maioria das pessoas modernas até mesmo começarem a compreendê-los. Consiste mais ou menos no seguinte. São Tomás, como outros monges, e principalmente outros santos, viveu uma vida de renúncia e austeridade; seus jejuns, por exemplo, tinham um contraste marcante com o luxo em que ele poderia ter vivido se quisesse. Esse elemento ocupa um alto lugar em sua religião, como uma maneira de afirmar a vontade contra o poder da natureza, de agradecer ao Redentor, partilhando de parte de seus sofrimentos, de tornar um homem pronto para qualquer coisa, como missionário ou mártir, e ideais semelhantes. Esses ideais costumam ser raros na moderna sociedade industrial do Ocidente, fora de sua comunhão; e se presume, portanto, que constituam todo o significado daquela comunhão. Uma vez que é incomum para um vereador jejuar 40 dias, ou para um político adotar um voto de silêncio trapista, ou para um homem da cidade viver uma vida de estrito celibato, o forasteiro comum é convencido, não apenas de que o Catolicismo não é nada além de ascetismo, mas que o ascetismo não é nada além de pessimismo. Ele é tão obsequioso, a ponto de explicar aos católicos por que eles estimam essa virtude heroica, e está sempre pronto para observar que a filosofia por trás de tal virtude é um ódio oriental contra qualquer coisa ligada à natureza e um desgosto puramente schopenhaueriano da vontade de viver. Li em uma resenha de "alta classe" do livro da senhorita Rebecca West sobre Santo Agostinho a surpreendente declaração de que a Igreja Católica considera que o sexo tem a natureza do pecado. Como o casamento pode ser um sacramento, para os católicos, se o sexo é um pecado? Ou por que os católicos são a favor da natalidade e seus inimigos, por sua vez, são a favor do controle da natalidade? Deixarei que o crítico responda. Minha preocupação não é com essa parte do argumento, mas com outra.

O crítico moderno comum, vendo esse ideal ascético em uma Igreja autorizada e não o vendo na maioria dos outros habitantes de Brixton ou Brighton, pode dizer: "Este é o resultado da autoridade; seria melhor ter a religião sem a autoridade". Mas, na verdade, uma experiência mais ampla fora de Brixton ou Brighton revelaria o erro. É raro encontrar um vereador que jejua ou um pol[illegible]apista, mas é ainda mais raro ver freiras suspensas no ar por ganchos ou ferros; é incomum para um orador da Guilda de Evidência Católica no Parque Hyde começar seu discurso cortando-se todo com facas; um estranho batendo à porta de um presbitério comum raramente encontrará o padre da paróquia deitado no chão com um fogo aceso sobre o peito, queimando-o enquanto ele profere exclamações espirituais. Contudo, todas essas coisas são feitas em toda a Ásia, por exemplo, por entusiastas voluntários agindo unicamente com base no grandioso impulso da religião; da religião, no caso deles, não imposta por qualquer autoridade imediata e, certamente, não imposta por essa autoridade em particular. Em suma, um conhecimento real acerca da humanidade dirá a qualquer um que a religião é uma coisa muito terrível, que ela é um verdadeiro fogo furioso e que a Autoridade costuma ser tão necessária para restringi-la quanto para impô-la. O ascetismo, ou a guerra contra os desejos, é ele próprio um desejo. Nunca pode ser eliminado dentre as estranhas ambições do homem. Mas pode ser mantido sob algum controle razoável e se satisfaz em uma proporção muito mais sadia sob a autoridade católica do que na anarquia pagã ou puritana. Enquanto isso, a totalidade desse ideal, embora seja uma parte essencial do idealismo católico quando este é compreendido, é de certa maneira uma questão inteiramente secundária. Não é o princípio primário da filosofia católica; é apenas uma dedução particular a partir da ética católica. E quando começamos a falar da filosofia primária, percebemos a plena e definitiva contradição entre o monge que jejua e o faquir que se pendura em ganchos.

Ora, nenhuma pessoa começará a compreender a filosofia tomista, ou de fato a filosofia católica, se não perceber que a parte primária e fundamental dessa filosofia é inteiramente o louvor à vida, o louvor ao ser, o louvor a Deus como Criador do Mundo. Todo o resto segue muito depois disso, sendo condicionado por várias complicações, como a queda ou a vocação dos heróis. O problema ocorre porque a mente católica move-se em dois planos: o plano da criação e o plano da queda. O paralelo mais próximo é, por exemplo, o da Inglaterra invadida: poderia haver uma lei marcial estrita em Kent, porque o inimigo desembarcara em Kent, e uma liberdade relativa em Hereford; mas isso não afetaria a afeição de um patriota inglês por Hereford ou por Kent, e a cautela estratégica em Kent não afetaria o amor por Kent, pois o amor pela Inglaterra permaneceria, tanto pelas partes a serem redimidas pela disciplina quanto pelas partes a serem gozadas em liberdade. Qualquer ascetismo católico extremo é uma precaução sábia, ou tola, contra o mal da Queda; ele *nunca* é uma dúvida acerca do bem da criação. E é *nesse ponto* que ele realmente difere não apenas da excentricidade bastante excessiva do cavalheiro que se pendura em ganchos, mas de toda a teoria cósmica que é o gancho no qual ele se pendura. No caso de muitas religiões orientais, é verdade que o ascetismo é um pessimismo; que o asceta se tortura até a morte por causa de um ódio abstrato em relação à vida; que ele não pretende simplesmente controlar a natureza como deveria, mas sim contradizer a natureza tanto quanto possa. E, embora assuma uma forma mais branda do que os ganchos em milhões das populações religiosas da Ásia, é um fato muito pouco percebido que o dogma da negação da vida, de fato, domina como um primeiro princípio em uma escala tão vasta. Uma forma histórica que ele assumiu foi aquele grande inimigo do Cristianismo desde seu início: o maniqueísmo.

Aquilo que é chamado de filosofia maniqueísta teve muitas formas; de fato, ela atacou aquilo que é imortal e imutável com uma espécie muito curiosa de mutabilidade imortal. É como a lenda do mágico que se transforma em uma cobra ou em uma nuvem e vem com aquela nota inominada de irresponsabilidade que pertence a boa parte da metafísica e da moral da Ásia, de onde veio o mistério maniqueísta. Mas é sempre, de uma maneira ou de outra, uma noção de que a natureza é má ou de que o mal é pelo menos enraizado na natureza. O ponto essencial é que, como o mal tem suas raízes na natureza, tem direitos sobre a natureza. O errado tem tanto direito de existir quanto o certo. Como já foi dito, essa noção assumiu muitas formas. Às vezes ela foi um dualismo, que tornava o mal um parceiro igual do bem, de modo que nenhum deles pudesse ser chamado de usurpador. Com mais frequência, tratava-se de uma ideia geral de que o mundo material foi feito por demônios e, se existiam quaisquer espíritos bons, eles estavam preocupados somente com o mundo espiritual. Depois, novamente, essa ideia assumiu a forma do calvinismo, que sustentava que Deus de fato criara o mundo, mas, em um sentido especial, criou o mal assim como o bem: criou uma vontade má, assim como um mundo mau. Segundo tal visão, se um homem escolhe condenar sua alma enquanto vivo, ele não está frustrando a vontade de Deus, mas antes cumprindo-a. Nessas duas formas, do antigo gnosticismo e do calvinismo recente, vemos a variedade superficial e a unidade fundamental do maniqueísmo. Os antigos maniqueus ensinavam que Satã dera origem a todo o trabalho da criação comumente atribuído a Deus. Os novos calvinistas ensinavam que Deus origina toda a obra da danação comumente atribuída a Satã. Uma delas olhava para trás, para o primeiro dia em que um diabo agiu como um deus; a outra olhava adiante, para um último dia em que um deus agiria como um diabo. Mas ambas tinham a ideia de que o criador da Terra era também o criador do mal, quer o chamemos de Diabo quer de Deus.

Uma vez que há muitos maniqueus entre os modernos, como podemos observar em qualquer momento, alguns podem concordar com essa visão, alguns podem ficar confusos com ela, outros podem ficar confusos apenas quanto ao porquê de objetarmos a ela. Para compreendermos a controvérsia medieval, uma palavra deve ser dita sobre a doutrina católica, que é tão moderna quanto medieval. Que a frase "Deus olhou todas as coisas e viu que eram boas" contém uma sutileza que o pessimista popular não pode acompanhar ou que é apressado demais para notar. Essa é a tese de que não existem coisas más, mas apenas maus usos das coisas. Se quiserem, não existem coisas más, mas apenas maus pensamentos e, principalmente, más intenções. Somente os calvinistas podem mesmo acreditar que o inferno está cheio de boas intenções. Ao contrário, é disso que o inferno não está cheio. Mas é possível ter más intenções acerca de coisas boas; e as coisas boas, assim como o mundo e a carne, foram distorcidos por uma má intenção chamada diabo. Mas ele não pode tornar as *coisas* más, elas permanecem como no primeiro dia da criação. Só o trabalho do céu foi material: a produção de um mundo material. O trabalho do inferno é inteiramente espiritual.

Esse erro então assumiu muitas formas; mas, como quase todo erro, ele teve duas formas principais, uma mais feroz, que estava fora da Igreja e atacando a Igreja, e uma mais sutil, dentro da Igreja e corrompendo-a. Nunca houve uma época em que a Igreja não fosse cindida entre aquela invasão e aquela traição. Foi assim, por exemplo, na época vitoriana. A "competição" darwiniana, no comércio ou nos conflitos raciais, foi um assalto ateísta tão explícito no século XIX quanto o movimento bolchevista sem Deus no século XX. Jactar-se sobre a prosperidade bruta, admirar os milionários mais enlameados que monopolizaram o trigo por meio de um truque, falar dos "inaptos" (em imitação do pensador científico que os eliminaria porque não pode nem mesmo terminar sua própria sentença – inapto para quê?) – tudo isso é tão abertamente anticristão quanto a Missa Negra. Ainda assim, alguns católicos fracos e mundanos usaram essa hipocrisia em defesa do capitalismo, em sua primeira resistência bastante débil contra o socialismo. Pelo menos eles o fizeram até que a grande encíclica do papa sobre os direitos do trabalho pusesse um fim a todo seu contrassenso. O mal está sempre tanto dentro quanto fora da Igreja, mas em uma forma mais selvagem fora e em uma forma mais branda dentro. Assim foi, novamente, no século XVII, com o calvinismo fora e o jansenismo dentro. E de novo no século XIII, quando o perigo óbvio do lado de fora era a revolução dos albigenses, mas o perigo potencial interno era o próprio tradicionalismo dos agostinianos. Pois os agostinianos se inspiravam apenas em Agostinho, e Agostinho se inspirara parcialmente em Platão; e Platão estava apenas parcialmente certo. É um fato matemático que, se uma reta não for perfeitamente direcionada rumo a um ponto, ela se afastará mais dele à medida que mais se aproximar. Após mil anos de extensão, o erro de cálculo do platonismo chegara muito perto do maniqueísmo.

Os erros populares são quase sempre corretos. Eles quase sempre se referem a alguma realidade última, sobre a qual aqueles que os corrigem estão eles próprios errados. É muito estranho que o "Amor Platônico" tenha vindo a significar para os iletrados algo mais puro e limpo do que significa para os instruídos. Contudo, mesmo aqueles que percebem o grande mal grego podem muito bem perceber que a perversidade frequentemente deriva do tipo errado de pureza. Ora, a mentira mais íntima dos maniqueus era que eles identificavam a pureza com a esterilidade. É singularmente contrastada com a linguagem de São Tomás, que sempre liga a pureza à qualidade frutífera, seja ela natural ou sobrenatural. E, de modo bastante estranho, como eu disse, resta uma espécie de realidade no coloquialismo vulgar de que o caso entre Sam e Susan é "bastante platônico". É verdade que, muito além da perversão local, havia em Platão um ideia de que as pessoas estariam melhores sem seus corpos, que suas cabeças poderiam sair voando e se encontrar no céu em um casamento meramente intelectual, como querubins em uma imagem. A fase final dessa filosofia "platônica" foi o que estimulou D. H. Lawrence a dizer contrassensos, e ele não devia saber que a doutrina católica do casamento diria boa parte do que ele disse, sem apelar para os contrassensos. De qualquer forma, é historicamente importante enxergar que o amor platônico de fato distorceu tanto o amor humano quanto o amor divino na teoria dos antigos teólogos. Muitos homens medievais que negariam com indignação a doutrina albigense da esterilidade tinham ainda assim uma disposição emocional para abandonar o corpo em desespero; e, no caso de alguns deles, de abandonar tudo em desespero.

Na verdade, isso ilumina de maneira vívida a estupidez provinciana daqueles que objetam àquilo que chamam de "credos e dogmas". Foram precisamente o credo e o dogma que salvaram a sanidade do mundo. Essas pessoas costumam propor uma religião alternativa de intuição e sentimento. Se, na verdadeira Idade das Trevas, tivesse existido uma religião de sentimento, teria sido uma religião de sentimento sombrio e suicida. Foi o credo rígido que resistiu ao ímpeto do sentimento suicida. Os críticos do ascetismo provavelmente estão corretos em supor que muitos eremitas ocidentais de fato se *sentiam* como faquires orientais. Mas eles não podiam de fato *pensar* como faquires orientais, porque eram católicos ortodoxos. E a única coisa que manteve seu pensamento em contato com um pensamento mais saudável e humanista foi o dogma. Eles não poderiam negar que um Deus bom criara o mundo normal e natural; não podiam dizer que o Diabo fizera o mundo, porque eles não eram maniqueus. Um milhar de entusiastas do celibato, na época da grande corrida para o deserto ou para o claustro, poderia ter dito que o casamento era um pecado, se tivesse considerado apenas seus ideais individuais, à maneira moderna, e seus próprios sentimentos imediatos acerca do casamento. Felizmente, eles tinham de aceitar a autoridade da Igreja, que determinara que o casamento não era um pecado. Uma religião emocional moderna poderia ter transformado, a qualquer momento, o Catolicismo em maniqueísmo. Mas, enquanto a religião os teria enlouquecido, a teologia os manteve sãos.

Nesse sentido, São Tomás ergue-se como o grande teólogo ortodoxo que lembrou aos homens o credo da Criação, quando muitos deles ainda estavam no estado de espírito da mera destruição. É fútil para os críticos do medievalismo citarem uma centena de frases medievais que podem soar como mero pessimismo, se não compreenderem o ponto central de que os homens medievais não se importavam em ser medievais, e não aceitavam a autoridade de estado de espírito porque ela era melancolia, mas se importavam muito com a ortodoxia, que não é estado de espírito. Foi por *provar* que sua glorificação do Criador e da alegria criativa d'Ele era mais ortodoxa do que qualquer pessimismo atmosférico, que São Tomás dominou a Igreja e o mundo, os quais aceitaram aquela verdade como uma prova. Mas quando se admite essa importância imensa e impessoal, podemos concordar que havia também um elemento pessoal. Como a maioria dos grandes professores religiosos, ele era individualmente apto para a tarefa que Deus lhe atribuíra. Se quisermos, podemos chamar aquele talento de instintivo; podemos até mesmo chamá-lo de temperamental.

Qualquer um que tente popularizar um filósofo medieval deve usar uma linguagem muito moderna e muito pouco filosófica. Não se trata de escarnecer da modernidade; isso surge do fato de os modernos terem lidado tanto com emoções e estados de espírito, particularmente nas artes, que desenvolveram um vasto, porém vago, vocabulário, que lida mais com a atmosfera do que com a atitude ou posição real. Como já foi observado, até mesmo os filósofos modernos são mais semelhantes aos poetas modernos, ao darem um matiz individual à própria verdade e olharem para toda a vida através de óculos de cores diferentes. Dizer que Schopenhauer tinha uma perspectiva azulada, ou que William James tinha uma perspectiva bastante rosada, seria muito mais informativo do que chamar o primeiro de pessimista e o segundo de pragmatista.* Essa tendência moderna a concentrar-se em estados de espírito tem seu valor, embora os modernos a sobrevalorizem; assim como a lógica medieval teve seu valor, embora fosse sobrevalorizada no fim da Idade Média. Mas a questão é que, se quisermos explicar os medievais aos modernos, devemos usar com frequência essa linguagem moderna das disposições e dos estados de espírito. De outro modo, o caráter se perderia através de certos preconceitos e ignorâncias acerca de todos esses personagens medievais. Ora, há algo que se espalha por toda a obra de São Tomás de Aquino como uma grande luz; é algo bastante primário e inconsciente, que ele talvez desprezasse como uma qualidade pessoal irrelevante e hoje só pode se expressar por um termo jornalístico bastante barato, que ele provavelmente teria achado muito sem sentido.

Não obstante, a única palavra funcional para aquela atmosfera é otimismo. Sei que a palavra está ainda mais degradada hoje, no século XX, do que estivera no século XIX. Os homens têm falado sobre ser otimistas acerca da questão da Guerra; falam hoje em ser otimistas quanto ao renascimento do comércio; podem falar amanhã sobre o otimismo acerca do Torneio Internacional de Pingue-Pongue. Mas os homens na época vitoriana se referiam a mais do que isso quando usavam a palavra otimismo de Browning, ou de Stevenson, ou de Walt Whitman. E, em um sentido muito mais amplo e luminoso do que no caso desses homens, o termo era basicamente verdadeiro em relação a Tomás de Aquino. Ele acreditava na vida, com uma convicção muitíssimo sólida e colossal; e acreditava em algo semelhante ao que Stevenson chamou de grande teorema da vivibilidade da vida. Isso se manifesta em suas primeiras frases acerca da realidade do ser. Se o intelectual mórbido da Renascença deve dizer: "Ser ou não ser – eis a questão", então o intenso

* N.T.: Aqui Chesterton faz um jogo de palavras com algumas expressões do inglês: o substantivo *blues*, que literalmente remete à cor azul, tem o sentido de melancolia, e o adjetivo *rosier*, que literalmente se refere à cor-de-rosa, é usado no sentido de otimista. Em português esse jogo de palavras é perdido.

doutor medieval com certeza responderia, com uma voz de trovão: "Ser – eis a resposta". Esse ponto é importante; muitos falam, não de modo antinatural, sobre a Renascença como a época em que certos homens começaram a acreditar na vida. A verdade é que aquela foi a época em que uns poucos homens, pela primeira vez, começaram a perder a crença na vida. Os medievais haviam posto muitas restrições, algumas excessivas, sobre a fome humana universal e até mesmo a fúria de vida. Essas restrições se expressavam frequentemente em termos fanáticos e raivosos; os termos daqueles que resistem a uma grande força natural, a força dos homens que desejavam viver. Nunca, até o início do pensamento moderno, eles tiveram realmente de lutar contra homens que desejavam morrer. Aquele horror os ameaçara na forma do albigensianismo asiático, mas nunca se tornara normal para eles – até então.

Tal fato, contudo, se torna muito vívido quando comparamos o maior dos filósofos cristãos com os únicos homens que foram seus iguais, ou capazes de ser seus rivais. Foram pessoas com as quais ele não discutiu diretamente, a maioria deles ele nunca viu, sobre alguns deles nunca ouvira falar. Platão e Agostinho eram os únicos dois com os quais ele podia conferenciar como fazia com Boaventura ou mesmo com Averróis. Mas devemos procurar em outro lugar seus verdadeiros rivais, e os únicos verdadeiros rivais da teoria católica. São os líderes dos grandes sistemas pagãos, alguns deles muito antigos, alguns muito modernos, como Buda, por um lado, ou Nietzsche, por outro. Quando vemos sua gigantesca figura contra este vasto e cósmico panorama é que percebemos, primeiro, que ele foi o único teólogo otimista, e segundo, que o Catolicismo é a única teologia otimista. Algo mais brando e agradável pode ser produzido a partir da liquefação da teologia, e a mistura do credo com tudo aquilo que o contradiz; mas, entre os credos cósmicos consistentes, este é o único que está inteiramente do lado da vida.

A religião comparada, de fato, nos permitiu comparar as religiões – e contrastá-las. Há 50 anos, ela se pôs a trabalhar com a intenção de provar que todas as religiões eram, em grande medida, a mesma; provando, em vez disso, que todas elas tinham igual valor e que todas elas eram, ao mesmo tempo, sem valor. Desde então, esse processo científico subitamente se tornou científico de fato e descobriu as profundezas dos abismos, assim como as alturas das colinas. Sem dúvida, é uma excelente melhoria as pessoas religiosas se respeitando mutuamente. Mas o respeito descobriu a diferença onde o desprezo conhecia apenas a indiferença. Quanto mais apreciamos a nobre repugnância e renúncia do Buda, mais vemos que, intelectualmente, ela foi o inverso e quase o contrário da salvação do mundo por Cristo. O cristão escaparia do mundo adentrando o universo; o budista deseja escapar do universo ainda mais que do mundo. Um deles desfaria a criação de si próprio; o outro retornaria à sua Criação: ao seu Criador. De fato, era tão genuinamente o inverso da ideia da Cruz como Árvore da Vida, que há uma desculpa por se colocar as duas coisas lado a lado, como se fossem de igual significância. Elas são, em um sentido, paralelas e iguais, como um outeiro e uma depressão, como um vale e uma colina. Há um sentido em que aquele sublime desespero é a única alternativa àquela divina audácia. É até mesmo verdade que o homem verdadeiramente espiritual e intelectual enxerga isso como uma espécie de dilema, uma escolha muito difícil e terrível. Há poucas outras coisas na Terra que podem se comparar com estas em termos de completude. E aquele que não escala a montanha de Cristo cai de fato no abismo de Buda.

O mesmo se aplica, de uma maneira menos lúcida e dignificada, em relação à maior parte das outras alternativas da humanidade pagã; quase todas são reabsorvidas por aquele redemoinho de recorrência que todos os antigos conheciam. Isso é o que Buda chamava, de maneira tão sombria, de a Roda da Tristeza. É verdade que o tipo de recorrência que Buda descreveu como a Roda da Tristeza, o pobre Nietzsche de fato conseguiu descrever como a Gaia Ciência. Só posso dizer que, se a pura repetição era sua ideia de Gaia Ciência, eu deveria estar curioso para saber qual era sua ideia de Triste Ciência. Mas, como fato, no caso de Nietzsche, isso não lhe coube como momento de sua libertação, mas sim de sua ruína. Veio no fim de sua vida, quando ele estava próximo do colapso mental, e é mesmo bastante contrário a suas melhores e anteriores inspirações de liberdade selvagem ou inovação fresca e criativa. Pelo menos uma vez ele tentou se libertar, mas só encontrou a ruína – na roda.

Sozinha sobre a Terra, e suspensa e liberta de todas as rodas e redemoinhos da Terra, ergue-se a fé de São Tomás; carregada e equilibrada, de fato, sobre mais do que a metafísica oriental e mais que a pompa e ostentação pagãs, mas vital e vividamente solitária na declaração de que a vida é uma história viva, com um grandioso começo e um grandioso fim; enraizada na alegria primal de Deus e encontrando sua fruição na felicidade final da humanidade; começando com o coro colossal em que os filhos de Deus clamaram pela alegria e terminando naquele companheirismo místico, mostrado de maneira obscura naquelas palavras antigas que se movem como uma dança arcaica: "Pois o deleite d'Ele está com os filhos dos homens".

O destino deste esboço é ser superficial acerca da Filosofia, insuficiente ou bastante vazio acerca da Teologia e alcançar pouco mais do que um silêncio decente em torno do tema da santidade. Contudo, deve ser um fardo recorrente deste pequeno livro, ao qual ele deve retornar com certa monotonia, que nesta história a filosofia dependeu da teologia, e a teologia dependeu da santidade. Em outras palavras, deve-se repetir o primeiro fato, enfatizado no primeiro capítulo: que essa grande criação intelectual foi uma criação cristã e católica, e não pode ser compreendida como qualquer outra coisa. Foi Tomás de Aquino que batizou Aristóteles, quando Aristóteles não poderia ter batizado Tomás; foi um milagre puramente cristão que ergueu o grande pagão dentre os mortos. E isso é provado de três maneiras (como o próprio São Tomás poderia dizer), sintetizado em uma espécie de resumo útil neste livro.

Primeiro, na vida de São Tomás, isso se comprova pelo fato de que somente sua imensa e sólida ortodoxia poderia ter apoiado tantas coisas que então pareciam não ortodoxas. A caridade cobre uma multidão de pecados e, nesse sentido, a ortodoxia cobre uma multidão de heresias ou coisas que se confundem com heresias. Graças ao fato de seu Catolicismo pessoal ter sido tão convincente, seu aristotelismo impessoal recebeu o benefício da dúvida. Ele não tinha o cheiro do feixe de lenha, porque dele exalava o odor do ferro incandescente; o ferro incandescente que ele empunhara de modo tão instantâneo e instintivo, sob um assalto real contra a ética católica essencial. Uma frase moderna tipicamente cínica refere-se ao homem que é tão bom, que não é bom para nada. São Tomás era tão bom que era bom para tudo; de modo que sua certeza era válida para aquilo que outros consideravam as mais extravagantes e ousadas especulações, terminando no culto ao nada. Quer ele tenha ou não batizado Aristóteles, foi sem dúvida o padrinho de Aristóteles, seu patrocinador; ele jurou que o velho grego não causaria nenhum mal, e o mundo inteiro confiou em sua palavra.

Segundo, na filosofia de São Tomás, isso se comprova também pelo fato de que tudo dependia do novo *motivo* cristão para o estudo dos fatos como distintos das verdades. A filosofia tomista começava com as raízes mais inferiores do pensamento, os sentidos e os truísmos da razão; e um sábio pagão poderia ter desprezado tais coisas, como desprezara as artes servis. Mas o materialismo, que nada mais é que o cinismo em um pagão, pode ser a humildade cristã em um cristão. São Tomás estava disposto a começar registrando os fatos e as sensações do mundo material, assim como estaria disposto a começar lavando pratos e louças no monastério. O argumento de seu aristotelismo era que, mesmo se o senso comum acerca das coisas concretas fosse realmente uma espécie de trabalho servil, ele não deveria se envergonhar de ser *servus servorum Dei*. Entre os pagãos, o mero cético poderia se tornar o mero cínico; Diógenes em seu barril sempre teve um quê de polemista, mas até mesmo a sujeira dos cínicos foi dignificada em poeira e cinzas entre os santos. Se ignorarmos tal fato, ignoraremos todo o significado da maior revolução já ocorrida na história. Havia um novo *motivo* para começar com as coisas mais materiais e até mesmo com as coisas mais medíocres.

Terceiro, na teologia de São Tomás, isso se comprova ainda pela tremenda verdade que sustenta toda aquela teologia ou qualquer outra teologia cristã. Havia realmente uma nova razão para considerar os sentidos, as sensações do corpo e as experiências do homem comum com uma reverência que teria surpreendido Aristóteles e que nenhum homem no mundo antigo teria compreendido. O corpo não era mais o que fora quando Platão, Porfírio e os velhos místicos o deixaram morrer. Fora dependurado em um cadafalso. Erguera-se de uma sepultura. Não era mais possível para a alma desprezar os sentidos, que eram os órgãos de algo mais que humano. Platão podia desprezar a carne, mas Deus não a desprezara. Os sentidos haviam verdadeiramente sido santificados, assim como são abençoados um por um no batismo católico. "Ver é crer" não era mais a trivialidade de um mero idiota ou de um indivíduo comum, como no mundo de Platão; vinha misturado com as condições reais da crença real. Aqueles espelhos giratórios que enviam mensagens ao cérebro do homem, aquela luz que irrompe no cérebro, essas coisas haviam verdadeiramente revelado ao próprio Deus o caminho para Betânia ou a luz sobre o rochedo de Jerusalém. Esses ouvidos que ressoam com ruídos comuns também transmitiram ao conhecimento secreto de Deus o ruído da multidão que espalhou folhas de palmeiras e da multidão que clamou pela Crucificação. Depois de a encarnação se tornar a ideia central em nossa civilização, era inevitável que houvesse um retorno ao materialismo, no sentido do valor sério da matéria e da constituição do corpo. Cristo tendo ressuscitado, era inevitável que Aristóteles se reerguesse.

Essas são as três razões reais, e bastante suficientes, para o apoio geral dado pelo santo a uma filosofia sólida e objetiva. Havia, porém, algo mais, muito vasto e vago, ao qual tentei dar uma fraca expressão por meio da interposição deste capítulo. É difícil expressá-lo inteiramente, sem o terrível perigo de ser popular, ou o que os modernistas muito erroneamente imaginam ser popular; em suma, passar da religião para a religiosidade. Mas há um tom e um temperamento geral em Tomás de Aquino que são tão difíceis de evitar quanto a luz do dia em uma casa grande cheia de janelas. É aquela posição *positiva* de sua mente, como que preenchida e encharcada com a luz do sol, com o calor da maravilha das coisas criadas. Há uma certa audácia particular em sua comunhão, pela qual os homens acrescentam a seus nomes próprios os títulos tremendos da Trindade e da Redenção, de modo que uma freira pode ser chamada "do Espírito Santo" ou um homem pode carregar um fardo tal como o título de São João da Cruz. Nesse sentido, o homem que estudamos poderia ser particularmente chamado de São Tomás do Criador. Os árabes têm um ditado sobre os cem nomes de Deus, mas eles também herdam a tradição de um tremendo nome que é indizível, pois expressa o próprio ser, mudo e ainda assim terrível como um grito inaudível e instantâneo, a proclamação do absoluto. E talvez nenhum outro homem jamais tenha chegado tão perto de chamar o Criador por Seu próprio nome, que só pode ser escrito como Eu Sou.

V

A Vida Real de São Tomás

Neste ponto, até mesmo um esboço tão grosseiro e superficial sobre um grande santo requer que se escreva algo que não pode se ajustar ao restante: a única coisa importante a escrever, e impossível de escrever. Um santo pode ser qualquer tipo de homem, com uma qualidade adicional que é, ao mesmo tempo, única e universal. Podemos até dizer que a única coisa que separa um santo dos homens ordinários é sua prontidão para ser uno com os homens ordinários. Nesse sentido, a palavra "ordinário" deve ser entendida em seu significado nativo e nobre, que é ligado à palavra "ordem". Um santo está muito distante de qualquer desejo de distinção; ele é a única espécie de homem superior que nunca foi uma pessoa superior. Mas tudo isso deriva de um grande fato central, que ele não condescende em chamar de privilégio, mas que é, por sua própria natureza, uma espécie de privacidade e, nesse sentido, é quase uma forma de propriedade privada. Como ocorre com toda propriedade privada saudável, é suficiente que ele a possua; e ele não deseja limitar o número de pessoas que a possuem. Está sempre tentando escondê-la, por causa de uma espécie de boas maneiras celestiais; e Tomás de Aquino tentou escondê-la mais do que a maioria. Para apreendê-la, até onde pudermos, será melhor começar com os estratos superiores e alcançar o interior a partir daquilo que é mais conspícuo no exterior.

A aparência ou presença corpórea de São Tomás de Aquino é realmente mais fácil de evocar do que a de muitos que viveram antes da era dos retratos. Foi dito que em seu porte ou ser corpóreo havia pouco do italiano, mas imagino que isso seja, na melhor das hipóteses, apenas uma comparação inconsciente entre São Tomás e São Francisco; e, na pior, apenas uma comparação entre ele e a lenda apressada dos tocadores de realejo vivazes e sorveteiros animados. Nem todos os italianos são vivazes tocadores de realejo, e pouquíssimos italianos são como

São Francisco. Uma nação nunca é um tipo, mas é quase sempre uma mistura de dois ou três tipos quase reconhecíveis. São Tomás era de certo tipo não muito comum na Itália, mas comum entre os italianos incomuns. Seu tamanho tornava fácil considerá-lo, em tons de bom humor, como aquela espécie de barril de vinho ambulante que é comum nas comédias de muitas nações; ele próprio fazia piadas a respeito. Pode ser que ele mesmo, e não algum partidário irritado dos agostinianos ou dos árabes, tenha sido responsável pelo sublime exagero de cortar uma parte da mesa de jantar em forma de lua crescente para permitir que ele sentasse. É certo que isso foi um exagero e que sua estatura era mais notada do que sua corpulência, mas, acima de tudo, que sua cabeça era poderosa o suficiente para dominar seu corpo. E a cabeça de Tomás era de um tipo bastante real e reconhecível, a julgar pelos retratos tradicionais e pelas descrições pessoais. Era aquele tipo de cabeça com queixo e mandíbulas pesadas, nariz romano e aquela testa grande e calva, que, a despeito de sua inteireza, dá também uma curiosa impressão côncava de cavidades aqui e ali, como cavernas do pensamento. Napoleão carregava uma cabeça assim em um corpo pequeno. Mussolini carrega uma hoje, em um corpo bem maior, mas igualmente ativo. Ela pode ser vista nos bustos de diversos imperadores romanos e, ocasionalmente, acima da surrada camisa de um garçom italiano, mas este é geralmente um chefe dos garçons. O tipo é tão inconfundível, que não posso deixar de pensar que aquele vilão muito vívido da ficção leve, no romance de suspense vitoriano chamado *The Woman in White*, foi realmente esboçado por Wilkie Collins a partir de um conde italiano real; é um contraste completo com o convencional vilão magro, moreno e gesticulante que os vitorianos comumente apresentavam como um conde italiano. O conde Fosco,[10] como é lembrado (espero) por alguns, era um cavalheiro calmo, corpulento e colossal, cuja cabeça parecia muito um busto de Napoleão em tamanho heroico. Ele pode ter sido um vilão melodramático, mas foi um italiano toleravelmente convincente – daquele tipo. Se recordarmos suas maneiras tranquilas e o excelente senso comum de suas palavras e ações exteriores cotidianas, teremos provavelmente uma imagem apenas material do tipo de Tomás de Aquino, dado apenas o pequeno esforço de fé necessário para imaginar o conde Fosco transformado, de súbito, em um santo.

---

10. O conde Fosco foi o primeiro vilão gordo da literatura inglesa. Ele aparece no romance *The Woman in White* (1860), de Wilkie Collins.

Os retratos de São Tomás, embora muitos tenham sido pintados muito depois de sua morte, são todos, obviamente, retratos do mesmo homem. Ele se ergue de modo desafiador, com a cabeça napoleônica e o volume sombrio do corpo, na "Disputa do Sacramento", de Rafael. Um retrato de Guirlandaio enfatiza um ponto que revela de modo particular aquela que pode ser chamada de a qualidade negligenciada daquele homem. Enfatiza também pontos que são muito importantes no místico e no filósofo. Atesta-se universalmente que Tomás de Aquino era o que se costuma chamar de um homem distraído. Esse tipo foi numerosas vezes representado na pintura, séria ou humorística, mas quase sempre de uma dentre duas ou três maneiras convencionais. Às vezes a expressão dos olhos é apenas vaga, como se a distração significasse uma ausência mental permanente. Às vezes ela é representada de maneira mais respeitosa, como uma expressão tristonha, de anseio por algo distante, que ele não pode ver e pode somente desejar de modo tênue. Olhe para os olhos do retrato de São Tomás feito por Guirlandaio, e verá uma acentuada diferença. Enquanto os olhos estão de fato completamente desviados dos arredores imediatos, de modo que o vaso de flores acima da cabeça do filósofo poderia cair sobre ele sem atrair sua atenção, eles não são nem um pouco tristonhos e muito menos vagos. Inflama-se neles um fogo de excitação interior instantânea; são olhos vívidos e muito italianos. O homem está pensando em algo, e algo que alcançou uma crise; não é o nada ou qualquer coisa, ou, o que é quase pior, tudo. Deve ter havido aquela ardente vigilância em seus olhos, um momento antes de ele esmurrar a mesa e sobressaltar o salão de banquetes do rei.

Acerca dos hábitos pessoais que acompanham o físico pessoal, temos também algumas impressões convincentes e confirmadoras. Quando ele não estava sentado imóvel lendo um livro, caminhava ao redor dos claustros, de modo rápido e mesmo furioso, uma ação muito característica de homens que lutam suas batalhas na mente. Sempre que era interrompido, comportava-se de maneira muito polida e mais escusatória do que a pessoa que o interrompera. Mas havia algo a seu respeito que sugeria que ele ficava bem mais feliz quando não era interrompido. Estava pronto para interromper sua caminhada verdadeiramente peripatética, mas sentimos que, quando ele a retomava, caminhava ainda mais depressa.

Tudo isso sugere que sua abstração superficial, aquilo que o mundo via, era de um tipo específico. Será bom compreendermos a qualidade, pois há diversos tipos de ausência da mente, incluindo aquela de alguns poetas e intelectuais pretensiosos, nos quais a mente nunca esteve de fato presente. Há a abstração do contemplativo, quer seja ele a verdadeira espécie de contemplativo cristão, que vislumbra algo, quer seja a espécie errada de contemplativo oriental, que contempla o nada. Obviamente, São Tomás não era um místico budista, mas não penso que seus acessos de abstração fossem nem mesmo aqueles de um místico cristão. Se ele tinha transes de verdadeiro misticismo cristão, tomava bastante cuidado para que *estes* não ocorressem nas mesas de jantar de outras pessoas. Penso que ele tinha aquele tipo de acesso inspirado que pertence ao homem prático em vez de ao homem inteiramente místico. Ele utiliza a reconhecida distinção entre a vida ativa e a vida contemplativa; mas, nos casos tratados aqui, penso que até mesmo sua vida contemplativa era uma vida ativa. Nada tinha a ver com sua vida superior, no sentido da santidade última. Antes, lembra-nos de que Napoleão cairia em um acesso de tédio aparente durante as óperas e, posteriormente, confessaria que pensava em como fazer três corpos de exército em Frankfurt se combinarem com dois corpos de exército em Colônia. Assim, no caso de Tomás, se seus devaneios eram sonhos, eles eram sonhos do dia – e do dia da batalha. Se ele falava consigo mesmo, era porque estava argumentando com alguma outra pessoa. Em outras palavras, podemos afirmar que seus devaneios, assim como os sonhos de um cão, eram sonhos de caçada; de buscar o erro, bem como buscar a verdade; de seguir todas as voltas e viradas da evasiva falsidade e rastreá-la finalmente até seu esconderijo no inferno. Ele seria o primeiro a admitir que o pensador errôneo ficaria provavelmente mais surpreendido ao descobrir de onde seu pensamento viera do que qualquer outra pessoa ao descobrir para onde ele fora. Mas com certeza, Tomás possuía essa noção de *busca*, e o fato de a busca ser chamada de *perseguição* em latim foi o início de mil erros e incompreensões. Ninguém tinha menos do que ele o assim chamado temperamento de um perseguidor, mas ele possuía a qualidade que, em tempos desesperados, se é levado a perseguir; trata-se do senso de que todas as coisas vivem em algum lugar e nada morre a não ser em sua própria casa. Nesse sentido, é bastante verdadeiro que ele "empreendia nos sonhos a perseguição sombria", mesmo à luz do dia. Mas Tomás era um sonhador ativo, se não o que se costuma chamar de um homem de ação; e, nesse caso, devia sem dúvida ser incluído entre os *domini canes*, e era com certeza o mais poderoso e magnânimo dos Cães do Céu.

Pode haver muitos que não compreendem a natureza até mesmo desse tipo de abstração. Entretanto, infelizmente, há muitos que não compreendem a natureza de nenhuma espécie de argumento. De fato, penso que há menos pessoas vivas hoje que compreendem argumentos do que havia há 20 ou 30 anos, e São Tomás teria preferido a sociedade de ateus do início do século XIX àquela de completos céticos do início do século XX. De qualquer modo, uma das verdadeiras desvantagens daquele grande e glorioso esporte chamado argumento é sua extensão desmedida. Se você argumentar de forma honesta, como São Tomás sempre fez, descobrirá que o assunto às vezes parece interminável. Ele tinha plena consciência desse fato, como demonstra em muitas ocasiões; por exemplo, em seu argumento de que a maioria dos homens deve ter uma religião revelada, porque eles não têm tempo para argumentar. Isto é, não têm tempo para argumentar de modo razoável. Sempre há tempo para argumentar de modo não razoável, ainda mais em uma época como a nossa. Estando ele próprio resolvido a argumentar de forma honesta, a responder a todos, a lidar com tudo, Tomás produziu livros suficientes para afundar um navio ou encher uma biblioteca, embora tenha morrido relativamente cedo, na meia idade. Provavelmente, não teria escrito nada se não estivesse pensando mesmo enquanto escrevia; mas, acima de tudo, pensando *de modo combativo*. Isso, em seu caso, não implicava amargura, rancor ou ausência de caridade, mas apenas isto: combativo. Na verdade, geralmente o homem que está pronto para escarnecer é aquele que não está pronto para argumentar. É por isso que, na literatura recente, há tão pouco argumento e tanto escarnecimento.

Notamos que mal houve uma ou duas ocasiões em que São Tomás dedicou-se a uma denúncia. Não houve uma única ocasião em que ele se dedicou a uma zombaria. Seu caráter curiosamente simples, seu intelecto lúcido, mas laborioso, não podem ser mais bem resumidos do que na afirmação de que ele não sabia zombar. Tomás foi, em dois sentidos, um aristocrata intelectual, mas nunca um esnobe intelectual. Nunca se incomodou se aqueles com quem falava eram mais ou menos do tipo com quem o mundo acha digno falar; e era evidente, segundo a impressão de seus contemporâneos, que aqueles que eram expostos aos rompantes comuns de sua perspicácia ou sabedoria podiam tanto ser pessoas sem importância quanto pessoas importantes, ou ainda tanto palermas quanto inteligentes. Ele estava interessado nas almas de todas as criaturas, mas não em classificar as mentes de qualquer uma delas; em certo sentido, isso era pessoal demais e, em outro sentido, era muito arrogante para sua mente e temperamento particulares. Ele se interessava muito pelo assunto sobre o qual falava; e talvez tenha, em ocasiões, falado muito, embora seja mais provável que tenha permanecido mais tempo em silêncio. Mas ele tinha todo o desprezo inconsciente que os indivíduos de fato inteligentes têm por uma *intelligentsia*.

Assim como a maioria dos homens preocupados com os problemas comuns das pessoas, parece que ele recebia um volume considerável de cartas, se levarmos em conta que a correspondência era muito mais difícil naquela época. Temos registros de um grande número de casos em que pessoas desconhecidas escreviam para lhe fazer perguntas, às vezes ridículas. A todos esses indivíduos ele respondia com uma característica mistura de paciência e daquela espécie de racionalidade que em algumas pessoas racionais tende a ser impaciência. Alguém, por exemplo, lhe perguntou se os nomes de todos os abençoados estavam escritos em um pergaminho exposto no céu. Ele escreveu em resposta, com uma calma incansável: "Até onde posso ver, isso não acontece; mas não há mal em acreditar nisso".

Já comentei o retrato de São Tomás pintado por um pintor italiano, que o mostra alerta mesmo durante a abstração, silencioso apenas como se estivesse prestes a falar. Os retratos daquela grande tradição geralmente são cheios de pequenos toques que mostram uma imaginação muito grande. Refiro-me àquela espécie de imaginação sobre a qual comentou Ruskin, quando viu que, na cena da Crucificação iluminada pelo sol pintada por Tintoretto, o rosto de Cristo é sombrio e indecifrável, e a auréola ao redor de sua cabeça é inesperadamente tênue e cinzenta, como a cor das cinzas. Seria difícil apresentar de maneira mais poderosa a ideia da própria Divindade em eclipse. Há um toque parecido no retrato de Tomás de Aquino que achamos também significativo, embora possa ser fantasia de nossa parte. O artista, tendo dado tanta vivacidade e vigilância aos olhos, pode ter sentido que enfatizara demais a concentração combativa do santo; mas de qualquer modo, por alguma razão, ele gravou em seu peito um emblema bastante curioso, como se fosse um terceiro olho simbólico e ciclópico. Esse não é nenhum símbolo cristão comum, mas algo mais semelhante ao disco do Sol contendo o rosto de um deus pagão; no entanto o próprio rosto é sombrio e oculto, e apenas os raios irrompendo dele são um anel de fogo. Não sei se algum significado tradicional foi atribuído a isso, mas seu significado imaginativo é estranhamente adequado. O sol secreto, escuro com o excesso de luz ou não mostrando sua luz exceto na iluminação de outros, poderia muito bem ser o emblema exato daquela vida interior e ideal do santo, não apenas oculta por suas palavras e ações exteriores, mas também por seus acessos de reflexão e silêncios exteriores e automáticos. Em suma, esse desapego espiritual não deve ser confundido com seu hábito comum de refletir ou cair em devaneio. Ele era um homem inteiramente desligado de toda a crítica casual em relação a seu comportamento casual, como o são muitos homens formados com base em um grande modelo masculino e que herdam inconscientemente certo esplendor e amplitude social. Mas, acerca de sua vida real de santidade, ele era muito reservado. Tal reserva, de fato, costuma acompanhar a santidade, pois o santo tem um insondável horror de bancar o fariseu. Mas em Tomás de Aquino essa reserva era ainda mais sensível, o que muitos no mundo chamariam de mórbida. Ele não se importava em ser pego devaneando em meio aos copos de vinho do banquete do rei, pois tratava-se apenas de um ponto de controvérsia. Mas, quando se questionava a história de ele ter tido uma visão de São Paulo, Tomás era tomado de uma agonia alarmante, desejoso de que o assunto não fosse discutido; e a história é até hoje um mistério. Desnecessário dizer, seus seguidores e admiradores viviam ansiosos para coletar essas histórias milagrosas enquanto ele queria ocultá-las; e uma ou duas delas parecem ter sido preservadas com um conjunto de evidências bastante sólido. Entretanto, há menos delas conhecidas do mundo do que no caso de muitos santos igualmente sinceros e modestos, mas mais preocupados com o zelo e menos sensíveis acerca da publicidade.

A verdade é que acerca de todas essas coisas, na vida e na morte, paira sobre São Tomás um enorme silêncio. Ele foi uma daquelas coisas grandes que ocupam pouco espaço. Claro que houve certo alarde a respeito de seus milagres após sua morte, bem como de seu sepultamento na época em que a Universidade de Paris quis enterrá-lo. Não conheço em detalhes a longa história dos outros planos de sepultamento, que por fim terminaram com seus ossos sagrados jazendo na igreja de São Sernin, em Toulouse, na própria base dos campos de batalha onde seus dominicanos haviam combatido a pestilência do pessimismo do Oriente. Mas, de algum modo, não é fácil pensar em seu santuário como cenário das devoções mais alegres, desordenadas e vulgares, seja em sua forma medieval ou em sua forma moderna. Tomás estava muito longe de ser um puritano, no verdadeiro sentido; ele estipulou um feriado e um banquete para seus jovens amigos, o que indica uma natureza festiva. A tendência de sua escrita, principalmente para sua época, demonstra seu reconhecimento da vida física, e ele afirma que os homens devem variar a vida com piadas e até mesmo com brincadeiras. Apesar de tudo isso, no entanto, não podemos enxergar de modo algum sua personalidade como uma espécie de ímã de multidões ou a estrada para o túmulo de São Tomás em Toulouse como uma longa rua de tavernas, ao estilo daquela que leva ao túmulo de São Tomás na Cantuária. Penso que ele não gostava do barulho; há uma lenda segundo a qual ele não gostava de tempestades, mas é contradita pelo fato de que em um naufrágio ocorrido, Tomás se manteve supremamente calmo. Seja como for, devia haver alguma questão de saúde, um tanto sensível no caso dele, embora fosse sempre muito calmo. Sentimos que devemos nos tornar aos poucos cada vez mais conscientes de sua presença, como de um imenso pano de fundo.

Aqui, se este frágil esboço puder ser digno de seu personagem, deve mostrar algo daquela estupenda certeza, na presença da qual todas as suas bibliotecas de filosofia e até mesmo de teologia eram apenas um monte de panfletos. Claro que tal certeza esteve presente desde o início, na forma de uma convicção, muito antes de assumir a forma de uma controvérsia. Ela era muito vívida em sua infância, e tal infância gerou as circunstâncias exatas nas quais as anedotas do berçário e do *playground* devem ter sido preservadas. Ele teve, desde o início, aquela prova completa e final da catolicidade verdadeiramente ortodoxa, a impetuosa, impaciente e intolerante paixão pelos pobres, e até mesmo aquela prontidão para ser um incômodo aos ricos, derivada de um anseio de alimentar os esfomeados. Isso nada tem a ver com o intelectualismo do qual ele seria acusado mais tarde e ainda menos com o hábito da dialética. Seria improvável que aos 6 anos de idade ele tivesse qualquer ambição de responder a Averróis, ou que soubesse o que é a causalidade efetiva mesmo que tivesse elaborado, como fez mais tarde, toda a teoria segundo a qual o amor do homem por si mesmo é sincero, constante e indulgente, e que este deveria ser transferido intacto (se possível) para seu amor pelo próximo. Naquela tenra idade Tomás não compreendia tudo isso, apenas o fazia. Mas toda a atmosfera de suas ações carrega consigo uma espécie de convicção. É belo e típico, por exemplo, daquela espécie de *ménage* aristocrática, que os pais demonstrassem uma leve objeção ao fato de ele dar coisas aos mendigos e vagabundos; quanto aos criados em postos superiores, isso os desagradava imensamente.

Ainda assim, se levarmos isso tão a sério quanto todas as coisas infantis deveriam ser levadas a sério, poderemos aprender algo com aquele misterioso estado de inocência que é a primeira e a melhor fonte de todas as nossas indignações posteriores. Podemos compreender por que crescia com sua mente em desenvolvimento, uma mente grande e muito solitária, uma ambição que era o inverso de todas as coisas ao seu redor. Perceberemos o que crescia dentro dele, fosse em forma de protesto, de profecia ou de oração pela libertação, antes de ele surpreender sua família ao abandonar não apenas os adornos da nobreza, mas todas as formas de ambição, até mesmo a ambição eclesiástica. Sua infância pode conter a sugestão daquele primeiro passo de sua vida adulta, da casa para a estrada, e de sua proclamação de que também ele seria um mendigo.

Há outro caso de uma espécie de segundo vislumbre ou sequência, no qual um incidente bem conhecido no sentido externo nos permite enxergar o interno. Após o incidente do ferro incandescente e da mulher que o tentou na torre, diz-se que ele teve um sonho no qual dois anjos o cingiram com uma corda de fogo, uma coisa terrivelmente dolorosa, mas que lhe conferia uma força terrível; e ele despertou com um grande grito na escuridão. Também há algo muito vívido acerca desse episódio, sob aquelas circunstâncias, episódio este que contém verdades que algum dia serão mais bem compreendidas, quando os sacerdotes e os médicos tiverem aprendido a falar uns com os outros sem a rançosa etiqueta das negações do século XIX. Seria fácil analisar o sonho, como fez o próprio médico do século XIX em *Armadale*,[11] reduzindo-o a detalhes dos dias passados: a corda, proveniente de sua luta para não ser despido de seu hábito de frade; a linha de fogo percorrendo o enredado tecido da noite, proveniente do ferro incandescente que ele apanhara da lareira. Mas até mesmo em *Armadale* o sonho também foi cumprido de forma mística, e o mesmo aconteceu com o sonho de São Tomás. Pois ele permaneceu imperturbável ante aquela faceta de sua natureza humana após o incidente, embora seja provável que o incidente tenha causado uma sublevação de sua humanidade normal, que produziu um sonho mais forte do que um pesadelo. Este não é o lugar para analisarmos o fato psicológico que tanto confunde os não católicos: o modo

11. Um romance escrito por Wilkie Collins. No romance, Allan Armadale tem um sonho misterioso, cuja interpretação é um importante elemento da trama. O dr. Hawbury oferece uma análise racional do sonho e explica seus eventos como meras reproduções, durante o sono, de imagens e impressões experienciadas por Armadale quando acordado. O amigo de Armadale, Midwinter, contudo, está convencido de que o sonho tem uma origem sobrenatural e é de fato uma premonição de perigo para Armadale. É a interpretação de Midwinter que se prova acurada no final.

como os sacerdotes conseguem ser celibatários sem deixar de ser viris. De qualquer forma, tal questão o perturbava menos que à maioria. Isso nada tem a ver com a verdadeira virtude, que pertence à vontade; santos tão santos quanto ele se enrolaram em sarças para distrair a pressão da paixão, mas ele nunca precisou de meios contrairritantes, pela simples razão de que nada o irritava com frequência. Muitas coisas devem permanecer sem explicação, como partes do mistério da graça; mas há provavelmente alguma verdade na ideia psicológica da "sublimação", que é a elevação de uma energia inferior para fins superiores, de modo que o desejo quase desapareceu na fornalha de sua energia intelectual. Entre causas sobrenaturais e naturais, é provável que ele nunca tenha conhecido ou sofrido muito nessa região de sua mente.

Há momentos em que o leitor mais ortodoxo é tentado a odiar o hagiógrafo tanto quanto ele ama o santo. O santo sempre oculta sua santidade; essa é a única regra invariável. E o hagiógrafo às vezes parece um perseguidor tentando frustrar o santo, um espião ou um escuta, pouco mais respeitoso do que um entrevistador americano. Admito que esses sentimentos são fastidiosos e unilaterais, e agora provarei minha penitência mencionando um ou dois incidentes que só poderiam ter chegado ao conhecimento comum dessa maneira deplorável.

Parece certo que Tomás viveu uma espécie de vida secundária e misteriosa, o duplo divino daquilo que é chamado de uma vida dupla. Alguém deve ter vislumbrado aquela espécie de milagre solitário que as pessoas modernas interessadas em fenômenos paranormais chamam de levitação; e esse alguém deve ter sido um mentiroso ou uma testemunha literal, pois não haveria dúvidas ou reservas acerca de tal prodígio acontecendo com tal pessoa, a impressão devia ser como a de testemunhar um dos imensos pilares da igreja suspenso como uma nuvem. Imagino que ninguém saiba que tempestade espiritual de exaltação ou agonia produz essa convulsão na matéria ou no espaço, mas é quase certo que isso ocorre. Mesmo no caso dos médiuns espiritualistas comuns, por qualquer razão, a evidência é muito difícil de refutar. Mas provavelmente a revelação mais representativa desse aspecto de sua vida se encontra na célebre história do milagre do crucifixo, quando, no silêncio da igreja de São Domingos em Nápoles, uma voz falou vinda do Cristo entalhado, e disse ao frade ajoelhado que ele escrevera corretamente, e ofereceu-lhe a escolha de uma recompensa entre todas as coisas do mundo.

Nem todo mundo, penso eu, reconhece a importância dessa história, aplicada a esse santo em particular. É uma velha história, nada mais que uma oferta, feita a um devoto da solidão ou da simplicidade, da escolha dentre todos os prêmios da vida. O eremita, verdadeiro ou falso, o faquir, o fanático ou o cínico, o estilita em sua coluna ou Diógenes em seu barril, podem todos ser representados como sendo tentados pelos poderes da terra, do ar ou dos céus, com a oferta das melhores de todas as coisas, e respondendo que não querem nada. No cínico ou no estoico grego, isso realmente significava a mera negativa: que ele não queria nada. No místico ou fanático oriental, às vezes indica uma espécie de negativa positiva: que ele queria o nada, que o nada era realmente o que ele queria. Às vezes a negativa expressava uma nobre independência e as virtudes gêmeas da Antiguidade, o amor pela liberdade e o ódio contra a luxúria. Poderia expressar ainda apenas a autossuficiência, que é o verdadeiro oposto da santidade. Mas nem mesmo as histórias de santos reais dessa espécie abordam o caso de São Tomás. Ele não era uma pessoa que não queria nada, mas estava, isto sim, interessado em tudo. Sua resposta não é tão inevitável ou tão simples como alguns podem supor. Quando comparado com muitos outros santos, e com muitos outros filósofos, ele era ávido em sua aceitação das coisas, em sua fome e sede pelas coisas. Sua tese espiritual especial era que as coisas de fato existem, e não apenas a coisa; que o múltiplo existe tanto quanto o uno. Não me refiro a coisas de comer, beber ou vestir, embora ele nunca negasse a estas seu lugar na nobre hierarquia do ser; mas sim às coisas sobre as quais se pode pensar e, especialmente, coisas para provar, experienciar e conhecer. Ninguém supõe que Tomás de Aquino, quando Deus lhe ofereceu a escolha entre todos os dons de Deus, pediria mil libras, a Coroa da Sicília ou um raro vinho grego como presente. Mas poderia ter pedido coisas que realmente queria; e ele era um homem que podia querer coisas, assim como queria o manuscrito perdido de São Crisóstomo. Poderia ter pedido a solução de uma velha dificuldade, ou o segredo de uma nova ciência, ou um lampejo da inconcebível mente intuitiva dos anjos, ou qualquer uma dentre mil coisas que teriam enfim satisfeito seu amplo e viril desejo pela própria vastidão e variedade do universo. O ponto é que, para ele, quando a voz falou dentre os braços esticados do Crucificado, aqueles braços se estenderam com amplitude, abrindo do modo mais glorioso os portões de todos os mundos; eram braços apontando para o Oriente e o Ocidente, para os confins da Terra e para os próprios extremos da existência. Abriram-se de verdade, com um gesto de generosidade onipotente; o próprio Criador oferecendo a própria Criação, com todo seu variado mistério de seres separados e o coro triunfal das criaturas. Esse é o panorama resplandecente do ser multifacetário que dá a força particular, e até mesmo uma espécie de surpresa, à resposta de São Tomás, quando ele enfim ergueu a cabeça e falou com aquela audácia quase blasfema que é una com a humildade de sua religião: "Eu terei a Ti mesmo".

Ou, para coroar com uma esmagadora ironia essa história, tão peculiarmente cristã para aqueles que são capazes compreendê-la, há alguns que sentem que a audácia é abrandada pela insistência da frase: "*Apenas* a Ti mesmo".

Não há tantos desses milagres, no sentido estritamente milagroso, quanto há nas vidas de santos de menor influência imediata; mas os que há devem ser comprovados, pois ele era um homem público bem conhecido, em uma posição de destaque e, o que é ainda mais conveniente para ele, tinha um certo número de inimigos enraivecidos, nos quais se podia confiar para uma exame de suas afirmações. Há pelo menos um milagre de cura, o de um mulher que tocou sua veste, e vários incidentes que podem ser variantes da história do crucifixo em Nápoles. Uma dessas histórias, no entanto, tem uma importância adicional, pois nos conduz a outra seção de sua vida religiosa mais privada, pessoal e até mesmo emocional, a seção que se expressava em poesia. Quando Tomás se encontrava em Paris, os outros doutores da Sorbonne colocaram diante dele um problema acerca da natureza da alteração mística dos elementos do Santo Sacramento, e ele se pôs a escrever, à sua maneira costumeira, um enunciado muito cuidadoso e lúcido de sua própria solução. É desnecessário dizer que sentiu com uma sincera simplicidade a pesada responsabilidade e gravidade de tal decisão judicial, e deve ter se preocupado com ela mais do que normalmente fazia acerca de seu trabalho. Ele buscou orientação em uma oração e intercessão mais prolongadas do que de costume, e por fim, com um daqueles poucos mas notáveis gestos corporais que marcam os pontos de transição de sua vida, lançou sua tese aos pés do crucifixo sobre o altar e deixou-a ali, como que aguardando o julgamento. Em seguida, voltou-se e desceu os degraus do altar, absorvendo-se de novo na oração; mas os outros frades, diz-se, estavam observando. Isso deve ser verdade, pois eles declararam depois que a figura de Cristo descera da cruz diante de seus olhos mortais e deteve-se sobre o pergaminho, dizendo: "Tomás, tu escreveste bem acerca do Sacramento do Meu Corpo". Foi depois dessa visão que, segundo se conta, ocorreu o incidente de sua milagrosa elevação no ar.

Um observador agudo disse sobre Tomás de Aquino em sua própria época: "Ele poderia sozinho restaurar toda a Filosofia, se ela tivesse sido destruída pelo fogo". Tal afirmação significa que Tomás era um homem original, uma mente criativa, poderia ter feito seu próprio cosmo com pedra e palha, mesmo sem os manuscritos de Aristóteles ou Agostinho. Mas há uma confusão comum entre aquilo em que um homem é mais original e aquilo em que ele está mais interessado, ou entre a coisa que ele faz melhor e a que ele mais ama. Como São Tomás foi um filósofo único e surpreendente, é quase inevitável que este livro seja nada mais que um esboço de sua filosofia. O livro não pode nem pretende ser um esboço de sua teologia. Isso porque a teologia de um santo é simplesmente o teísmo do santo, ou antes o teísmo de todos os santos. Ela é menos individual, mas é muito mais intensa. Diz respeito à origem comum, mas não é exatamente uma ocasião para a originalidade. Assim, somos forçados a pensar primeiro em Tomás, o criador da filosofia tomista; como pensamos primeiro em Cristóvão Colombo como o descobridor da América, embora ele talvez tenha sido bastante sincero em sua piedosa esperança de converter o *Khan* da Tartária; ou em James Watt como o descobridor do motor a vapor, ainda que tenha sido um devoto adorador do fogo, um sincero calvinista escocês ou todos os tipos de coisas curiosas. De qualquer modo, é apenas natural que Agostinho e Tomás, Boaventura e Duns Escoto, todos os doutores e santos, se aproximem uns dos outros conforme se aproximam da unidade divina das coisas; e que haja, nesse sentido, menos diferença entre eles na teologia do que na filosofia. É verdade que, em algumas questões, os críticos de Tomás pensaram que sua filosofia afetava de maneira indevida sua teologia. Isso aconteceu de modo particular no tocante à acusação de que ele transformou o estado de beatitude em algo intelectual demais, concebendo-o como a satisfação do amor pela verdade em vez de como a verdade do amor. É verdade que os místicos e os homens da escola franciscana se compraziam mais na reconhecida supremacia do amor. Mas aquela era, acima de tudo, uma questão de ênfase, talvez levemente tingida pelo temperamento, talvez ainda (para sugerir algo mais fácil de sentir do que explicar), no caso de São Tomás, uma sombria influência de uma espécie de timidez. Se o êxtase supremo é mais afetivo do que intelectual, isso não é uma questão de disputa muito fatal entre homens que acreditam que ele é as duas coisas, mas que não professam nem mesmo imaginar a experiência real de qualquer uma delas. Quanto a mim, tenho a impressão de que, mesmo se São Tomás tivesse pensado que aquele estado era emotivo, como o fez São Boaventura, nunca teria sido tão emotivo a esse respeito. Sempre teria sido embaraçoso para ele escrever excessivamente sobre o amor.

A única exceção permitida foi a rara, mas notável, produção de sua poesia. Toda santidade é um segredo, e sua poesia sagrada de fato o era, como a pérola em uma ostra muito bem fechada. Ele pode ter escrito mais dela do que sabemos, mas parte desse trabalho se tornou público graças ao fato de Tomás ter sido convidado a compor o ofício para a Festa de *Corpus Christi*: um festival estabelecido pela primeira vez após a controvérsia para a qual ele contribuíra, no pergaminho que depusera sobre o altar. Isso revela, sem dúvida, uma faceta inteiramente diferente de sua genialidade; e isso é o que era: genialidade. Como regra, ele era um escritor em prosa eminentemente prático; alguns diriam um escritor em prosa bastante prosaico. Sustentava uma controvérsia com um olhar para apenas duas qualidades: clareza e cortesia. E mantinha essas qualidades porque eram inteiramente práticas, afetando as probabilidades de conversão. Mas o compositor do serviço de *Corpus Christi* não foi apenas o que até os extravagantes e confusos chamariam de um poeta; foi, isto sim, o que os mais fastidiosos chamariam de um artista. Sua dupla função nos recorda antes a dupla atividade de alguns grandes artesãos da Renascença, como Michelangelo ou Leonardo da Vinci, que trabalhariam na muralha externa, planejando e construindo as fortificações da cidade, e depois se retirariam para a câmara interna para entalhar ou modelar alguma taça ou arca para um relicário. O Ofício de *Corpus Christi* é como um velho instrumento musical, marchetado com graça e esmero, com muitas pedras e metais coloridos; o autor reuniu textos remotos sobre pastagens e fruições como se fossem ervas raras; há uma notável ausência do ruidoso e do óbvio na harmonia, e o todo é amarrado com dois fortes versos líricos latinos. O padre John O'Connor traduziu-os com uma aptidão quase milagrosa, mas um bom tradutor será o primeiro a concordar que nenhuma tradução é boa, ou, de qualquer modo, boa o suficiente. Como podemos encontrar oito pequenas palavras inglesas que sejam de fato equivalentes a *"Summit unus, sumunt mille; quantum isti, tantum ille*"?[12] Como alguém pode realmente traduzir o som da "Pange Lingua", quando a primeiríssima sílaba tem o tinido de um choque de címbalos?

12. Pode ser traduzido como "o que um recebe, mil recebem; quantos sejam, tantos ele é".

Havia um outro canal, além da poesia, e era o das afeições privadas, pelo qual esse homem grande e tímido mostrava que tinha tanta *Caritas* quanto São Francisco e, com certeza tanto quanto qualquer teólogo franciscano. Boaventura provavelmente não pensaria que Tomás era desprovido do amor a Deus, e sem dúvida ele nunca foi desprovido do amor a Boaventura. Sentia por toda sua família uma constante e, podemos dizer, teimosa, ternura; e, se levarmos em conta o modo como sua família o tratara, isto pareceria exigir não apenas caridade, mas sua característica virtude da paciência. Próximo do fim de sua vida, ele parece ter se apoiado especialmente em seu amor por um dos frades, de nome Reginaldo, que ouviu dele algumas confidências estranhas e bastante espantosas, do tipo que raramente fazia até mesmo a seus amigos. Foi a Reginaldo que ele concedeu aquela última e bastante extraordinária alusão, que foi o fim de sua carreira de debatedor e praticamente de sua vida terrena; uma alusão que a história nunca foi capaz de explicar.

Retornara vitorioso de seu último combate com Siger de Brabant; retornara aposentado. Essa disputa em particular foi o único ponto, por assim dizer, no qual sua vida exterior e sua vida interior se cruzaram e coincidiram; ele percebeu como ansiara desde a infância por convocar todos os aliados na batalha por Cristo, como só depois de muito tempo convocara Aristóteles como um aliado e, agora, naquele último pesadelo de sofismaria, por fim percebia que alguns desejavam realmente que Cristo se rebaixasse perante Aristóteles. Ele nunca se recuperou do choque. Venceu sua batalha, porque era o melhor cérebro de sua época, mas não pôde esquecer tamanha inversão de toda a ideia e propósito de sua vida. Ele era o tipo de homem que odeia odiar as pessoas. Não costumava nem mesmo a odiar as ideias odiosas das pessoas, além de um certo ponto. Mas, no abismo de anarquia aberto pela sofismaria de Siger em torno da Mente Dupla do homem, ele viu a possibilidade do perecimento de toda ideia de religião e até mesmo de toda ideia de verdade. Embora as frases que o registram sejam breves e fragmentárias, podemos deduzir que Tomás retornou com uma espécie de horror daquele mundo exterior, no qual sopravam tais ventos bravios de doutrina, e com um anseio pelo mundo interior que qualquer católico também teria, no qual o santo não é separado dos homens simples. Ele voltou à rotina estrita da religião e por algum tempo não disse nada a ninguém. E então aconteceu algo (diz-se que foi enquanto ele celebrava uma missa) cuja natureza nunca será conhecida entre os homens mortais.

Seu amigo Reginaldo lhe pediu também que retornasse a seus hábitos regulares de leitura e escrita e acompanhasse as controvérsias do momento. Ele retrucou, com uma ênfase singular: "Não posso escrever mais nada". Parece ter havido um silêncio, após o qual Reginaldo novamente se aventurou a abordar o assunto, e Tomás lhe respondeu com um vigor ainda maior: "Não posso escrever mais nada. Vi coisas que fazem todos os meus escritos parecerem palha".

Em 1274, quando Tomás tinha quase 50 anos, o papa, rejubilando-se com a recente vitória sobre os sofistas árabes, mandou-lhe um recado pedindo-lhe que fosse a um Concílio desses assuntos controversos, a ser realizado em Lyon. Ele se ergueu com uma obediência automática, como se ergue um soldado; mas podemos imaginar que havia algo em seus olhos que dizia àqueles ao seu redor que a obediência ao comando exterior não impediria de fato a obediência a algum comando interior mais misterioso, um sinal que somente ele vira. Ele partiu com seu amigo para a jornada, propondo repousar durante a noite com a irmã, a quem ele era profundamente devotado; e, quando chegou à casa dela, foi atacado por alguma enfermidade desconhecida. Não precisamos discutir os duvidosos problemas médicos. É verdade que ele sempre fora um daqueles homens, saudáveis de modo geral, que são derrubados por pequenas enfermidades; é igualmente verdade que não há nenhum relato muito claro sobre essa enfermidade específica. Tomás foi levado para um monastério em Fossanuova, e seu estranho fim alcançou-o a passos largos. Pode ser útil observar, para aqueles que pensam que ele dava pouca atenção ao lado emocional ou romântico da verdade religiosa, que Tomás pediu que o Cântico de Salomão lhe fosse lido do início ao fim. Os sentimentos dos homens para com ele deviam ser confusos e até indescritíveis, e com certeza muito diferentes dos dele próprio. Ele confessou seus pecados e recebeu seu Deus, e podemos estar certos de que o grande filósofo se esquecera inteiramente da Filosofia. Mas isso não aconteceu com todos aqueles que o amaram ou mesmo com aqueles que apenas viveram em sua época. Os elementos da narrativa são tão poucos, e ainda assim tão essenciais, que da história dos dois lados emocionais do evento nos deixam uma forte impressão. Aqueles homens deviam saber que uma grande mente ainda trabalhava como um grande moinho entre eles. Devem ter sentido que, naquele momento, o interior do monastério era maior do que o exterior. A situação devia ser parecida com o caso de algum poderoso motor moderno, sacudindo o frágil edifício no qual ele é momentaneamente acionado. Pois aquela máquina era feita das rodas de todos os mundos e girava como o cosmo de esferas concêntricas que, qualquer que seja seu destino diante da ciência variável, deve ser sempre uma espécie de símbolo para a filosofia, as profundezas de transparências duplas e triplas mais misteriosas do que a escuridão, o terrível cristal sétuplo. No mundo de sua mente, havia uma roda de anjos e uma roda de planetas; e uma roda de plantas ou de animais, mas havia também uma ordem justa e inteligível de todas as coisas terrenas, uma saudável autoridade e uma liberdade autorrespeitosa, e uma centena de respostas para uma centena de perguntas acerca da complexidade da ética ou da economia. Mas deve ter havido um momento em que os homens souberam que o trovejante moinho de pensamento parara subitamente, e que, após o choque de silêncio, aquela roda não mais agitaria o mundo não havia nada agora no interior daquela casa oca, a não ser uma grande colina de argila; e o confessor, que estivera com ele na câmara interna, acorreu como que com medo, e sussurrou que sua confissão fora a de uma criança de cinco anos.

VI

A Abordagem ao Tomismo

O próprio fato de o tomismo ser a filosofia do senso comum é, em si, uma questão de senso comum. Contudo, tal caso necessita de uma breve explicação, pois por muito tempo consideramos esses assuntos em um sentido bastante incomum. Para o bem ou para o mal, a Europa desde a Reforma, mais especialmente a Inglaterra, foi, em um sentido peculiar, o reduto do paradoxo. Refiro-me ao sentido bastante peculiar segundo o qual o paradoxo sentia-se em casa, e os homens sentiam-se em casa com ele. O exemplo mais familiar é o dos ingleses gabando-se de serem práticos *porque* não são lógicos. Para um grego antigo ou para um chinês, isso seria como dizer que os escriturários de Londres são excelentes na soma de seus livros contábeis porque não são acurados em aritmética. Mas o problema não é o paradoxo; a questão é que o paradoxismo se tornou uma ortodoxia, ou que os homens se apoiam em um paradoxo tanto quanto em uma trivialidade. O problema não é que o homem prático está de cabeça para baixo, o que às vezes pode ser uma ginástica estimulante, embora surpreendente; o problema é que ele *repousa* de cabeça para baixo, e até mesmo dorme assim. Este é um ponto importante, pois a finalidade do paradoxo é despertar a mente. Tomemos um bom paradoxo, como aquele de Oliver Wendell Holmes: "Deem-nos as superfluidades da vida, e dispensaremos as necessidades". Ele é divertido e, portanto, arrebatador, tem um belo ar de desafio; contém uma verdade real, embora romântica. É parte da diversão que seja enunciado quase na forma de uma contradição em termos. A maioria das pessoas, porém, concordaria que há um perigo considerável em basearmos todo o sistema social na noção de que as necessidades não são necessárias, como alguns basearam toda a Constituição Britânica na noção de que o contrassenso sempre funcionará como o senso comum. Porém, mesmo aqui se pode dizer que esse exemplo odioso se espalhou e que o sistema industrial moderno realmente diz: "Deem-nos superfluidades, como o sabão de alcatrão, e dispensaremos necessidades, como os cereais".

Tudo isso é familiar; porém o que não se percebe ainda hoje é que não apenas a política prática, mas também as filosofias abstratas do mundo moderno tiveram essa estranha tendência. Desde que o mundo moderno começou, no século XVI, nenhum sistema de filosofia correspondeu realmente ao senso de realidade de todas as pessoas, àquilo que, se pudessem, os homens comuns chamariam de senso comum. Cada sistema se iniciou com um paradoxo, um ponto de vista peculiar que exigia o sacrifício daquilo que se chamaria de um ponto de vista saudável. Essa é a única coisa comum a Hobbes e a Hegel, a Kant e a Bergson, a Berkeley e a William James. Um homem tinha de acreditar em algo que nenhum homem normal acreditaria, se tal coisa fosse subitamente proposta à sua simplicidade, como, por exemplo, que a lei está acima do direito, ou que o direito está fora da razão, ou que as coisas são apenas conforme nós as pensamos, ou que tudo é relativo a uma realidade que não está lá. O filósofo moderno afirma, como uma espécie de homem de confiança, que se admitirmos isso, o resto será fácil; ele consertará o mundo, se lhe for permitido realizar aquela única torção da mente.

Compreender-se-á que falo desses assuntos como um tolo ou, como diriam nossos primos democráticos, como um idiota; de qualquer modo, falo como um homem qualquer, e o único objetivo deste capítulo é mostrar que a filosofia tomista está mais próxima que a maioria das filosofias à mente do homem comum. Não sou, como o padre D'Arcy, cujo admirável livro sobre São Tomás esclareceu muitos problemas para mim, um filósofo treinado, familiarizado com a técnica da profissão. Mas espero que o padre D'Arcy me perdoe se eu tomar um exemplo do seu livro, que ilustra exatamente o que pretendo dizer. Ele, sendo um filósofo treinado, tem a capacidade de tolerar os filósofos. Além disso, sendo um sacerdote experiente, está acostumado não apenas a suportar de bom grado os tolos, mas também (o que é às vezes ainda mais difícil) a suportar de bom grado as pessoas inteligentes. Acima de tudo, sua ampla leitura da metafísica tornou-o paciente com as pessoas inteligentes quando elas se entregam à loucura. A consequência é que ele consegue escrever de modo calmo, e até mesmo suave, sentenças como estas: "Uma certa semelhança pode ser detectada entre o objetivo e o método de São Tomás e os de Hegel. Há também, contudo, diferenças notáveis. Para São Tomás, é impossível que elementos contraditórios existam juntos, e, novamente, a realidade e a inteligibilidade se correspondem, mas uma coisa deve primeiro existir para ser inteligível".

Que o homem comum seja perdoado, se disser que a "diferença notável" lhe parece ser que São Tomás era são e Hegel era louco. O idiota se recusa a admitir que Hegel pode ao mesmo tempo existir e não existir ou que pode ser possível compreender Hegel, se não existe nenhum Hegel para compreender. Contudo, o padre D'Arcy menciona esse paradoxo hegeliano como se fosse uma parte trivial de seu trabalho; e o é, se o trabalho for a leitura de todos os filósofos modernos de modo tão cuidadoso e favorável quanto ele o fez. E é a isso que me refiro ao dizer que uma filosofia moderna começa com um obstáculo. Certamente, não é exagero dizer que *parece* haver uma torção quando afirmamos que os contrários não são incompatíveis ou que uma coisa pode "ser" inteligível e ainda assim não "existir".

Contra tudo isso, a filosofia de São Tomás é baseada na convicção comum universal de que ovos são ovos. O hegeliano pode dizer que um ovo é na verdade uma galinha, porque é uma parte do processo interminável do tornar-se; o berkeleyano pode sustentar que ovos pochês só existem como existe um sonho, uma vez que é tão fácil dizer que o sonho é a causa dos ovos quanto que os ovos são a causa do sonho; o pragmatista pode acreditar que apreciaremos mais os ovos mexidos se esquecermos que eles alguma vez foram ovos e lembrarmos apenas da mistura. Mas nenhum pupilo de São Tomás precisa misturar o cérebro a fim de misturar bem os ovos nem colocar a cabeça em qualquer ângulo peculiar ao olhar para os ovos, olhar para os ovos de soslaio ou piscar o outro olho a fim de enxergar uma nova simplificação dos ovos. O tomista permanece na ampla luz solar da irmandade dos homens, em suas consciências comuns de que os ovos não são galinhas, nem sonhos, nem meras suposições práticas, mas coisas atestadas pela autoridade dos sentidos, que deriva de Deus.

Assim, mesmo aqueles que apreciam a profundidade metafísica do tomismo em outras questões expressaram sua surpresa por ele não lidar de modo algum com aquela que muitos consideram ser a principal questão metafísica: a questão de se podemos ou não provar que o ato primário de reconhecimento de qualquer realidade é real. A resposta é que São Tomás reconheceu instantaneamente aquilo que tantos céticos só começaram a suspeitar de modo bastante laborioso: que um homem deve ou responder àquela questão na afirmativa ou então nunca responder a questão alguma, nunca fazer qualquer pergunta, nunca nem mesmo existir intelectualmente, para responder ou para perguntar.

Suponho que seja verdade, em certo sentido, que um homem pode ser um cético fundamental, mas além disso não pode ser mais nada, nem mesmo um defensor do ceticismo fundamental. Se um homem sente que todos os movimentos de sua mente são desprovidos de significado, então sua mente é desprovida de significado e ele é desprovido de significado; tentar descobrir o significado não significa coisa alguma. A maioria dos céticos fundamentais parece sobreviver porque não são céticos fundamentais o tempo todo, aliás nem são fundamentais. Primeiro negam tudo e depois admitem algo, mesmo que para fins de argumentação – ou, frequentemente, antes para fins de ataque sem argumentação. Testemunhei um exemplo quase surpreendente dessa frivolidade essencial em um professor do ceticismo final, em um artigo, outro dia. Um homem escreveu para dizer que não aceitava nada exceto o solipsismo e acrescentou que se perguntava por que aquela não era uma filosofia mais comum. Ora, o solipsismo significa apenas que um homem acredita em sua própria existência, mas não acredita em nenhuma outra pessoa ou coisa. E esse sofista simplório nunca se deu conta de que, se sua filosofia fosse verdadeira, obviamente não haveria nenhum outro filósofo para professá-la.

À questão "Existe algo?" São Tomás começa respondendo "Sim"; se ele começasse respondendo "Não", aquele não seria o começo, mas o fim. Isso é o que nós chamamos de senso comum. Ou não existe nenhuma filosofia, nenhum filósofo, nenhum pensador, nenhum pensamento, nem coisa alguma, ou então há uma ponte real entre a mente e a realidade. Mas Tomás é de fato menos exigente do que muitos pensadores, e muito menos exigente do que a maioria dos pensadores racionalistas e materialistas, em relação a esse primeiro passo; contenta-se em dizer, como veremos, que se trata do reconhecimento do ente ou ser como algo definitivamente além de nós mesmos. O ente é o ente, ovos são ovos; e não é defensável que todos os ovos tenham sido encontrados no ninho de uma égua.

É desnecessário dizer que não sou tão tolo a ponto de sugerir que todos os escritos de São Tomás sejam simples e diretos, no sentido de serem fáceis de compreender. Há passagens que eu mesmo não entendo nem um pouco; há passagens que confundem filósofos muito mais instruídos e lógicos do que eu; há passagens sobre as quais os maiores tomistas ainda diferem e disputam. Mas essa é uma questão de algo ser difícil de ler e compreender; não difícil de aceitar quando compreendida. É como escrever "O gato sentou no tapete" em caracteres chineses; ou "Mary tinha um carneirinho" em hieróglifos egípcios. O único ponto que enfatizo aqui é que Tomás de Aquino está quase sempre do lado da simplicidade, e apoia a aceitação de truísmos comuns por parte do homem comum. Por exemplo, uma das passagens mais obscuras, segundo meu juízo bastante inadequado, é aquela em que ele explica como a mente tem certeza da existência de um objeto exterior e não apenas de uma impressão daquele objeto; e ainda assim parece alcançá-lo por meio de um conceito, não de uma impressão. O importante aqui, contudo, é que ele explica que a mente tem certeza da existência de um objeto exterior. É suficiente para seu propósito que sua conclusão seja do senso comum; seu propósito é justificar o senso comum, embora ele o justifique em uma passagem que tem uma sutileza bastante incomum. O problema dos filósofos posteriores é que sua conclusão é tão obscura quanto sua demonstração; ou que o resultado por eles produzido seja o caos.

Infelizmente, entre o homem comum e o Anjo das Escolas, ergue-se nesse momento um muro de tijolos muito alto, com pontas de lança no topo, separando dois homens que em vários sentidos apoiam a mesma coisa. O muro é quase um acidente histórico; foi construído muito tempo atrás, por razões que não precisam afetar as necessidades de homens normais hoje; e muito menos a maior necessidade dos homens normais, que é a de uma filosofia normal. A primeira dificuldade é apenas uma diferença de forma, não no sentido medieval, mas no sentido moderno. Há, primeiro, um simples obstáculo de linguagem; surge em seguida um obstáculo mais sutil de método lógico. Mas a própria linguagem tem grande importância; mesmo quando é traduzida, ainda é uma língua estrangeira, e, como outras línguas estrangeiras, costuma ser traduzida erroneamente. Assim como toda outra literatura de outra época ou país, ela carregava consigo uma atmosfera que está além da mera tradução de palavras, do modo como são traduzidas em um livro de frases de viajante. Por exemplo, todo o sistema de São Tomás se baseia em uma ideia grande, porém simples, que de fato abarca tudo que existe, e até mesmo tudo que poderia existir. Tomás representa essa concepção cósmica pela palavra *Ens* e qualquer um que saiba um pouco de latim, ainda que de modo rudimentar, sente que ela é a palavra adequada e apropriada, exatamente como seria uma palavra francesa em um trecho de boa prosa francesa. Essa deveria ser apenas uma questão de lógica, mas é também de linguagem.

Infelizmente, não há nenhuma tradução satisfatória da palavra *Ens*. A dificuldade é antes verbal, em vez de lógica; mas é uma dificuldade prática. O que quero dizer é que quando o tradutor diz, em inglês, *being* [ser], temos consciência de uma atmosfera bastante diferente. A atmosfera não deveria afetar esses absolutos do intelecto, mas afeta. Os novos psicólogos, que travam uma guerra quase ansiosa contra a razão, nunca se cansam de nos dizer que os próprios termos que usamos são coloridos por nosso subconsciente, com algo que pretendíamos excluir de nossa consciência. E não é preciso ser tão idealisticamente irracional quanto um psicólogo moderno para admitir que a própria forma e o som das palavras fazem uma diferença, mesmo na prosa mais simples, assim como na mais bela poesia. Não podemos impedir a imaginação de lembrar associações irrelevantes, nem mesmo nas ciências abstratas como a Matemática. Jones Minimus, lançado da História para a Geometria, pode, por um instante ligar os ângulos do triângulo isósceles aos ângulos da Crônica Anglo-saxônica; e até mesmo o matemático maduro, se for tão louco quanto o psicanalista espera, pode ter nas raízes de seu subconsciente algo de material em sua ideia de uma raiz. Ora, infelizmente ocorre que a palavra *being* [ser] do modo como se afigura para um inglês moderno, mediante associações modernas, tem uma espécie de atmosfera obscura que não está presente na curta e afiada palavra latina. Talvez ela lhe recorde professores fantásticos da ficção, que acenam as mãos e dizem: "Assim nos elevamos às alturas inefáveis do ser puro e radiante". Ou, pior ainda, professores reais, na vida real, que dizem: "Todo o ser é tornar-se; e se trata apenas da evolução do não ser pela lei do seu ser". Talvez ela apenas lhe recorde rapsódias românticas em antigas histórias de amor: "Ser belo e adorável, luz e alento do meu próprio ser". De qualquer modo, ela tem uma espécie de som selvagem e rouco, como se apenas pessoas muito vagas a usassem ou como se ela pudesse significar todos os tipos de coisas diferentes.

Ora, a palavra latina *Ens* tem um som semelhante ao da palavra inglesa *End* [Fim]. Ela é final e até mesmo abrupta; nada é além de si mesma. Havia uma tola zombaria em torno de escolásticos como Tomás de Aquino, segundo a qual eles discutiam se os anjos podiam ficar de pé na ponta de uma agulha. É verdade que essa primeira palavra de Tomás é tão afiada quanto a ponta de um alfinete. Pois também é, em um sentido quase ideal, um fim. Mas quando dizemos que São Tomás de Aquino se preocupava fundamentalmente com a ideia do ser, não devemos admitir nenhuma das generalizações mais nebulosas com as quais estamos acostumados, ou mesmo das quais estejamos cansados, presentes naquela espécie de escrita idealista que é antes Retórica, em vez de Filosofia. A Retórica é uma coisa muito boa em seu lugar adequado, como um erudito medieval concordaria de bom grado, uma vez que era ensinada juntamente com a Lógica nas escolas; mas o próprio São Tomás de Aquino não é nem um pouco retórico. Talvez não chegue nem perto disso. Há um certo número de passagens floreadas em Agostinho, mas não há nenhum floreio em Tomás de Aquino. Em certas ocasiões, ele de fato se entregou à poesia, mas muito raramente se entregou à oratória. E tinha tão pouco em contato com algumas tendências modernas que, sempre que escrevia poesia, colocava-a de fato em poemas. Há um outro aspecto que deve ser observado posteriormente. Ele possuía, de um modo especial, aquela filosofia que inspira a poesia, como tão bem inspirou a poesia de Dante. E a poesia sem filosofia tem apenas a inspiração, ou, na linguagem vulgar, apenas vento. Tomás tinha, por assim dizer, a imaginação sem as imagens. Mas mesmo isso talvez seja vasto demais. Há uma imagem sua que é verdadeira poesia, bem como verdadeira filosofia, sobre a árvore da vida curvando-se com uma gigantesca humildade, por causa do próprio peso de sua viva qualidade frutífera; algo que Dante teria descrito de modo que nos esmagasse com a tremenda qualidade crepuscular e quase nos intoxicasse com o fruto divino. Podemos dizer, no entanto, que as palavras de Tomás de Aquino são breves mesmo quando seus livros são longos. Usei o exemplo da palavra *Ens*, porque ela é um dos casos em que o latim é mais simples do que o inglês simples. O estilo de Tomás, diferentemente do de Agostinho e de muitos doutores católicos, é sempre mais simples em vez de rebuscado. É difícil de compreender às vezes simplesmente porque os assuntos são tão difíceis que quase nenhuma mente, a menos que seja parecida com a dele, pode entendê-los de forma apropriada. Entretanto, ele nunca obscurece seu estilo usando palavras sem conhecimento ou, ainda que de modo legítimo, usando palavras que pertençam apenas à imaginação ou à intuição. No que diz respeito ao seu método, Tomás talvez seja o único verdadeiro racionalista entre todos os filhos dos homens.

Isso nos traz a outra dificuldade, a do método lógico. Nunca compreendi por que se supõe haver algo de ultrapassado ou obsoleto acerca do silogismo; e entendo menos ainda quando alguém fala como se a indução houvesse de algum modo tomado o lugar da dedução. Toda a particularidade da dedução é a de que premissas verdadeiras produzem uma conclusão verdadeira. Aquilo que é chamado de indução parece significar nada mais que a coleta de um grande número de premissas verdadeiras ou, talvez, em alguns assuntos de natureza física, um esforço maior para verificar se elas são verdadeiras. É possível que um homem moderno obtenha mais resultados a partir de um grande número de premissas acerca de micróbios ou asteroides do que um homem medieval conseguiria a partir de um número muito pequeno de premissas a respeito de salamandras e unicórnios. Mas o processo de dedução a partir dos dados é o mesmo tanto para a mente moderna quanto para a mente medieval, e aquilo que é pomposamente chamado de indução não passa da coleta de mais dados. Aristóteles, Tomás de Aquino ou qualquer pessoa em sã consciência concordariam, claro, que a conclusão só pode ser verdadeira se as premissas forem verdadeiras, e que quanto mais premissas verdadeiras houver, melhor. O infortúnio da cultura medieval foi que não havia premissas verdadeiras suficientes, por causa das condições bem mais rudes de viagem ou experimentação. No entanto, por mais perfeitas que fossem as condições de viagem ou experimentação, elas só poderiam produzir premissas; ainda seria necessário deduzir as conclusões. Muitas pessoas modernas, porém, falam como se aquilo que elas chamam de indução fosse uma forma mágica de chegar a uma conclusão, sem o uso de nenhum daqueles velhos silogismos horríveis. Mas a indução não nos conduz a uma conclusão. A indução nos conduz apenas a uma dedução. A não ser que os três passos silogísticos estejam corretos, a conclusão estará totalmente errada. Assim, os grandes homens de ciência do século XIX, os quais aprendi a reverenciar ("aceitando as conclusões da ciência", como sempre se dizia), saíram e inspecionaram com atenção o ar e a terra, os elementos químicos e os gases, sem dúvida com mais cuidado do que Aristóteles ou Tomás de Aquino, e depois voltaram e concretizaram sua conclusão em um silogismo. "Toda matéria é feita de pequenas calosidades microscópicas que são indivisíveis. Meu corpo é feito de matéria. Portanto, meu corpo é feito de pequenas calosidades microscópicas que são indivisíveis." Eles não estavam errados quanto à forma do raciocínio, porque essa é a única maneira de raciocinar. Neste mundo, não há nada senão silogismos – e falácias. Mas é claro que esses homens modernos sabiam, assim como sabiam os homens medievais, que suas conclusões não seriam verdadeiras a não ser que suas premissas fossem verdadeiras. E foi aí que o problema começou. Pois os homens de ciência, ou seus filhos e sobrinhos, saíram e deram outra olhada na natureza calosa da matéria, e ficaram surpresos ao descobrir que ela não era calosa de modo algum. Então voltaram e completaram o processo com seu silogismo: "Toda matéria é feita de turbilhões de prótons e elétrons. Meu corpo é feito de matéria. Portanto, meu corpo é feito de turbilhões de prótons e elétrons". Este é outro bom silogismo, embora tenhamos de examinar a matéria mais uma ou duas vezes, antes de sabermos se aquela premissa e aquela conclusão são verdadeiras. No processo final da verdade, entretanto, não há nada além de um bom silogismo. A única outra coisa é um mau silogismo, como na forma familiar que está na moda: "Toda matéria é feita de prótons e elétrons. Eu gostaria muito de pensar que a mente é igual à matéria. Portanto, anunciarei pelo microfone ou pelo megafone que minha mente é feita de prótons e elétrons". Mas isso não é uma indução; é apenas uma péssima falha de dedução. Esse não é outro modo ou um modo novo de pensar; é apenas a cessação do pensamento.

O que realmente se pretende dizer, e que é muito mais razoável, é que os velhos silogistas às vezes expunham o silogismo por extenso; e isso nem sempre é necessário. Um homem pode descer três andares muito mais rápido; mas um homem não pode descer os três andares se eles não estiverem ali. Se o fizer, quebrará o pescoço, como se saltasse de uma janela do quarto andar. A verdade sobre essa falsa antítese de indução e dedução é simplesmente esta: conforme as premissas ou dados foram se acumulando, a ênfase e a atenção voltaram-se para elas, abandonando a dedução final à qual conduzem. Mas elas de fato conduzem a uma dedução final, ou então não conduzem a coisa alguma. O lógico tinha tanto a dizer a respeito dos elétrons ou dos micróbios que se estendeu demais nesses dados, e encurtou ou resumiu seu silogismo final. Mas se seu raciocínio foi correto, não importando a rapidez, ele raciocinou de modo silogístico.

Na verdade, Tomás de Aquino não costuma argumentar com silogismos, embora sempre argumente de maneira silogística. O que quero dizer é que ele não expõe todos os passos da lógica em cada caso; a lenda que afirma o contrário é parte daquela vaga e não verificada lenda da Renascença de que todos os escolásticos eram velhos medievais tediosos e mecânicos. Mas ele realmente argumenta com certa austeridade e com desdém pela ornamentação, o que pode torná-lo monótono aos olhos de qualquer pessoa que busque as formas modernas de graça ou elegância. Tudo isso, porém, nada tem a ver com a questão levantada no início deste capítulo, e que precisa ser respondida no fim dele. A esse respeito, podemos repetir, com grande ênfase, que ele está argumentando a favor do senso comum. Argumenta a favor de um senso comum que ainda hoje se recomendaria para a maioria das pessoas comuns. Argumenta a favor dos provérbios populares de ver para crer; de que a prova do pudim está em comê-lo; de que um homem não pode estrangular a si próprio ou negar o fato de sua própria existência. Ele sustenta essa visão mediante o uso de abstrações; mas essas abstrações não são mais abstratas do que a energia, a evolução ou o espaço-tempo; e não nos lançam, como outras costumam fazer, em contradições sem esperança a respeito da vida comum. O pragmatista pretende ser prático, mas sua praticidade se revela inteiramente teórica. O tomista começa sendo teórico, mas sua teoria se revela totalmente prática. É por isso que grande parte do mundo está voltando ao tomismo hoje.

Por fim, há uma dificuldade real no fato de uma língua estrangeira, além do fato ordinário da língua latina. A terminologia filosófica moderna nem sempre é idêntica ao inglês simples; e a terminologia filosófica medieval não é de modo algum idêntica nem mesmo à terminologia filosófica moderna. Não é muito difícil aprender o significado dos termos principais, mas o significado medieval desses termos às vezes é o exato oposto de seu significado moderno. O exemplo óbvio é a palavra crucial "formal". Hoje em dia dizemos: "Escrevi um pedido de desculpas formal ao reitor" ou "Os procedimentos, quando fechamos o Clube Tip-Cat, foram puramente formais". Mas queremos dizer que eles foram apenas fictícios; e São Tomás, se tivesse sido um membro do Clube Tip-Cat, teria pretendido dizer o contrário. Ele quereria dizer que os procedimentos lidaram com o próprio coração, com a alma e com o segredo do ser inteiro do Clube Tip-Cat, e que o pedido de desculpas ao reitor foi tão apologético que dilacerou o próprio coração em lágrimas de verdadeira contrição. Pois "formal" na linguagem tomista significa real, ou possuidora da qualidade decisiva real que faz com que uma coisa seja ela mesma. De modo geral, quando descreve uma coisa como sendo feita de forma e matéria, ele reconhece, com muita propriedade, que a matéria é o elemento mais misterioso, indefinido e desprovido de atributos, e o que marca qualquer coisa com a própria identidade é sua forma. A matéria, por assim dizer, não é na verdade a coisa sólida, líquida ou gasosa presente no cosmo; e nesse ponto a maioria dos cientistas modernos começa a concordar com ele. Mas a forma é o fato; ela é aquilo que torna um tijolo um tijolo, um busto um busto, e não o barro informe e pisoteado do qual ambos podem ser feitos. A pedra que quebrou uma estatueta em algum nicho gótico pode ter sido ela mesma uma estatueta; e, sob análise química, a estatueta é apenas uma pedra. Mas essa análise química é inteiramente falsa enquanto análise filosófica. A realidade, a coisa que torna as duas coisas reais, está na ideia da imagem e na ideia daquilo que destruiu a imagem. Esse é apenas um exemplo passageiro do caráter idiomático da terminologia tomista, mas serve para ilustrar a verdade do pensamento tomista. Todo artista sabe que a forma não é superficial, e sim fundamental; que a forma é o fundamento. Todo escultor sabe que a forma da estátua não é o exterior da estátua, mas antes o interior tanto dela quanto do próprio artista. Todo poeta sabe que a forma de soneto não é apenas a forma do poema, e sim o próprio poema. Nenhum crítico moderno que não compreenda o que o escolástico medieval entendia por forma pode encarar o escolástico como seu igual do ponto de vista intelectual.

VII

A Filosofia Permanente

É uma pena que a palavra Antropologia tenha sido rebaixada ao estudo dos antropoides. Ela está agora inevitavelmente associada a disputas entre professores pré-históricos (em mais de um sentido) sobre se uma lasca de pedra é um dente de homem ou de macaco; uma disputa às vezes resolvida como naquele caso famoso em que se descobriu que a lasca era um dente de porco. É muito correto que haja uma ciência puramente física sobre tais coisas; no entanto, o nome usual poderia ser dedicado, por analogia, a coisas não apenas mais amplas e mais profundas, mas também muito mais relevantes. Assim como, na América, os novos humanistas indicaram aos antigos humanitários que seu humanitarismo se concentrara, em grande medida, em coisas que *não* são de exclusividade humana, tais como condições físicas, desejos, necessidades econômicas, o ambiente, e assim por diante, da mesma forma, na prática, aqueles que são chamados de antropólogos têm de concentrar suas mentes em coisas materiais que *não* são de natureza exclusiva antrópica. Eles têm de rastrear na história e na pré-história algo que não é o *Homo sapiens*, mas que é sempre, de fato, considerado como um *Simius insipiens*. O *Homo sapiens* só pode ser considerado em relação à *Sapientia*; e só um livro como o de São Tomás se dedica mesmo à ideia intrínseca da *Sapientia*. Em suma, deveria haver um estudo real chamado Antropologia correspondendo à Teologia. Nesse sentido, São Tomás de Aquino talvez seja mais um grande antropólogo, que qualquer outra coisa.

Peço desculpas pelas palavras de abertura deste capítulo a todos aqueles excelentes e eminentes homens de ciência que estão envolvidos no estudo real da humanidade em sua relação com a biologia. Imagino, porém, que eles serão os últimos a negar que houve uma tendência bastante desproporcional, na ciência popular, a transformar o estudo dos seres humanos no estudo dos selvagens. E a selvageria não é a história:

ela é ou o começo da história ou o fim dela. Suspeito que os maiores cientistas concordariam que muitos professores têm, portanto, se perdido na mata ou na selva; professores que queriam estudar Antropologia e nunca foram além da antropofagia. Mas tenho uma razão particular para prefaciar essa sugestão de uma antropologia superior com uma desculpa dirigida a quaisquer biólogos genuínos que pareçam estar incluídos, mas com certeza não estão, em um protesto contra a ciência popular barata. Pois a primeira coisa a ser dita sobre São Tomás enquanto antropólogo é que ele é realmente muito semelhante à melhor espécie de antropólogo biológico moderno: a espécie daqueles que se autointitulariam agnósticos. Esse fato é um ponto de transição tão marcante e decisivo na história, que a história realmente precisa ser lembrada e registrada.

São Tomás de Aquino se assemelha muito ao grande professor Huxley, o agnóstico que inventou a palavra agnosticismo. Tomás é semelhante a Huxley em sua maneira de iniciar um argumento, e é diferente de todos os outros que vieram antes e depois da era huxleyana. Ele faz uso quase literal da definição huxleyana do método agnóstico: "Seguir a razão tão longe quanto ela chegar"; a única questão é: aonde ela vai? Estabelece um enunciado quase surpreendentemente moderno ou materialista: "Tudo que está presente no intelecto esteve antes nos sentidos". Foi aí que ele começou, tanto quanto qualquer homem de ciência moderno – ou melhor, tanto quanto qualquer materialista moderno que hoje mal poderia ser chamado de homem de ciência – no extremo oposto da investigação, em relação à posição do mero místico. Todos os platônicos, ou pelo menos os neoplatônicos, inclinavam-se a ver a mente como iluminada a partir do interior; São Tomás insistia que ela era iluminada por cinco janelas, que chamamos de janelas dos sentidos. Ele queria, porém, que a luz de fora brilhasse sobre aquilo que estava dentro. Queria estudar a natureza do homem, e não apenas do musgo e dos cogumelos vistos através da janela, e que ele valorizava como a primeira experiência iluminadora do homem. Partindo desse ponto, ele passa a escalar a Morada do homem, passo a passo, andar por andar, até chegar à torre mais alta e observar a vista mais ampla.

Em outras palavras, ele é um antropólogo com uma teoria completa do homem, seja ela certa ou errada. Ora, os antropólogos modernos, que chamavam a si próprios de agnósticos, não conseguiram de modo algum ser de fato antropólogos. Com suas limitações, não elaboraram uma teoria completa do homem, e muito menos uma teoria completa da natureza. Começaram por excluir algo que chamaram de o incognoscível.

A incompreensibilidade seria quase compreensível, se pudéssemos de fato compreender o incognoscível no sentido do último. Logo ficou evidente, contudo, que todos os tipos de coisas eram incognoscíveis, sendo exatamente as coisas que um homem precisa conhecer. É necessário saber se ele é responsável ou irresponsável, perfeito ou imperfeito, perfectível ou imperfectível, mortal ou imortal, determinado ou livre, não a fim de compreender Deus, mas a fim de compreender o homem. Nada que deixe essas coisas sob uma nuvem de dúvida religiosa pode ter a pretensão de ser uma Ciência do homem; ela foge da Antropologia tanto quanto da Teologia. Será que o homem tem livre-arbítrio, ou seu senso de escolha é uma ilusão? Será que ele tem uma consciência, ou que sua consciência tem qualquer autoridade, ou será que ela é apenas um preconceito do passado tribal? Será que há alguma esperança real de resolver essas coisas por meio da razão humana? E *isso* por acaso tem alguma autoridade? O homem deve considerar a morte como final e o auxílio milagroso como algo possível? Ora, é um contrassenso dizer que essas questões são incognoscíveis em qualquer sentido remoto, como a distinção entre os querubins e os serafins ou como a Procissão do Espírito Santo. Os escolásticos podem ter ido muito além de nossos limites ao saírem em busca dos querubins e dos serafins. Mas, ao perguntar se o homem pode escolher ou se o homem morrerá, eles faziam perguntas comuns de história natural; como se um gato pode arranhar ou se um cão pode farejar. Nada que se chame de uma Ciência completa do homem pode evitar essas perguntas. E os grandes agnósticos as evitaram. Eles podem ter dito que não tinham nenhuma evidência científica; nesse caso, falharam em produzir até mesmo uma hipótese científica. O que produziram, de um modo geral, foi uma contradição fantasticamente anticientífica. A maioria dos moralistas monistas disse apenas que o homem não tem escolha, mas que deve pensar e agir de modo heroico como se tivesse. Huxley tornou a moralidade, e até mesmo a moralidade vitoriana, no sentido exato, algo sobrenatural. Afirmou que ela tinha direitos arbitrários sobre a natureza, uma espécie de teologia sem teísmo.

Não sei, com certeza, por que São Tomás foi chamado de doutor Angélico: se foi porque tinha um temperamento angélico, ou a intelectualidade de um anjo; ou se houve uma lenda posterior de que ele se concentrava nos anjos – principalmente naqueles reunidos em pontas de agulhas. Se é assim, não entendo muito bem como a ideia surgiu; a história tem muitos exemplos de um hábito irritante de rotular uma pessoa em relação a algo como se ela nunca tivesse feito outra coisa. Quem criou o hábito inane de referir-se ao dr. Johnson como "nosso lexicógrafo", como se ele nunca tivesse feito outra coisa além de escrever um dicionário? Por que a maioria das pessoas insiste em reduzir a grande e ampla mente de Pascal a seu ponto mais estreito, aquele em que ela foi afiada como um espinho pelo rancor dos jansenistas contra os jesuítas? É bem possível, pelo que sei, que esse rótulo de Tomás de Aquino como um especialista fosse uma depreciação obscura dele como universalista. Pois esse é um truque muito comum para a depreciação de homens literários ou científicos. São Tomás deve ter feito um certo número de inimigos, embora quase nunca os tratasse como inimigos. Infelizmente, o bom humor é algo mais irritante do que o mau humor. E ele havia, afinal, causado muitos danos na opinião de muitos homens medievais e, o que é mais curioso, danos para ambos os lados. Fora um revolucionário contra Agostinho e um tradicionalista contra Averróis. Pode parecer para alguns que ele tentou arruinar a beleza antiga da cidade de Deus, que tinha alguma semelhança com a República de Platão. Outros podem ter a impressão de que ele infligiu um golpe contra as forças avançantes e niveladoras do Islã, um golpe tão dramático quanto o de Godofredo tomando Jerusalém de assalto. É possível que esses inimigos, amaldiçoando-o com elogios débeis, estivessem se referindo à sua pequena obra bastante respeitável sobre os anjos, assim como alguém diria que Darwin era confiável quando escrevia sobre insetos de corais ou que alguns dos poemas latinos de Milton eram mesmo muito louváveis. Isso, no entanto, é apenas uma conjetura; e muitas outras conjeturas são possíveis. Estou inclinado a pensar que São Tomás realmente tinha um interesse especial pela natureza dos anjos, pela mesma razão que era ainda mais interessado na natureza dos homens. Isso fazia parte daquele forte interesse pessoal por coisas subordinadas e semidependentes, que percorre todo seu sistema: uma hierarquia de liberdades superiores e inferiores. Ele estava interessado no problema do anjo, assim como no problema do homem, porque era um problema e, principalmente, porque era um problema de uma criatura intermediária. Não pretendo lidar aqui com essa qualidade misteriosa que Tomás concebia como sendo própria daquele inescrutável ser intelectual que é menos do que Deus, mas mais do que o homem. Entretanto, era essa qualidade de elo da corrente, ou de um degrau da escada, que despertava o interesse especial do teólogo, quando desenvolveu sua própria teoria particular dos graus. Essa é sua motivação primeira, quando acha tão fascinante o mistério central do homem. E para ele a questão importante é que o homem não é um balão subindo aos céus nem uma toupeira se enfurnando na terra, mas antes uma coisa como uma árvore, cujas raízes são alimentadas pela terra, enquanto seus ramos mais altos parecem se erguer quase até as estrelas.

Já comentei que o mero pensamento livre moderno deixou tudo envolto em uma neblina, inclusive o próprio pensamento. A afirmação de que o pensamento é livre conduziu primeiro à negação de que a vontade é livre; mas mesmo quanto a essa questão não havia nenhuma determinação real entre os deterministas. Na prática, diziam aos homens que deveriam considerar sua vontade como livre, embora ela não o fosse. Em outras palavras, o homem deve viver uma vida dupla; a própria velha heresia de Siger de Brabant acerca da Mente Dupla. Em outras palavras, o século XIX deixou tudo em um caos, e a importância do tomismo para o século XX é que ele pode nos dar de volta um cosmo. Podemos fornecer aqui apenas um esboço grosseiro de como Tomás de Aquino, de modo semelhante aos agnósticos, partindo dos porões cósmicos, ainda assim escalou as torres cósmicas.

Sem pretender abarcar, dentro de tais limites, a ideia tomista essencial, permito-me expor uma espécie de versão grosseira da questão fundamental, a qual penso conhecer, de modo consciente ou inconsciente, desde minha infância. Quando uma criança olha pela janela do quarto e vê alguma coisa, digamos, o gramado verde do jardim, o que ela conhece de fato? Ou será que conhece alguma coisa? Há vários tipos de jogos infantis de filosofia negativa que abordam essa questão. Um brilhante cientista vitoriano gostava de declarar que a criança não vê nenhuma grama mas apenas uma espécie de neblina verde refletida no pequeno espelho do olho humano. Esse fragmento de racionalismo sempre me pareceu quase insanamente irracional. Se o racionalista não tem certeza da existência da grama, que se vê através do vidro de uma janela, como é que pode ter certeza da existência da retina, observada através da lente de um microscópio? Se a visão engana, por que ela não pode continuar enganando? Outra escola responde que a grama é uma mera impressão verde na mente e que a criança não pode ter certeza de nada a não ser a mente. Tal escola afirma que a criança só pode ter consciência de sua própria consciência, que por acaso é a única coisa da qual sabemos que a criança não tem consciência alguma. Nesse sentido, seria muito mais verdadeiro dizer que existe a grama e nenhuma criança, do que dizer que existe uma criança consciente, mas nenhuma grama. São Tomás de Aquino, intervindo nessa disputa infantil, diz com veemência que a criança é consciente do *Ens*. Muito antes de saber que a grama é grama, ou que o eu é o eu, ela sabe que algo é algo. Talvez fosse melhor afirmar com bastante ênfase (com um golpe na mesa): "*Existe* uma existência". Esse é o máximo de credulidade monástica que São Tomás nos pede de início. Pouquíssimos descrentes nos pedem para crer em tão pouco. E ainda assim, apoiando-se nessa ponta aguda de realidade, Tomás erige, mediante longos processos que nunca foram derrubados com sucesso, todo o sistema cósmico da cristandade.

No entanto, Tomás insiste de modo muito profundo e ao mesmo tempo prático, que assim surge *instantaneamente*, paralela a essa ideia de afirmação, a ideia de contradição. Logo fica evidente, mesmo para a criança, que não pode haver ao mesmo tempo afirmação e contradição. Como quer que você chame a coisa que ela vê, uma lua, uma miragem, uma sensação ou um estado de consciência, quando ela a vê, sabe que não é verdade que ela não a vê. Ou como quer que você chame aquilo que ela supostamente está fazendo – vendo, sonhando ou tendo consciência de uma impressão –, ela sabe que, se o está fazendo, é uma mentira dizer que ela não está. Portanto, aqui já entrou *algo* além até mesmo do primeiro fato do ser; segue-o como sua sombra o primeiro credo ou mandamento fundamental de que uma coisa não pode ser e não ser. Daí em diante, na linguagem comum ou popular, há o falso e o verdadeiro. Digo na linguagem popular, porque em nenhum outro ponto Tomás é tão sutil como na questão de que o ser não é estritamente o mesmo que a verdade; ver a verdade deve significar a avaliação do ser por alguma mente capaz de avaliá-lo. Em um sentido geral, porém, a divisão e o dilema que trazem ao mundo a espécie final de guerra, o perene duelo entre o Sim e o Não, adentraram aquele mundo primal de pura concretitude. Esse é o dilema do qual muitos céticos tentam fugir, obscurecendo o universo e dissolvendo a própria mente. Esses céticos são aqueles que sustentam a existência de algo que é ao mesmo tempo Sim e Não. Não sei se o pronunciam "*S/ão*".

O próximo passo, após essa aceitação da concretitude ou da certeza, ou como quer que a chamemos na linguagem popular, é muito mais difícil de explicar nessa linguagem. Entretanto, esse passo representa exatamente o ponto em que quase todos os outros sistemas cometem um erro e, ao darem o terceiro passo, abandonam o primeiro. Tomás de Aquino afirmou que nosso primeiro sentido de um fato é um fato; e não voltaria atrás nessa afirmação. Mas quando olhamos para o fato, ou fatos, do modo como os conhecemos, observamos que eles têm um caráter bastante fantástico, deixando muitos homens modernos estranha e freneticamente céticos em relação a eles. Por exemplo, os fatos se encontram em amplo estado de mudança, deixando de ser uma coisa e tornando-se outra, ou suas qualidades são relativas a outras coisas, ou parecem se mover de modo incessante, ou parecem simplesmente desaparecer. Digo que, nesse ponto, muitos sábios perdem contato com o primeiro princípio da realidade, que admitiriam de início, e voltam atrás dizendo que não existe nada exceto a mudança, ou nada exceto a comparação, ou nada exceto o fluxo, ou, com efeito, que não existe absolutamente nada. Tomás de Aquino inverte todo o argumento, mantendo-se alinhado com sua primeira percepção da realidade. Não há dúvida quanto ao ser do ser, mesmo que ele às vezes pareça um tornar-se; isso ocorre porque o que vemos não é a totalidade do ser, ou (para usarmos uma espécie de gíria coloquial) nós nunca vemos o ser sendo tudo que ele pode. O gelo derrete e vira água fria e a água fria é aquecida e vira água quente; ela não pode ser todos os três ao mesmo tempo. Mas isso não torna a água irreal, ou mesmo relativa, significa apenas que seu ser é limitado a ser uma coisa de cada vez. No entanto, a totalidade do ser é tudo que ele pode ser; e sem essa totalidade não podemos explicar as formas menores ou aproximadas do ser como coisa alguma, a menos que as expliquemos como nada.

Na melhor das hipóteses, esse grosseiro resumo só será histórico em vez de filosófico. É impossível comprimir nele as provas metafísicas de tal ideia, principalmente na linguagem metafísica medieval. Mas essa distinção na Filosofia é tão tremenda quanto um ponto de transição na História. A maioria dos pensadores, ao perceber a aparente mutabilidade do ser, realmente esquece sua própria percepção do ser, e acredita apenas na mutabilidade. Eles não podem nem mesmo dizer que uma coisa se transforma em outra coisa; para eles, não há nesse processo nenhum instante no qual aquilo é de fato uma coisa. Há apenas mudança. Seria mais lógico chamá-la de "nada transformando-se em nada" do que dizer (com base nesses princípios) que alguma vez houve ou haverá um momento em que a coisa seja ela própria. São Tomás sustenta que a coisa ordinária, em qualquer momento, é alguma coisa, mas não é tudo que poderia ser. Há uma plenitude do ser, na qual ela poderia ser tudo que pode ser. Assim, enquanto a maioria dos sábios não chega a ponto algum senão à pura mudança, Tomás chega à coisa última que é imutável, porque ela é todas as outras coisas de uma vez. Enquanto eles descrevem uma mudança que consiste em uma mudança em nada, ele descreve uma ausência de mudança que inclui as mudanças de tudo. As coisas mudam porque não são completas; mas a realidade delas só pode ser explicada como parte de algo que é completo. Esse algo é Deus.

Historicamente, pelo menos, foi em torno dessa curva acentuada e torta que todos os sofistas seguiram uns aos outros, enquanto o grande escolástico subiu a estrada principal da experiência e da expansão, para observar e construir cidades. Todos eles falharam nesse estágio inicial porque, nas palavras do jogo antigo, subtraíram o número em que pensaram primeiro. O reconhecimento de algo, isto é, de uma coisa ou coisas, é o primeiro ato do intelecto. Mas, uma vez que o exame de uma coisa mostrou que ela não é uma coisa fixa ou final, eles inferiram que não existe nada fixo ou final. Assim, em vários sentidos, todos começaram a ver uma coisa como algo mais tênue do que uma coisa: uma onda, uma fraqueza, uma instabilidade abstrata. São Tomás, para usarmos a mesma imagem grosseira, via uma coisa que era mais densa do que uma coisa, que era ainda mais sólida do que os fatos sólidos, porém secundários, que ele começara por admitir como fatos. Uma vez que sabemos que eles são reais, qualquer elemento elusivo ou desnorteador presente em sua realidade não pode ser uma irrealidade, e deve ser apenas sua relação para com a realidade real. Uma centena de filosofias humanas espalhadas pela Terra, desde o nominalismo até o Nirvana e Maya, da evolução informe até o quietismo irracional, todas provêm dessa primeira quebra na cadeia tomista; a noção de que como aquilo que vemos não nos satisfaz nem explica a si mesmo não é, portanto, sequer aquilo que vemos. Esse cosmo é uma contradição de termos e estrangula a si próprio; mas o tomismo se liberta. O defeito que vemos, naquilo que é, é simplesmente que aquilo não é tudo que é. Deus é mais concreto até mesmo que o homem, mais concreto que a matéria; pois Deus, com todos os Seus poderes, encontra-se em ação imortal a cada instante.

Uma comédia cósmica de tipo bastante curioso ocorreu recentemente, envolvendo as visões de homens muito brilhantes, como o sr. Bernard Shaw e o deão da Catedral de São Paulo. Para sermos breves, livres-pensadores de muitos tipos costumavam dizer que não tinham nenhuma necessidade de uma criação, porque o cosmo sempre existira e sempre existiria. O sr. Bernard Shaw disse que se tornara ateu porque o universo se criara a si mesmo desde o início, ou sem um início; o deão Inge posteriormente se mostrou consternado com a própria ideia de que o universo poderia ter um fim. A maioria dos cristãos modernos, pautando-se pela tradição em assuntos nos quais os cristãos medievais podiam pautar-se pela lógica ou pela razão, tinha uma leve sensação de que se privar do Dia do Juízo era uma ideia terrível. A maioria dos agnósticos modernos (que adoram ter suas ideias chamadas de terríveis) bradaram ainda mais alto, concordando sobre um ponto: que o universo autocriador, autoexistente e verdadeiramente científico nunca precisou ter um início e não poderia ter um fim. Nesse mesmo instante, de modo bastante súbito, como o vigia em um navio que grita um alerta anunciando um rochedo, o *verdadeiro* homem de ciência, o especialista que examinava os fatos, anunciou em alta voz que o universo *estava* chegando a um fim. Ele não ouviu, claro, a conversa dos amadores, estivera de fato examinando a textura da matéria, e disse que ela se desintegrava: o mundo parecia se esvair em uma explosão gradual chamada energia; a coisa toda logo teria um fim como, sem dúvida, tivera um início. Tal constatação era chocante; não para os ortodoxos, mas especialmente para os não ortodoxos, que se chocam muito mais facilmente. O deão Inge, que admoestara os ortodoxos durante anos acerca de seu severo dever de aceitar todas as descobertas científicas, lastimou em voz alta essa descoberta científica pouquíssimo diplomática, e quase implorou aos descobridores científicos que fossem embora e descobrissem algo diferente. Parece quase incrível, mas é fato que ele perguntou o que Deus teria para diverti-lo se o universo acabasse. Isso demonstra o quanto a mente moderna necessita de Tomás de Aquino. Mas mesmo sem Tomás, mal posso conceber qualquer homem educado, e muito menos um homem tão instruído, que acredite em Deus sem presumir que Deus contém em Si todas as perfeições, incluindo a alegria eterna, e não precisa do sistema solar para entretê-lo como um circo.

Abandonar esses pressupostos, preconceitos e desapontamentos particulares, e adentrar o mundo de São Tomás, é como escapar da cegueira em um quarto escuro e passar para a ampla luz do dia. São Tomás diz, de modo bastante simples, que ele próprio acredita que este mundo tem início e fim, pois tal parece ser o ensinamento da Igreja, de cuja mensagem mística para a humanidade ele defende a validade em outros lugares, com dezenas de argumentos muito diferentes. De qualquer modo, a Igreja dizia que o mundo iria terminar, e parecia estar certa; supondo sempre (como costumamos supor) que os homens de ciência mais recentes estejam certos. Mas Tomás de Aquino diz que não vê nenhuma razão específica, na própria razão, pela qual este mundo não deva ser um mundo sem um fim, ou mesmo sem um início. Ele tem certeza de que, mesmo se o mundo não tivesse fim nem início, permaneceria a mesma necessidade lógica de um Criador. Qualquer um que não enxergue isso, insinua Tomás com sutileza, não compreende de fato qual o significado de um Criador.

Pois o significado dado por São Tomás não é uma imagem medieval de um antigo rei, mas sim o segundo passo no grande argumento sobre o *Ens* ou ser, o segundo ponto tão difícil de ser devidamente expresso na linguagem popular. Foi por isso que o introduzi aqui na forma específica do argumento segundo o qual deve haver um Criador mesmo que não haja nenhum Dia da Criação. Olhando para o ser como ele é agora, como o bebê olha para a grama, vemos uma segunda coisa a respeito do ser; em uma linguagem bastante popular, ele *parece* secundário e dependente. A existência existe, mas não é suficientemente autoexistente, e nunca se tornaria só por continuar a existir. O mesmo senso primário que nos diz que aquilo é o ser nos diz que ele não é o ser perfeito; não imperfeito apenas no sentido popular e controverso de conter pecado ou tristeza, mas imperfeito como ser, menos concreto do que a concretitutde que ele implica. Por exemplo, o ser geralmente é apenas tornar-se – começar a ser ou deixar de ser – ele implica uma coisa mais constante ou completa, da qual em si mesmo ele não dá nenhum exemplo. Esse é o significado daquela frase medieval básica: "Tudo que se move é movido por algo"; a qual, na clara sutileza de São Tomás, significa muito mais do que a mera frase deísta: "Alguém deu corda no relógio", com a qual ela se confunde. Qualquer um que reflita a fundo a questão verá que o movimento traz em si uma incompletude essencial, que se aproxima de algo mais completo.

O argumento real é bastante técnico, e diz respeito ao fato de que a potencialidade não se explica a si mesma; ademais, de qualquer modo, o desdobrar deve partir de algo que está dobrado. Basta dizer que os meros evolucionistas modernos, que ignoram o argumento, não o fazem por terem descoberto nele uma falha, pois eles nunca descobriram o próprio argumento. Eles o fazem porque são muito superficiais para enxergar a falha em seu próprio argumento, pois a fraqueza de sua tese é eclipsada pela fraseologia que está na moda, assim como a força da tese antiga é ocultada pela fraseologia fora de moda. Mas para aqueles que de fato pensam, há sempre algo impensável acerca de todo o cosmo evolutivo, do modo como eles o concebem, porque é algo que provém do nada, um fluxo de água que sempre aumenta, vertendo de um jarro vazio. Aqueles que simplesmente aceitam isso, sem ao menos enxergar a dificuldade, não devem ir tão fundo quanto Tomás de Aquino nem enxergar a solução de sua dificuldade. Em uma palavra, o mundo não se explica a si próprio e não pode fazê-lo apenas por continuar a se expandir. De qualquer forma, é absurdo o evolucionista reclamar que é impensável que um Deus decididamente impensável crie tudo a partir do nada e depois finja que é *mais* pensável que o nada se transforme em tudo.

Vimos que a maioria dos filósofos simplesmente deixa de filosofar acerca das coisas porque elas mudam, também não filosofam sobre as coisas porque elas diferem. Não temos espaço para seguir São Tomás ao longo de todas essas heresias negativas, mas uma palavra deve ser dita a respeito do nominalismo, ou a dúvida baseada nas coisas que diferem. Todo mundo sabe que o nominalista declarava que as coisas diferem demais para serem realmente classificadas, de modo que são apenas rotuladas. Tomás de Aquino era um realista firme, porém moderado e, portanto, sustentava que existem mesmo qualidades gerais, como, por exemplo, o fato de os seres humanos serem humanos e outros paradoxos. Ser um realista extremo o teria aproximado de ser um platônico. Ele reconhecia que a individualidade é real, mas dizia que ela coexiste com um caráter comum que torna possíveis algumas generalizações; de fato, como na maioria das coisas, Tomás dizia exatamente aquilo que diria todo o senso comum, se nenhum herege inteligente jamais o tivesse perturbado. Não obstante, eles ainda continuam a perturbá-lo. Lembro quando o sr. H. G. Wells teve um alarmante acesso de filosofia nominalista e produziu livros e livros argumentando que tudo é único e atípico; como, por exemplo, que um homem é tão individual que não é sequer um homem. É um fato curioso e quase cômico que essa negação caótica atraia de um modo especial aqueles que estão sempre reclamando do caos social e que propõem substituí-lo pelas regulamentações sociais mais abrangentes. Os mesmos homens que dizem que nada pode ser classificado são os que afirmam que tudo deve ser codificado. Assim, o sr. Bernard Shaw disse que a única regra de ouro é que não há nenhuma regra de ouro. Ele prefere uma regra de ferro, como na Rússia.

Essa é, contudo, apenas uma pequena incoerência em alguns modernos enquanto indivíduos. Há uma incoerência muito mais profunda neles enquanto teóricos, em relação à teoria geral chamada de Evolução Criativa. Parece que eles se imaginam capazes de evitar a dúvida metafísica acerca da mera mudança quando pressupõem (não é muito claro por quê) que a mudança sempre será para melhor. Mas a dificuldade matemática de encontrar um ângulo em uma curva não é alterada quando se vira o gráfico de cabeça para baixo, dizendo que uma curva descendente é agora uma curva ascendente. A questão é que não há nenhum ponto na curva, nenhum lugar em que tenhamos um direito lógico de dizer que a curva alcançou seu clímax, ou revelou sua origem, ou chegou ao fim. Não importa que eles se alegrem com isso e digam: "Basta que sempre haja um além", em vez de lamentar, como os poetas mais realistas do passado, sobre a tragédia da mera mutabilidade. Mas não basta que haja sempre um além, porque pode estar além do que podemos suportar. De fato, a única defesa dessa visão é que o puro tédio é uma agonia tamanha, que qualquer movimento é um alívio. Mas a verdade é que eles nunca leram São Tomás; do contrário, descobririam, com grande espanto, que concordam com ele. O que eles realmente querem dizer é que a mudança não é mera mudança, mas é o desdobramento de algo; e se esse algo se desdobra, ainda que leve 12 milhões de anos, já existe. Em outras palavras, eles concordam com Tomás que há em todos os lugares potencialidades que ainda não atingiram seu fim em ato. Mas se aquelas são potencialidades definidas e se só podem terminar em atos definidos, há então um Grande Ser no qual todas as potencialidades já existem como um plano de ação. Em outras palavras, é impossível até mesmo dizer que a mudança é para melhor, a menos que o melhor exista em algum lugar, tanto antes quanto depois da mudança. De outro modo, ela não passaria mesmo de uma mera mudança, como os céticos mais absolutos ou os pessimistas mais sombrios a veriam. Suponha dois caminhos inteiramente novos abertos diante do progresso da Evolução Criativa. Como o evolucionista pode saber qual é o melhor, a menos que aceite, desde o passado e desde o presente, algum padrão do melhor? Segundo sua teoria superficial, tudo pode mudar, tudo pode melhorar, até mesmo a natureza da melhoria. Mas com seu senso comum abafado, eles não pensam realmente que um ideal de gentileza possa se transformar em um ideal de crueldade. É típico que utilizem às vezes, de modo bastante tímido, a palavra propósito, mas se ruborizem à própria menção da palavra pessoa.

São Tomás é o próprio inverso do antropomórfico, apesar de sua perspicácia como antropólogo. Alguns teólogos afirmariam, aliás, que ele é agnóstico demais e apresenta a natureza de Deus como uma abstração intelectual excessiva. Mas não precisamos sequer de São Tomás; de nada precisamos exceto nosso próprio senso comum, para nos dizer que, se houve desde o início alguma coisa que possa ser chamada de Propósito, ela deve residir em algo que tem os elementos essenciais de uma pessoa. Não pode haver uma intenção pairando no ar por si mesma, não mais do que uma memória da qual ninguém se lembra ou uma piada que ninguém fez. A única chance daqueles que apoiam tais sugestões é refugiar-se na pura e insondável irracionalidade; e, mesmo assim, é impossível provar que qualquer um tenha direito de ser irracional, se São Tomás não tem nenhum direito de ser razoável.

Em um esboço que visa apenas a mais crua simplificação, essa não me parece a verdade mais simples a respeito de São Tomás, o filósofo. Ele é uma pessoa, por assim dizer, fiel ao seu primeiro amor, e foi um amor à primeira vista. Digo que ele reconheceu de imediato uma qualidade real nas coisas, e depois resistiu a todas as dúvidas desintegradoras derivadas da natureza dessas coisas. É por isso que enfatizo, mesmo nas primeiras páginas, o fato de que há uma espécie de humildade e fidelidade puramente cristãs subjacentes a seu realismo filosófico. São Tomás poderia dizer com a mesma veracidade, ao ter visto um pau ou uma pedra, o que São Paulo disse quando viu a manifestação dos segredos dos céus: "Não fui desobediente à visão celeste". Pois, embora o pau ou a pedra sejam visões terrenas, é por meio deles que São Tomás encontra seu caminho para o céu; e é obediente à visão, não volta atrás em relação a ela. Quase todos os sábios que guiaram ou desencaminharam a humanidade voltaram atrás em relação a essa visão, por uma ou outra desculpa. Eles dissolvem o pau ou a pedra em soluções químicas de ceticismo, seja em meio ao mero tempo e à mera mudança, nas dificuldades de classificação de unidades únicas ou ainda na dificuldade de reconhecerem a variedade enquanto admitem a unidade. O primeiro desses três itens é chamado de debate sobre o fluxo ou transição sem forma; o segundo é o debate sobre o nominalismo e o realismo, ou sobre a existência de ideias gerais; o terceiro é o antigo problema metafísico do uno e do múltiplo. Mas todos podem ser reduzidos, conforme uma imagem rudimentar, a esse mesmo enunciado acerca de São Tomás. Ele ainda é fiel à primeira verdade e recusa a primeira traição. Não negará o que viu, embora aquela seja uma realidade secundária e diversa. Não subtrairá os números em que pensou primeiro, embora talvez haja um grande número deles.

Ele viu a grama; não dirá que não a viu, por ela existir hoje e amanhã ser lançada ao forno. Essa é a substância de todo ceticismo em torno da mudança, da transição, do transformismo e todo o resto. Ele não dirá que não existe a grama, mas apenas o crescimento. Se a grama cresce e murcha, isso só pode significar que ela é parte de uma coisa maior, que é ainda mais real, não que é menos real do que parece. São Tomás tem um direito realmente lógico de dizer, nas palavras do místico moderno A. E.: "Por meio da grama, começo novamente a me ligar ao Senhor".

Ele viu grama e grãos; não dirá que eles não diferem, por haver algo comum à grama e ao grão. Tampouco dirá que não há nada comum à grama e ao grão, por eles de fato diferirem. Não dirá, como os nominalistas extremos, que, só porque os grãos podem ser diferenciados em todas as espécies de frutificações ou a grama amassada na lama com qualquer tipo de mato, não pode haver nenhuma *classificação* para distinguir o mato do limo ou para traçar uma fina distinção entre o pasto e o gado. Não dirá, como os platônicos extremos, por outro lado, que viu o fruto perfeito em sua própria cabeça ao fechar os olhos, *antes* de ver qualquer diferença entre grãos e grama. Ele viu uma coisa e depois outra, e por fim uma qualidade comum, mas não alega que viu a qualidade antes da coisa.

Ele viu a grama e o cascalho, isto é, viu coisas muito diferentes, coisas que não são classificadas juntas como grama e grão. O primeiro lampejo do fato nos mostra um mundo de coisas realmente estranhas; não apenas estranhas para nós, mas umas em relação às outras. As coisas separadas não precisam ter nada em comum exceto o ser. Tudo é ser; mas não é verdade que tudo é unidade. É nesse ponto, como já afirmei, que São Tomás se afasta de maneira definitiva, e alguns diriam desafiadora, do panteísta e do monista. Todas as coisas existem; mas entre as coisas que existem há uma chamada diferença, tanto quanto outra chamada semelhança. E aqui, novamente, começamos a nos ligar ao Senhor, não apenas pela universalidade da grama, mas pela incompatibilidade da grama e do cascalho. Pois este mundo de seres diferentes e variados é especialmente o mundo do Criador cristão – o mundo das coisas criadas, como coisas feitas por um artista – em comparação com o mundo que é uma única coisa, como uma espécie de véu trêmulo e oscilante de mudança enganosa, que é a concepção de tantas religiões antigas da Ásia e das sofismarias modernas da Alemanha. Diante destas, São Tomás ainda se ergue teimoso, com a mesma fidelidade objetiva e obstinada. Ele viu a grama e o cascalho, e não foi desobediente à visão celeste.

Em suma: a realidade das coisas, a mutabilidade das coisas, a diversidade das coisas, e tudo o mais que pode ser atribuído às coisas, são verificadas cuidadosamente pelo filósofo medieval, sem perder o contato com o ponto original da realidade. Não há espaço neste livro para especificar os mil passos do pensamento pelos quais ele mostra que está certo. A questão importante, porém, é que, independentemente de estar certo, ele é real. Ele é um realista em um sentido próprio bastante curioso, que consiste em uma terceira coisa, distinta dos sentidos medieval e moderno quase contrários da palavra. Mesmo as dúvidas e dificuldades acerca da realidade levaram-no a acreditar em mais realidade do que menos. A qualidade *enganosa* das coisas, que teve um efeito tão triste sobre tantos sábios, tem um efeito quase contrário sobre este sábio. Se as coisas nos enganam, é por serem mais reais do que parecem. Como fins em si mesmas, elas quase sempre nos enganam; mas como coisas tendendo a um fim maior, são ainda mais reais do que pensamos. Se elas parecem ter uma irrealidade relativa (por assim dizer), é porque são potenciais e não concretas, são irrealizadas, como pacotes de sementes ou caixas de fogos de artifício. Elas têm em si a possibilidade de ser mais reais do que são. E há um mundo superior, que o escolástico chamou de fruição ou realização, no qual toda essa relatividade relativa se torna concretitude, no qual as árvores irrompem em flores ou os foguetes irrompem em chamas.

Deixo aqui o leitor, no degrau mais baixo daquelas escadarias de lógica com as quais São Tomás sitiou e escalou a Morada do homem. Basta dizer que, com argumentos honestos e laboriosos, ele escalou as torres e falou com os anjos nos telhados de ouro. Essa é, em um esboço muito grosseiro, sua filosofia; é impossível, em tal esboço, descrever sua teologia. Qualquer um que escreva um livro tão pequeno sobre um homem tão grande deve deixar algo de fora. Aqueles que o conhecem melhor compreenderão por que, após considerável reflexão, deixei de fora a única coisa importante.

VIII

Depois de São Tomás

Dizem que, diferentemente de São Francisco, São Tomás não permitia em sua obra o elemento indescritível da poesia: há nela pouca referência, por exemplo, a quaisquer dos prazeres presentes nas flores e nos frutos reais das coisas naturais, apesar de uma certa preocupação com as raízes subterrâneas da natureza. Contudo, confesso que, ao ler sua filosofia, tenho uma impressão peculiar e poderosa que é análoga à poesia. De modo bastante curioso, ela é, em certos sentidos, mais parecida com a pintura, e me lembra bastante o efeito produzido pelos *melhores* dentre os pintores modernos, quando lançam uma luz estranha e quase rudimentar sobre objetos duros e retangulares ou quando parecem estar tateando em busca dos próprios pilares do subconsciente, em vez de apreendê-los. Isso provavelmente ocorre porque há na obra de Tomás uma qualidade que é primitiva, no melhor sentido de uma palavra muito mal-utilizada; mas, de qualquer modo, o prazer é definitivamente não apenas da razão, mas também da imaginação.

Talvez essa impressão esteja ligada ao fato de que os pintores lidam com coisas sem palavras. Um artista desenha com muita seriedade as grandes curvas de um porco, pois não está pensando na palavra *porco*. Nenhum pensador pensa tão inegavelmente nas coisas sem ser enganado pela influência indireta das palavras quanto São Tomás de Aquino. É verdade que, nesse sentido, ele não tem a vantagem das palavras, assim como não tem a desvantagem delas. Nisso ele é muitíssimo diferente, por exemplo, de Santo Agostinho, que era, entre outras coisas, uma pessoa espirituosa. Ele era também uma espécie de poeta em prosa, com um poder sobre as palavras em seu aspecto atmosférico e emocional, de modo que seus livros são cheios de belas passagens que emergem na memória como trechos de música: o *illi in vos saeviant*,[13] ou o ines-

13. Isto pode ser traduzido como "Que eles se enfureçam contra vós".

quecível brado "Tarde eu vos amei, ó Beleza Antiga!". É verdade que quase nada disso encontramos em São Tomás; mas, se era desprovido dos usos superiores da mera magia das palavras, ele também era livre daquele abuso dessa magia por parte de meros sentimentalistas ou artistas autocentrados, tornando-a meramente mórbida e, de fato, uma magia negra. É, com certeza, por meio de tal comparação com o intelectual puramente introspectivo que podemos encontrar uma sugestão sobre a natureza real da coisa que descrevo, ou antes falho ao descrever; refiro-me à poesia elemental e primitiva que brilha por meio de seus pensamentos e, de um modo especial, a partir da reflexão com a qual todo seu pensamento começa. Trata-se da intensa retidão de seu senso da relação entre a mente e a coisa real fora da mente.

A *estranheza* das coisas, que é a luz em toda poesia, e de fato em toda arte, está ligada à alteridade das coisas, ou ao que é chamado de sua objetividade. O que é subjetivo deve ser algo batido; mas justamente o que é objetivo é estranho de uma maneira imaginativa. Nisso, o grande contemplativo é o completo oposto daquele falso contemplativo, o místico que olha apenas para o interior de sua própria alma, o artista egoísta que foge do mundo e vive apenas em sua mente. De acordo com São Tomás, a mente age em liberdade, por si mesma; mas sua liberdade consiste em encontrar um caminho para o exterior, rumo à liberdade e à luz do dia, rumo à realidade e à terra dos vivos. No subjetivista, a pressão do mundo força a imaginação para o interior. No tomista, a energia da mente força a imaginação para o exterior, mas porque as imagens que ela busca são coisas reais. Todo o romance e o *glamour* dessas imagens, por assim dizer, jazem no fato de que elas são coisas reais; coisas que *não* são encontradas quando se olha para o interior da mente. A flor é uma visão, porque ela não é apenas uma visão. Ou, se quiserem, ela é uma visão, porque não é um sonho. Essa é, para o poeta, a estranheza das pedras, das árvores e das coisas sólidas; são estranhas porque são sólidas. Estou explicando-a primeiro à maneira poética, e de fato ela necessita de muito mais sutileza técnica para ser explicada à maneira filosófica. De acordo com Tomás, o objeto se torna parte da mente, ou melhor, a mente se torna o objeto. Mas, como certo comentador observa com perspicácia, ela apenas se torna o objeto, não cria o objeto. Em outras palavras, o objeto *é* um objeto; ele pode existir e existe fora da mente, ou na ausência da mente. E, *portanto*, ele amplia a mente da qual se torna parte. A mente conquista uma nova província, como um imperador, mas apenas porque respondeu ao sino como uma serva. A mente abriu as portas e janelas, porque a atividade natural daquilo que está dentro da casa é descobrir aquilo que está fora dela. Se a mente é suficiente para si mesma, é insuficiente por si mesma. Pois esse se alimentar de fatos *é* ela própria; como um órgão, ela tem um objeto que é objetivo, essa devoração da estranha carne forte da realidade.

Notemos como essa visão evita ambas as armadilhas, os abismos alternativos da impotência. A mente não é apenas receptiva, no sentido de que absorve sensações como um mata-borrão; nessa espécie de maciez se baseou todo aquele materialismo covarde que concebe o homem como inteiramente servil a seu ambiente. Por outro lado, a mente não é só criativa, no sentido de pintar imagens nas janelas e depois confundi-las com uma paisagem do lado de fora. Mas a mente é ativa, e sua atividade consiste em seguir, na medida em que a vontade escolhe seguir, a luz lá fora que brilha sobre paisagens reais. Isso é o que dá uma qualidade viril e até mesmo aventurosa a essa visão da vida, quando comparada com aquela que sustenta que as inferências materiais se despejam sobre uma mente desamparada ou como aquela que sustenta que as influências psicológicas se extravasam e criam uma fantasmagoria sem o menor fundamento. Em outras palavras, a essência do senso comum tomista é que duas agências estão em ação: a realidade e o reconhecimento da realidade, e o encontro entre elas é uma espécie de casamento. De fato, trata-se mesmo de um casamento, porque é frutífero; é a única filosofia no mundo atual realmente frutífera. Ela produz resultados práticos, precisamente porque é uma combinação de uma mente aventurosa com um fato estranho.

M. Maritain usou uma metáfora admirável em seu livro *Theonas*, quando disse que o fato externo *fertiliza* a inteligência interna, como a abelha fertiliza a flor. De qualquer modo, todo o sistema de São Tomás é baseado nesse casamento, ou como quer que seja chamado; Deus fez o homem de modo que ele fosse capaz de entrar em contato com a realidade, e aqueles que Deus uniu nenhum homem pode separar.

Agora, é importante observar que essa é a única filosofia que funciona. Em relação a quase todas as outras filosofias, todos os seus seguidores agem apesar delas ou não agem de modo algum. Nenhum cético age ceticamente, nenhum fatalista age de modo fatalista; todos, sem exceção, agem com base no princípio de que é possível assumir aquilo em que não é possível acreditar. Nenhum materialista que pensa que sua mente foi construída para ele a partir de barro, sangue e hereditariedade tem a menor hesitação em se decidir. Nenhum cético que acredita que a verdade é subjetiva hesita em tratá-la como objetiva.

Assim, a obra de São Tomás tem uma qualidade construtiva ausente de quase todos os sistemas cósmicos posteriores a ele. Pois ele já está construindo uma casa, enquanto os especuladores mais recentes ainda estão no estágio de testar os degraus de uma escada de mão, de demonstrar a maciez inevitável dos tijolos não cozidos, de analisar quimicamente a solução do nível de bolha e debatendo se podem mesmo produzir as ferramentas que produzirão a casa. Tomás de Aquino está éons intelectuais à frente deles, muito além do senso comum cronológico de se afirmar que um homem está à frente de sua época. Tomás está eras à frente de nossa era, pois lançou uma ponte sobre o abismo da primeira dúvida, encontrou a realidade além e começou a construir com base nela. A maioria das filosofias modernas não é filosofia, mas dúvida filosófica, isto é, dúvida quanto a existir ou não qualquer filosofia. Se aceitarmos o ato ou o argumento fundamental de São Tomás acerca da aceitação da realidade, as deduções ulteriores a partir dela serão igualmente reais; serão coisas e não palavras. Diferentemente de Kant e da maioria dos hegelianos, ele tem uma fé que transcende a dúvida acerca da dúvida. Não é apenas o que se costuma chamar de uma fé sobre a fé; ela é uma fé sobre o fato. A partir desse ponto, Tomás pode seguir adiante, deduzir, desenvolver e decidir, como um homem que planeja uma cidade e senta-se em um tribunal. Mas nunca, desde aquela época, nenhum homem eminente pensante julgou que houvesse alguma evidência real para qualquer coisa, nem mesmo a evidência de seus sentidos, que fosse forte o suficiente para suportar o peso de uma dedução definida.

De tudo isso, podemos facilmente inferir que esse filósofo não se limita a abordar coisas sociais, ou mesmo levá-las consigo em sua jornada rumo às coisas espirituais, embora essa seja sempre sua direção. Ele se apossa delas, não apenas as apreende, mas as domina. Como provam todas as suas controvérsias, ele foi talvez um exemplo perfeito da mão de ferro em uma luva de veludo. Foi um homem que sempre voltou sua atenção total a qualquer coisa; e pareceu fixar-se até mesmo nas coisas passageiras. Pare ele, até mesmo o momentâneo era importante. O leitor sente que qualquer pequeno aspecto de hábito econômico ou ventura humana é por um momento quase abrasado sob os raios convergentes de uma lente de aumento. É impossível transmitir nestas páginas um milésimo das decisões acerca de detalhes da vida que podem ser encontradas em sua obra; seria como reimprimir os relatórios jurídicos de um incrível século de juízes justos e magistrados sensatos. Podemos apenas tocar superficialmente um ou dois temas óbvios desse tipo.

Senti a necessidade de usar palavras atmosféricas modernas para certas coisas atmosféricas antigas, como na afirmação de que São Tomás foi o que a maioria dos homens modernos entende vagamente como um otimista. Da mesma maneira, ele foi em grande medida o que eles entendem como um liberal. Não quero dizer com isso que qualquer uma de suas mil sugestões políticas se adequariam a qualquer credo político definido desse tipo, se é que existem hoje quaisquer credos políticos definidos. Entendo, no mesmo sentido, que ele possui uma espécie de aura de crença na amplitude, no equilíbrio e no debate. Pode não ser um liberal, segundo as exigências extremas dos modernos, pois parecemos sempre nos referir aos modernos como homens do século passado em vez de homens deste século. Ele foi em grande medida um liberal, em comparação com os mais modernos de todos os modernos, pois quase todos eles estão se tornando fascistas ou hitleristas. É óbvio, entretanto, que ele preferia aquela espécie de decisão alcançada por deliberação em vez da ação despótica; e embora, como todos os seus contemporâneos e correligionários, ele não tivesse dúvida de que a verdadeira autoridade pode ser investida de um poder autorizado, era avesso a toda tendência de torná-la arbitrária. Ele é muito menos imperialista do que Dante, e mesmo seu papismo não é muito imperial. Ele gosta muito de frases como "uma multidão de homens livres" para referir-se ao material essencial de uma cidade e é enfático quanto ao fato de que a lei, quando deixa de ser justiça, deixa até mesmo de ser lei.

Se esta obra fosse voltada para a controvérsia, capítulos inteiros poderiam ser dedicados à economia, bem como à ética do sistema tomista. Seria fácil mostrar que, acerca desse assunto, ele foi um profeta bem como um filósofo. Previu desde o início o perigo daquela mera confiança no comércio e na troca, que começava a existir em sua época e culminou em um colapso comercial generalizado em nossos dias. Ele não se limitou a afirmar que a usura é antinatural, embora, ao dizer isso, seguisse Aristóteles e o óbvio senso comum, que nunca foi contradito por ninguém até a época dos comercialistas, que nos envolveram no colapso. O mundo moderno começou com Bentham escrevendo a Defesa da Usura e terminou depois de cem anos, com até mesmo a opinião jornalística vulgar achando as finanças indefensáveis. Mas São Tomás foi muito mais fundo. Mencionou até mesmo a verdade, ignorada durante a longa idolatria ao comércio, de que as coisas que os homens produzem apenas para vender provavelmente terão uma qualidade pior do que as coisas que eles produzem para consumir. Parte de nossa dificuldade com as finas nuanças do latim se manifesta em seu enunciado de que sempre há uma certa *inhonestas* relacionada ao comércio. Pois *inhonestas* não significa exatamente desonestidade. Significa "algo sem valor", ou talvez, de modo menos impreciso, "algo não muito generoso". E ele estava certo, pois o comércio, no sentido moderno, significa a venda de algo por um pouco mais do que seu valor; e os economistas do século XIX também não o teriam negado. Teriam dito apenas que ele não era prático, o que parecia correto, enquanto tal visão os conduziu à prosperidade prática. As coisas são um pouco diferentes agora, uma vez que tudo culminou na falência generalizada.

Aqui, no entanto, colidimos com um gigantesco paradoxo da história. A filosofia e a teologia tomistas, comparadas de modo bastante justo com outras filosofias, como a budista e a monista, e com outras teologias, como a calvinista e a da Ciência Cristã, formam um sistema funcional muito óbvio e até mesmo competitivo, pleno de senso comum e de confiança construtiva e, portanto, repleto de esperança e promessa. Essa esperança não é vã, tampouco essa promessa deixa de ser cumprida. Neste momento moderno não muito esperançoso, não há homens mais esperançosos do que aqueles que veem São Tomás como um líder em uma centena de questões prementes de habilidade, posse e ética econômica. Há, sem dúvida, um tomismo esperançoso e criativo em nossos dias atuais. Mas não ficamos menos perplexos com fato de que isso não ocorreu imediatamente após a época de São Tomás. É verdade que houve uma grande marcha de progresso no século XIII e, em algumas coisas, tal como a situação do camponês, as condições estavam muito melhores no fim da Idade Média. Mas ninguém pode honestamente dizer que o escolasticismo melhorara muito ao final do mesmo período. Ninguém pode afirmar em que medida o espírito popular dos frades auxiliou os movimentos populares medievais posteriores ou em que medida esse grande frade, com suas regras luminosas de justiça e sua perpétua simpatia pelos pobres, pode ter contribuído de maneira indireta para a melhoria que de fato ocorreu. Mas aqueles que seguiram seu método, em contraste com seu espírito moral, degeneraram com uma estranha rapidez; e com certeza não foi na escolástica que a melhoria aconteceu. Sobre alguns dos escolásticos, só podemos dizer que pegaram tudo que era ruim no escolasticismo e o tornaram pior. Continuaram a contar os passos da lógica, mas cada passo os afastou mais do senso comum. Esqueceram que São Tomás começara quase como um agnóstico, e pareciam determinados a não deixar nada no céu ou no inferno acerca do que alguém pudesse ser agnóstico. Foram como racionalistas raivosos dispostos a não deixar nenhum mistério na fé. No início do escolasticismo, há algo que se afigura ao moderno como extravagante e pedante; mas, quando entendido de modo apropriado, tem um espírito excelente em sua extravagância. É o espírito da liberdade, particularmente o espírito do livre-arbítrio. Nada parece mais curioso, por exemplo, do que as especulações em torno do que teria acontecido a todo vegetal, animal ou anjo, se Eva tivesse escolhido *não* comer o fruto da árvore. Mas isso estava originalmente cheio da emoção da escolha e do sentimento de que ela poderia ter agido de outro modo. O que se seguiu foi esse detalhado método de detetive, porém sem a emoção da história de detetive original. O mundo foi estorvado por tomos incontáveis, provando pela lógica mil coisas que só podem ser conhecidas por Deus. Eles desenvolveram tudo que era realmente estéril no escolasticismo e deixaram para nós tudo que é frutífero no tomismo.

Há muitas explicações históricas para isso. Houve a Peste Negra, que quebrou a espinha da Idade Média, e o consequente declínio da cultura clerical, que tanto fez para provocar a Reforma. Desconfio, porém, que houve também uma outra causa, que só pode ser enunciada dizendo-se que os fanáticos contemporâneos que se converteram com Tomás deixaram atrás de si sua própria escola; e, em certo sentido, aquela escola por fim triunfou. Os agostinianos realmente estreitos, homens que viam a vida cristã apenas como o caminho estreito, homens que não podiam nem mesmo compreender a exultação do grande dominicano acerca do resplendor do Ser ou a glória de Deus em todas as Suas criaturas, homens que continuaram a insistir de modo febril em todo texto, ou mesmo em toda verdade, que pareciam pessimistas ou paralisantes, estes cristãos sombrios não puderam ser extirpados da cristandade; permaneceram e esperaram sua chance. Os agostinianos estreitos, homens que não teriam nenhuma ciência, nem razão, nem uso racional das coisas seculares, podem ser derrotados na controvérsia, mas tinham uma acumulada paixão por convicção. Havia um monastério agostiniano no norte onde essa paixão esteve próxima de explodir.

Tomás de Aquino desferira seu golpe, mas não acabara de vez com os maniqueus. Os maniqueus não são fáceis de eliminar. Ele assegurou que o principal esquema do Cristianismo, o que chegou até nós, fosse sobrenatural, e não antinatural, e nunca obscurecido com uma falsa espiritualidade que provocasse o esquecimento do Criador e do Cristo que se fez homem. Mas, conforme sua tradição, seguiu hábitos menos liberais e menos criativos de pensamento, e, à medida que sua sociedade medieval se desfazia e decaía por outras motivos, aquilo contra a qual ele lutou retornava à cristandade. Um certo espírito ou elemento na religião cristã, necessário e às vezes nobre, mas sempre precisando ser equilibrado por elementos mais suaves e generosos da fé, recomeçava a se fortalecer, conforme a estrutura do escolasticismo se enrijecia ou se dividia. O temor do Senhor, que é o princípio da sabedoria e, portanto, pertence aos momentos iniciais, sentido nas primeiras horas frias antes da aurora da civilização; o poder que vem do ermo, que cavalga o redemoinho e quebra os deuses de pedra; o poder perante o qual as nações orientais se prostram ao chão; o poder diante do qual os profetas primitivos corriam nus e gritavam, ao mesmo tempo proclamando e fugindo de seu deus; o temor que é corretamente enraizado nos princípios de toda religião, verdadeira ou falsa: é o temor do Senhor, o princípio da sabedoria, mas não o fim.

Costuma-se dizer, como algo que revela a indiferença irônica dos governantes em relação às revoluções e principalmente a frivolidade daqueles que são chamados de papas pagãos da Renascença, que quando o papa ouviu pela primeira vez a respeito dos primeiros movimentos do Protestantismo na Alemanha, disse apenas, de maneira brusca, que aquela era uma "querela de monges". É claro que todo papa estava acostumado com querelas entre as ordens monásticas, mas o fato de ele não ter visto mais do que isso no início do grande cisma do século XVI sempre foi notado como uma negligência estranha e quase fantástica. E ainda assim, em um sentido mais recôndito, há uma certa defesa de tal atitude. Em certo sentido, os cismáticos tinham uma espécie de ancestralidade espiritual, mesmo na época medieval.

É citada no início deste livro e *foi* uma querela de monges. Vimos como o grande nome de Agostinho, nunca mencionado de forma desrespeitosa por Tomás de Aquino, embora não concordasse com aquele, abarcava uma escola agostiniana de pensamento que naturalmente perdurou mais entre a Ordem Agostiniana. A diferença, como toda diferença entre os católicos, era apenas de ênfase. Os agostinianos enfatizavam a ideia da impotência do homem diante de Deus, a onisciência de Deus sobre o destino do homem, a necessidade do temor sagrado e da humilhação do orgulho intelectual, mais do que as verdades opostas e correspondentes do livre-arbítrio, da dignidade humana ou das boas obras. Nisso, em certo sentido, eles deram continuidade ao tom distintivo de Santo Agostinho, que é até hoje considerado como um doutor relativamente determinista da Igreja. Mas há ênfases e ênfases; e estava chegando um tempo em que a ênfase em um lado viria a significar a contradição direta do outro. Talvez, afinal, isso tenha de fato começado com uma querela de monges, mas o papa ainda aprenderia o quanto um monge pode ser briguento. Pois houve um certo monge, naquele monastério agostiniano nas florestas da Alemanha, do qual se pode dizer que possuía um talento singular e especial para a ênfase; para a ênfase e para nada senão a ênfase, para a ênfase com a qualidade de um terremoto. Ele era filho de um cortador de pedras e possuía uma grande voz e certo volume de personalidade; era pensativo, sincero e decididamente mórbido, e seu nome era Martinho Lutero. Nem Agostinho nem os agostinianos gostariam de ver o dia da vingança da tradição agostiniana; mas, em um sentido, talvez, a tradição agostiniana foi por fim vingada.

Ela saiu de sua cela novamente, em um dia de tempestade e ruína, e clamou com uma voz nova e poderosa por uma religião elementar e emocional, e pela destruição de todas as filosofias. Tinha um peculiar horror e aversão às grandes filosofias gregas e ao escolasticismo que se baseara nessas filosofias. Ela possuía uma teoria que era a destruição de todas as teorias; de fato, era uma teologia própria, que por sua vez era a morte da teologia. O homem não podia dizer nada a Deus, nada a partir de Deus e nada sobre Deus, exceto um grito quase inarticulado por misericórdia e pela ajuda sobrenatural de Cristo, em um mundo onde todas as coisas naturais eram inúteis. A razão era inútil. A vontade era inútil. Assim como a pedra, o homem não podia se mover nem uma polegada. O homem não podia confiar em nada que estivesse em sua cabeça. Nada restava na terra ou no céu, exceto o nome de Cristo erguido naquela súplica solitária, terrível como o grito de um animal em sofrimento.

Devemos ser justos para com aquelas imensas figuras humanas que são, de fato, os eixos da história. Por mais corretamente forte que seja nossa convicção em uma controvérsia, ela nunca deve nos induzir ao erro de pensar que algo trivial transformou o mundo. Isso vale para o grande monge agostiniano que vingou todos os agostinianos ascéticos da Idade Média, e cuja figura larga e robusta foi grande o suficiente para ocultar por quatro séculos a distante montanha humana de Tomás de Aquino. Essa não é, como os modernos gostam de dizer, uma questão de teologia. A teologia protestante de Martinho Lutero era algo que nenhum protestante moderno gostaria de defender. Aquele protestantismo era um pessimismo, não era nada além da pura insistência na falta de esperança de toda virtude humana como tentativa de escapar do inferno. Aquele luteranismo é hoje bastante irreal; as fases mais modernas do luteranismo são ainda mais irreais; mas Lutero não foi irreal. Ele foi um daqueles grandes bárbaros elementares, a quem é confiada a tarefa de, de fato, mudar o mundo. É claro que seria fútil e até mesmo injusto comparar essas duas figuras, assomando-se tão grandes na história, em qualquer sentido filosófico. Em um mapa grande como a mente de Tomás de Aquino, a mente de Lutero seria quase invisível. Mas não é de todo errado dizer, como o fizeram muitos jornalistas sem se preocupar se afirmavam a verdade ou não, que Lutero inaugurou uma época e deu início ao mundo moderno.

Ele foi o primeiro homem a usar de modo consciente sua consciência, ou aquilo que mais tarde seria chamado de personalidade. Ele possuía, de fato, uma personalidade bastante forte. A de Tomás de Aquino, porém, era ainda mais forte; Tomás tinha uma presença intensa e magnética, e um intelecto capaz agir como um imenso sistema de artilharia aberto sobre o mundo inteiro, ele possuía aquela presença de espírito instantânea em um debate, a única coisa que merece de fato o nome de sagacidade. Mas nunca lhe ocorreu usar qualquer coisa senão sua sagacidade em defesa de uma verdade distinta dele próprio. Nunca ocorreu a Tomás usar Tomás como uma arma. Não há nenhuma evidência de ele ter usado alguma vez suas vantagens pessoais de nascimento, corpo, cérebro ou ascendência, em debate com qualquer pessoa. Em suma, ele pertencia a uma era de inconsciência intelectual, de inocência intelectual, e que era, por sua vez, muito intelectual. Ora, Lutero de fato deu início ao estado de espírito moderno de depender de coisas não apenas intelectuais. Não se trata de uma questão de culpa ou elogio; não importa se dissermos que ele foi uma personalidade forte ou que foi uma espécie de rufião. Quando ele citava um texto da Escritura, inserindo uma palavra que não estava na Escritura, contentava-se em gritar em resposta a todos os importunadores: "Digam-lhes que o dr. Martinho Lutero assim se coloca!". Isso é o que hoje chamamos de personalidade. Pouco tempo depois, foi chamado de Psicologia. Depois ainda, de publicidade ou arte de vender. Mas não estamos discutindo vantagens ou desvantagens. É justo para com esse grande pessimista agostiniano dizermos não apenas que ele por fim triunfou sobre o Anjo das Escolas, mas que, em um sentido muito real, produziu o mundo moderno. Ele destruiu a razão, e substituiu-a pela sugestão.

Diz-se que o grande reformador queimou publicamente a *Summa Theologica* e as obras de Tomás de Aquino; e, com a fogueira feita de tais livros, o presente livro pode muito bem chegar ao fim. Dizem que é muito difícil queimar um livro, e deve ter sido extremamente difícil queimar uma montanha de livros tal como a que o dominicano dedicou às controvérsias da cristandade. De qualquer forma, há algo de lúgubre e apocalíptico na ideia de tal destruição, quando consideramos a compacta complexidade de todo aquele exame enciclopédico de coisas sociais, morais e teóricas. Todas as definições bem acondicionadas que excluíram tantos erros e extremos, todos os amplos e equilibrados juízos acerca do confronto de lealdades ou da escolha de males; todas as especulações liberais em torno dos limites do governo ou das condições apropriadas da justiça; todas as distinções entre o uso e o abuso da propriedade privada; todas as regras e exceções sobre o grande mal da guerra; todas as concessões à fraqueza humana e todas as estipulações para a saúde humana; toda essa massa de humanismo medieval murchando e se anelando em fumaça ante os olhos de seu inimigo; e aquele grande camponês cheio de paixão regozijou-se sombriamente, porque a era do intelecto terminara. Ela fora queimada, sentença após sentença, silogismo após silogismo, e as máximas douradas se transformaram em chamas douradas naquela última glória agonizante de tudo que antes fora a grande sabedoria dos gregos. A grande síntese central da história, que deveria ter ligado o mundo antigo ao moderno, se desvaneceu em fumaça e, para metade do mundo, foi esquecida como uma névoa.

Por um tempo, pareceu que a destruição fora definitiva. Ela ainda se expressa no surpreendente fato de que (no norte) os homens modernos ainda podem escrever histórias da filosofia nas quais a filosofia se interrompe com os últimos pequenos sofistas da Grécia e de Roma, e não se ouve falar mais dela até a aparição de um filósofo de terceira classe como Francis Bacon. Contudo, este pequeno livro, que provavelmente não fará outra coisa, ou terá pouco valor que não esse, será pelo menos um testemunho do fato de que a maré mudou mais uma vez. São passados quatro séculos; e este livro deverá ser, espero (e fico contente em dizer que acredito), perdido e esquecido em meio à inundação de livros melhores sobre São Tomás de Aquino, que neste momento estão jorrando de todas as editoras da Europa, e mesmo da Inglaterra e dos Estados Unidos. Em comparação com tais livros, ele é obviamente uma produção muito insignificante e amadora; mas não é provável que seja queimado, e se fosse, não deixaria nenhuma lacuna perceptível na afluente massa de trabalhos novos e magníficos que é hoje dedicada à *philosophia perennis*, à Filosofia Perene.

São Francisco de Assis

I

O Problema de São Francisco

Um esboço de São Francisco de Assis em inglês moderno pode ser escrito de três maneiras. O escritor deve fazer sua escolha entre estas; e a terceira maneira, adotada aqui, é em alguns aspectos a mais difícil de todas. Pelo menos, ela seria a mais difícil, se as outras duas não fossem impossíveis.

Primeiro, o autor pode lidar com esse grande e surpreendente homem como uma figura da história secular e um modelo de virtudes sociais. Pode descrever esse demagogo divino como sendo o único democrata sincero do mundo, o que provavelmente foi. Pode afirmar que São Francisco estava à frente de sua época (o que significa muito pouco). Pode dizer que São Francisco antecipou tudo que há de mais liberal e simpático no estado de espírito moderno (o que é bastante verdadeiro): o amor pela natureza, o amor pelos animais, o senso de compaixão social, o senso dos perigos espirituais da prosperidade e mesmo da propriedade. Todas aquelas coisas que ninguém compreendeu antes de Wordsworth eram familiares para São Francisco. Todas aquelas coisas que foram descobertas pela primeira vez por Tolstoy já eram consideradas como fato por São Francisco. Ele poderia ser apresentado não apenas como um herói humano, mas como um herói humanitário; de fato, como o primeiro herói do humanismo. Foi descrito como uma espécie de estrela da manhã da Renascença. E em comparação com todas essas coisas, sua teologia ascética pode ser ignorada ou rejeitada como um acidente contemporâneo, que felizmente não foi fatal. Sua religião pode ser considerada uma superstição, mas uma superstição inevitável, da qual nem mesmo o gênio poderia se libertar de vez; em consideração da qual seria injusto condenar São Francisco por sua autonegação ou repreendê-lo indevidamente por sua castidade. É bastante verdadeiro que, até mesmo a partir de um ponto de vista tão desprendido, sua estatura ainda parecesse heroica. Ainda haveria muito a ser dito sobre o homem que tentou acabar com as Cruzadas falando com os sarracenos ou que intercedeu junto ao imperador em benefício dos pássaros. O autor poderia descrever, em um espírito puramente histórico, a totalidade daquela grande inspiração franciscana, sentida na pintura de Giotto, na poesia de Dante, nas peças de milagres que tornaram possível o drama moderno e em tantas outras coisas que já são apreciadas pela cultura moderna. Ele pode tentar fazê-lo, como outros o fizeram, quase sem levantar qualquer questão religiosa. Em suma, pode contar a história de um santo sem Deus; que é como mandar alguém escrever a vida de Nansen,[14] mas proibi-lo de mencionar o Polo Norte.

Em segundo lugar, o escritor pode ir para o extremo oposto e ser, de certa forma, desafiadoramente devocional. Pode fazer do entusiasmo teológico seu tema, de modo tão completo quanto o fizeram os primeiros franciscanos. Ele pode tratar a religião como a coisa real que ela foi para o Francisco de Assis real. Pode encontrar uma alegria austera, por assim dizer, na exibição dos paradoxos do ascetismo e de toda a santa estranheza da humildade. Pode selar a história inteira com os estigmas, registrar os jejuns como batalhas contra um dragão, até que, na vaga mente moderna, São Francisco se torne uma figura tão obscura quanto São Domingos. Em suma, o escritor pode produzir aquilo que muitos em nosso mundo considerariam uma espécie de negativo fotográfico, a inversão de todas as luzes e sombras; algo que os tolos achariam tão impenetrável quanto a escuridão, e até mesmo muitos dos sábios achariam quase tão invisível quanto se fosse escrito em tom de prata sobre branco. Tal estudo sobre São Francisco seria ininteligível para qualquer pessoa que não compartilhasse sua religião, e talvez apenas parcialmente inteligível para qualquer pessoa que de fato compartilhasse sua vocação. De acordo com os graus de julgamento, ele seria considerado algo ruim demais ou bom demais para o mundo. A única dificuldade em fazer o trabalho desse modo é que ele não pode ser feito. Seria necessário um santo para escrever a vida de um santo. No caso presente, as objeções a tal curso de ação são insuperáveis.

Em terceiro lugar, o autor pode tentar fazer o que tentei aqui, e, como já sugeri, esse curso de ação tem seus problemas peculiares. O escritor pode se colocar na posição do investigador e observador externo moderno; uma posição em que, de fato, este escritor ainda se encontra, em grande medida, e na qual já esteve inteiramente. Ele pode partir do

14. Fridtjof Nansen foi um explorador norueguês. Seu grande feito foi a realização parcial de seu esquema para alcançar o Polo Norte, deixando o navio se congelar no norte gelado da Sibéria e flutuar em uma corrente rumo à Groenlândia.

ponto de vista de um homem que já admira São Francisco, mas somente por aquelas coisas que tal homem acha admiráveis. Em outras palavras, o autor pode presumir que o leitor é pelo menos tão esclarecido quanto Renan[15] ou Matthew Arnold;[16] mas, à luz desse esclarecimento, tentaria iluminar aquilo que Renan e Matthew Arnold deixaram na obscuridade. Ele pode tentar usar aquilo que é compreendido para explicar o que não é compreendido. Pode dizer ao leitor inglês moderno: "Aqui está um personagem histórico que já é, sem dúvida, atraente para muitos de nós, por sua alegria, por sua imaginação romântica, por sua cortesia e camaradagem espirituais, mas que contém também elementos (evidentemente também sinceros e enfáticos) que a você parecem bastante remotos e repulsivos. Afinal de contas, esse homem foi um homem, e não meia dúzia de homens. O que parece inconsistente para você não lhe parecia inconsistente. Vejamos se podemos compreender, com o auxílio da compreensão existente, essas outras coisas que hoje parecem duplamente obscuras, por sua escuridão intrínseca e por seu contraste irônico". Não digo, é claro, que posso mesmo alcançar tal completude psicológica neste tosco e breve esboço, mas digo que essa é a única condição controversa que presumirei aqui: que estou lidando com um observador externo favoravelmente disposto. Não pressuponho nem mais nem menos concordância do que essa. Um materialista pode não se importar se as inconsistências são resolvidas ou não. Um católico pode não enxergar quaisquer inconsistências a serem resolvidas. Mas aqui me dirijo ao homem moderno ordinário, favoravelmente disposto, porém cético, e só posso esperar de modo bastante vago que, ao abordar a história do grande santo por meio daquilo que é pitoresco e popular a seu respeito, posso pelo menos deixar o leitor com uma compreensão um pouco maior do que a que tinha antes sobre a consistência de um personagem completo; que, ao abordá-la dessa maneira, possamos ao menos ter um vislumbre de por que o poeta que louvava a seu senhor, o Sol, costumava se esconder em uma caverna escura, de por que o santo que era tão gentil com seu Irmão Lobo era tão duro com seu Irmão Asno (como ele apelidara seu próprio corpo), de por que o trovador que dizia que o amor incendiara seu coração se afastara das mulheres, de por que o cantor que se regozijava na força e na alegria do fogo rolava na neve de modo deliberado, de por que a própria canção que clama com toda a paixão de um pagão: "Louvado seja Deus por nossa Irmã, a Mãe Terra,

15. Ernest Renan (1823-1892), crítico, escritor e cético francês.
16. Matthew Arnold (1822-1888), crítico e poeta inglês.

que produz frutos variados, grama e flores brilhantes", termina quase com as palavras "Louvado seja Deus por nossa Irmã, a morte do corpo".

Renan e Matthew Arnold falharam completamente nesse teste. Eles se contentaram em seguir Francisco, elogiando-o até serem interrompidos por seus próprios preconceitos, os preconceitos teimosos do cético. Assim que Francisco começou a fazer algo que eles não compreendiam ou do qual não gostavam, não tentaram compreendê-lo, e muito menos tentaram gostar disso, simplesmente viraram as costas para a coisa toda e "não mais caminharam com ele". Ninguém avançará em um caminho de investigação histórica dessa maneira. Esses céticos são de fato impelidos a abandonar de uma vez por todas o assunto, em desespero, a deixar o mais simples e sincero de todos os personagens históricos como um poço de contradições, a ser louvado com base no princípio do ovo do cura.[17] Arnold se refere ao ascetismo do Alverne de modo quase apressado, como se aquela fosse uma mancha lamentável, mas inegável, na beleza da história, ou antes, como se fosse uma lamentável ruptura e anticlímax no final da história. Ora, isso é o mesmo que ser completamente cego em relação a toda a importância de qualquer história. Representar o Monte Alverne como o mero colapso de Francisco é o mesmo que representar o Monte Calvário como o mero colapso de Cristo. Essas montanhas são montanhas, não importando o que mais sejam; e é um contrassenso dizer (como a Rainha Vermelha) que elas são concavidades comparativas ou buracos negativos no chão. Foram planejadas e manifestadas para serem culminações e pontos de referência. Tratar os estigmas como uma espécie de escândalo a ser abordado de maneira delicada, porém dolorosa, é como tratar os cinco ferimentos originais de Jesus Cristo como cinco manchas em Seu caráter. A ideia do ascetismo pode desagradar a você, a ideia do martírio também; aliás, você pode ter um desagrado honesto e natural em relação a todo o conceito de sacrifício simbolizado pela cruz. Mas se esse for um desagrado inteligente, você ainda reterá a capacidade de enxergar a importância de uma história, seja ela a história de um mártir ou mesmo a história de um monge. Você não será racionalmente capaz de ler o Evangelho e considerar a Crucificação como um pensamento posterior, como um anticlímax ou como um acidente na vida de Cristo; ele é sem

17. "Entre as frases de efeito que a revista *Punch* introduziu na linguagem, a frase 'Bom em partes, como o ovo do cura' é proverbial. A ilustração mostra um jovem cura sentado à mesa de café da manhã de seu bispo. Questionado por sua excelência sobre se o ovo está do seu agrado, ele teme dizer que está ruim e gagueja: "Partes dele estão excelentes!" (*Brewer's Dictionary of Phrase and Fable*).

dúvida o ponto importante da história, como a ponta de uma espada, a espada que perfurou o coração da Mãe de Deus.

E você não será racionalmente capaz de ler a história de um homem apresentado como um Espelho de Cristo sem compreender sua fase final como um homem de tristezas e sem apreciar, ao menos sob o aspecto artístico, a adequação de ele receber, em uma nuvem de mistério e isolamento, sem serem infligidas por nenhuma mão humana, as perpétuas feridas não curadas que curam o mundo.

Devo deixar que a própria história sugira a reconciliação prática da alegria e da austeridade. Mas, uma vez que mencionei Matthew Arnold e Renan, e os admiradores racionalistas de São Francisco, darei aqui a sugestão daquilo que me parece mais aconselhável que tais leitores tenham em mente. Esses distintos escritores consideraram coisas como os estigmas um obstáculo, porque para eles uma religião era uma filosofia. Era uma coisa impessoal; e só a paixão mais pessoal fornece aqui um paralelo terreno aproximado. Um homem não rolará na neve por causa de um fluxo de tendência mediante o qual todas as coisas cumprem a lei de seu ser. Ele não ficará sem comer por alguma causa, distinta de nós mesmos, em nome da justiça e probidade. Fará coisas como essas, ou muito semelhantes a essas, movido por um impulso muito diferente. Fará essas coisas quando estiver apaixonado. O primeiro fato a ser percebido acerca de São Francisco tem relação com o primeiro evento com o qual sua história se inicia: que, quando ele disse no início que era um trovador, e depois que era trovador de um romance mais novo e mais nobre, não utilizou uma mera metáfora, mas compreendeu a si mesmo muito melhor do que os eruditos o compreendem. Ele foi, até as últimas agonias do ascetismo, um trovador. Ele foi um amante. Foi um amante de Deus e um verdadeiro amante dos homens; possivelmente uma vocação mística muito mais rara. Um amante dos homens é quase o oposto de um filantropo; de fato, o pedantismo da palavra grega carrega em si algo como uma sátira. Pode-se dizer que um filantropo ama antropoides. Mas assim como São Francisco não amava a humanidade, e sim os homens, ele não amava o Cristianismo, e sim o Cristo. Se quiser, você pode dizer que ele era um lunático amando uma pessoa imaginária – mas não uma ideia imaginária. E, para o leitor moderno, a pista para o ascetismo e para todo o resto pode ser mais fácil de encontrar nas histórias dos amantes, quando eles parecem muito semelhantes aos lunáticos. Conte-a como a história de um dos trovadores e das coisas loucas que ele faria por sua amada, e todo o enigma moderno desaparece. Em tal romance, não haveria contradição entre o poeta colhendo flores ao sol e suportando uma vigília congelante na neve, entre seu louvor a toda a beleza terrena e corpórea e sua posterior recusa a comer, entre sua glorificação do ouro e da púrpura e sua posterior atitude de vestir trapos, entre sua exibição patética de uma fome de vida feliz e de uma sede de uma morte heroica. Todos esses enigmas seriam facilmente resolvidos na simplicidade de qualquer amor nobre, só que esse foi um amor tão nobre, que nove entre dez homens nem sequer ouviram falar dele. Veremos mais adiante que esse paralelo com o amante terreno tem uma relação muito prática com os problemas da vida de São Francisco, como seus relacionamentos com seu pai e com seus amigos e suas famílias. O leitor moderno quase sempre descobrirá que, se ao menos pudesse sentir esse tipo de amor como uma realidade, sentiria também essa extravagância como um romance. Menciono isso aqui, porém, apenas como um ponto preliminar porque, apesar de estar muito longe de ser a verdade final sobre o assunto, esta é a melhor abordagem a ele. O leitor não pode sequer começar a perceber o sentido de uma história que pode lhe parecer muito fantástica, enquanto não compreender que, para esse grande místico, sua religião não era uma mera teoria, mas algo como um caso de amor. E o único propósito deste capítulo prefaciador é explicar os limites deste presente livro, o qual só se dirige àquela parte do mundo moderno, que encontra em São Francisco uma certa dificuldade moderna; que pode admirá-lo, e ainda assim dificilmente aceitá-lo, ou que pode apreciar o santo quase sem a santidade. Minha única justificativa de tentar tal tarefa é porque estive por muito tempo em vários estágios de tal condição. Milhares de coisas que hoje compreendo em parte eu teria achado absolutamente incompreensíveis; muitas coisas que hoje considero sagradas teria reconhecido como nada mais que supersticiosas; muitas coisas que me parecem lúcidas e iluminadas, agora que são vistas a partir do interior, eu teria honestamente chamado de obscuras e bárbaras quando vistas de fora, muito tempo atrás, naqueles dias da infância, quando minha imaginação se incendiou pela primeira vez com a glória de Francisco de Assis. Também vivi na Arcádia; mas até mesmo na Arcádia encontrei alguém caminhando, vestido com um hábito marrom, e que amava os bosques mais do que Pã. A figura no hábito marrom se encontra acima da lareira no aposento onde escrevo, e só ele, entre tantas imagens, nunca me pareceu um estranho em nenhum estágio de minha peregrinação. Há uma certa harmonia entre a lareira, o fogo e meu prazer inicial com suas palavras sobre seu Irmão Fogo, pois a lembrança dele é longínqua o suficiente para se misturar com todos aqueles sonhos mais domésticos de um passado distante. Até mesmo as sombras fantásticas lançadas pelo fogo produzem uma espécie de teatro de sombras que pertence à infância; contudo, as sombras eram, mesmo naqueles tempos, dos animais e pássaros favoritos de Francisco, conforme ele as via, grotescas mas envolvidas pelo amor de Deus. Seu Irmão Lobo e seu Irmão Carneiro pareciam então quase iguais ao Irmão Raposa e ao Irmão Coelho de um Tio Remus mais cristão. Passei a enxergar muitos outros aspectos, mais maravilhosos ainda, daquele homem, mas nunca perdi de vista esse. Sua figura ergue-se sobre uma espécie de ponte, ligando minha infância, minha conversão e muitas outras coisas, pois o romance de sua religião penetrara o próprio racionalismo daquela vaga época vitoriana. Como tive tal experiência, sou capaz de guiar outros um pouco adiante nessa estrada, mas só um pouco adiante. Ninguém sabe melhor do que eu sei hoje que essa é uma estrada que os anjos tiveram medo de trilhar; mas, embora eu esteja certo do fracasso, não sou dominado pelo medo, pois ele tolerava os tolos.

II

O Mundo que São Francisco Encontrou

A inovação moderna que substituiu a História pelo jornalismo ou por aquela tradição que é o boato da História teve pelo menos um efeito definitivo. Assegurou que todos ouvissem apenas o final de todo conto. Os jornalistas têm o hábito de imprimir acima dos capítulos finais de seus contos em série (quando o herói e a heroína estão prestes a se abraçar no último capítulo, pois apenas uma insondável perversidade os impedira de fazê-lo no primeiro) as palavras bastante enganosas: "Você pode começar a ler este conto a partir daqui". Mas nem isso é um paralelo completo, pois os jornais de fato fornecem uma espécie de resumo do conto, embora nunca deem nada remotamente semelhante a um resumo da história. Os jornais de notícias não apenas lidam com notícias, mas com tudo como se fosse algo inteiramente novo. Tutankamon, por exemplo, é inteiramente novo. É dessa mesma maneira que lemos que o almirante Bangs foi baleado, o primeiro indício que temos de que ele nasceu algum dia. Há algo singularmente significativo no uso que o jornalismo faz de seus estoques de biografias. Ele nunca pensa em publicar a vida, até o momento de publicar a morte. Da mesma forma como lida com os indivíduos, o jornalismo lida com as instituições e com as ideias. Após a Grande Guerra, nosso público começou a ouvir a respeito da emancipação de todos os tipos de nações. O público nunca ouvira falar nada da escravidão dessas nações. Somos chamados a avaliar a justiça das resoluções, quando nunca nos fora dada a permissão para ouvir sequer sobre a existência das disputas. As pessoas achariam pedantismo falar sobre as epopeias sérvias, e preferem usar a simples linguagem cotidiana para falar da nova diplomacia internacional iugoslava; estão bastante excitadas sobre algo que chamam de Tchecoslováquia, sem talvez jamais terem ouvido falar da Boêmia. Coisas tão antigas quanto a Europa são consideradas mais recentes do que as últimas concessões de posse sobre as pradarias da América. Isso é muito excitante, como o ato final de uma peça, para pessoas que acabaram de chegar ao teatro, pouco antes de a cortina baixar, mas não conduz ao conhecimento exato da situação. Para aqueles que se contentam com meros fatos como um tiro de pistola ou um abraço apaixonado, essa maneira sossegada de frequentar o teatro pode ser recomendada. Para aqueles que são atormentados por uma curiosidade intelectual em torno de quem está beijando ou matando quem, e por que age assim, essa postura é insatisfatória.

A maior parte da História Moderna, especialmente na Inglaterra, sofre da mesma imperfeição que o Jornalismo. Na melhor das hipóteses, ela só conta metade da história da cristandade: a segunda, sem a primeira. Homens para os quais a razão começa com o Renascimento do Saber, homens para os quais a religião começa com a Reforma, nunca fornecem uma explicação completa de coisa alguma, pois têm de começar com instituições cuja origem eles não podem explicar, ou geralmente não conseguem sequer imaginar. Assim como ouvimos a notícia de que o almirante foi baleado, mas nunca ouvíramos dizer que ele nascera, todos nós ouvimos muito a respeito da dissolução dos monastérios, mas não ouvimos quase nada da criação dos monastérios. Ora, esse tipo de história seria por demais insuficiente, até mesmo para um homem inteligente que odiasse os monastérios. É por demais insuficiente em relação a instituições que muitos homens inteligentes de fato odeiam, ainda que com um espírito bastante saudável. Por exemplo, é possível que alguns de nós tenham visto alguma observação por parte de nossos instruídos escritores sobre uma instituição obscura chamada Inquisição Espanhola. Bem, ela é de fato uma instituição obscura, de acordo com eles e com as histórias que leram. Obscura porque sua origem é obscura. A história protestante simplesmente começa com a coisa horrível já instituída, como a pantomima começa com o rei demônio na cozinha dos duendes. É bastante provável que ela fosse, principalmente quando próxima do fim, algo horrível e assombrada por demônios; mas ainda que assim o afirmemos, não temos nenhuma noção do porquê. Para compreendermos a Inquisição Espanhola, seria necessário descobrir duas coisas com as quais nunca sonhamos em nos preocupar: o que foi a Espanha e o que foi uma Inquisição. A primeira traria à tona a grande questão da Cruzada contra os mouros e da cavalaria heroica com a qual uma nação europeia se libertou de um domínio estrangeiro proveniente da África. A segunda levantaria toda a questão da outra Cruzada contra os albigenses e de por que os homens amavam e odiavam aquela visão niilista oriunda da Ásia. A menos que compreendamos que houve em ambas o ímpeto e o romance de uma Cruzada, não podemos compreender como elas vieram a enganar os homens e arrastá-los para o mal. Os cruzados sem dúvida abusaram de sua vitória, mas houve uma vitória da qual abusar. E onde há vitória, há coragem no campo de batalha e popularidade no fórum. Há alguma espécie de entusiasmo que encoraja excessos ou oculta falhas. Por exemplo, eu mesmo falo há muito tempo da responsabilidade dos ingleses pelo tratamento atroz que dispensaram aos irlandeses. Mas seria bastante injusto com os ingleses descrever até mesmo a crueldade de 1798[18] e deixar de fora toda menção à guerra contra Napoleão. Seria injusto sugerir que a mente inglesa não se importava com nada exceto a morte de Emmett, quando na verdade devia estar mais ocupada com a glória da morte de Nelson. Infelizmente, o ano de 1798 estava muito longe de ser a última data em que ocorreria esse tipo de trabalho sujo, e há uns poucos anos nossos políticos começaram a tentar governar por meio de roubos e assassinatos aleatórios, ao mesmo tempo em que se queixavam dos irlandeses por sua lembrança acerca de infelizes acontecimentos antigos e batalhas de muito tempo atrás. Entretanto, mesmo que pensemos mal de todo o caso dos Black and Tans,[19] seria injusto esquecer que a maioria de nós não pensava no castanho e no negro, mas no cáqui; e que o cáqui tinha então uma conotação nobre e nacionalista que abrangia muitas coisas. Seria injusto com os ingleses escrever sobre a guerra na Irlanda e deixar de fora a guerra contra a Prússia, bem como a sinceridade inglesa em relação a ela. Da mesma forma, falar da máquina da tortura como se ela fosse um brinquedo hediondo é injusto para com os espanhóis. Não revela de um modo sensato a história das ações dos espanhóis, tampouco seu motivo. Podemos admitir aos nossos contemporâneos que, de qualquer modo,

18. Os Irlandeses Unidos (uma sociedade que buscava reunir católicos e protestantes em torno da causa da reforma política radical e pôr um fim à discriminação religiosa) planejavam uma revolta em 1798. Após uma luta amarga, acompanhada de duras represálias por parte da cavalaria voluntária dos proprietários rurais e de outras unidades militares, a revolta foi reprimida. Embora Robert Emmet tenha liderado uma breve insurreição em Dublin, em 1803, o movimento republicano militante foi efetivamente eliminado pelas derrotas de 1798.

19. Os Black and Tan, em português, "Castanho e Negro", eram membros da força irregular alistada na Inglaterra para servir na Irlanda como auxiliar da Guarda Real Irlandesa durante os distúrbios de 1919-1922. Eles receberam esse nome porque seu uniforme original era cáqui com acessórios de couro negro.

não é uma história que termina bem. Não insistimos que na versão deles ela deva começar bem. Nossa queixa, porém, é que em sua versão ela não começa de modo algum. Eles só chegam na hora da morte, ou até mesmo, como o lorde Tom Noddy, chegam atrasados para o enforcamento. É verdade que ela foi às vezes mais horrível do que qualquer enforcamento, mas eles só recolhem, por assim dizer, as cinzas das cinzas, o restolho do carvão.

O caso da Inquisição é tomado aqui de modo aleatório, pois é um exemplo entre muitos que ilustram a mesma coisa; e não porque tenha alguma relação especial com São Francisco, no sentido em que tivesse alguma ligação com São Domingos. Pode-se sugerir, de fato, que São Francisco é ininteligível, assim como São Domingos é ininteligível, a menos que compreendamos um pouco o que o século XIII entendia por heresia e por uma cruzada. Mas, por enquanto, utilizo-o como um exemplo menor para um propósito muito maior. Ele serve para apontar que começar a história de São Francisco com seu nascimento seria ignorar todo o sentido da história, ou antes não a contar de modo algum. O tipo de história jornalística moderna, que se concentra no fim, não nos serve. Aprendemos sobre os reformadores sem saber o que eles tinham para reformar, sobre os rebeldes sem uma noção daquilo contra o que eles se rebelaram; temos memoriais que não estão ligados a nenhuma memória e restaurações de coisas que aparentemente nunca existiram. Mesmo ao custo de este capítulo parecer desproporcional, é necessário dizer algo a respeito dos grandes movimentos que culminaram no aparecimento do fundador dos franciscanos. Pode parecer que queremos descrever um mundo, ou mesmo um universo, a fim de descrever um homem. Inevitavelmente, isso significará que o mundo ou o universo serão descritos com umas poucas generalizações desesperadas em umas poucas sentenças abruptas. No entanto, longe de vermos uma figura muito pequena sob um céu muito grande, devemos medir o céu antes de começarmos a medir a grandiosa estatura do homem.

Essa única frase me conduz às sugestões preliminares que parecem necessárias antes de um esboço superficial da vida de São Francisco. É necessário perceber, ainda que de maneira rude e elementar, em que tipo de mundo São Francisco surgiu e qual fora a história daquele mundo, pelo menos na medida em que o afetou. Precisamos, mesmo que em poucas sentenças, de uma espécie de prefácio na forma de um esboço da História, citando a expressão do sr. Wells. No caso do próprio sr. Wells, é evidente que o distinto romancista sofreu a mesma desvantagem que teria se fosse obrigado a escrever um romance cujo herói ele odiasse. Escrever História e odiar Roma, tanto a pagã quanto a papal, é quase o mesmo que odiar quase tudo que aconteceu. É algo muito próximo de odiar a humanidade em bases puramente humanitárias. Ter aversão tanto ao sacerdote quanto ao soldado, tanto aos louros do guerreiro quanto aos lírios do santo, é separar-se da massa da humanidade de uma maneira que nem mesmo todas as destrezas das mais finas e flexíveis inteligências modernas podem compensar. É preciso uma simpatia muito mais ampla para o cenário histórico de São Francisco, que foi tanto soldado quanto santo. Portanto, concluirei este capítulo com umas poucas generalizações acerca do mundo que São Francisco encontrou.

O motivo de os homens não crerem é que não abrem a mente. Por questão de crença individual, eu deveria expressar isso afirmando que eles não são suficientemente católicos para serem católicos. Mas não vou discutir aqui as verdades doutrinais do Cristianismo, e sim apenas o amplo fato histórico do Cristianismo, como este poderia aparecer para uma pessoa bem esclarecida e imaginativa que não seja cristã. O que pretendo dizer no momento é que a maioria das dúvidas se faz de detalhes. Em suas leituras aleatórias, um homem se depara com um costume pagão que lhe parece pitoresco ou com uma ação cristã que lhe parece cruel; mas ele não abre a mente a ponto de enxergar a principal verdade a respeito do costume pagão ou da reação cristã contra tal costume. Até que compreendamos, não necessariamente em detalhes, mas em sua forma e proporção gerais, aquele progresso pagão e aquela reação cristã, não entenderemos de fato o ponto da história em que aparece São Francisco ou qual foi o sentido de sua grande missão popular.

Todos sabem, imagino eu, que os séculos XII e XIII foram um despertar do mundo, um florescimento da cultura e das artes criativas após um longo período de uma experiência muito mais difícil e estéril, que chamamos de Idade das Trevas. Esses séculos podem ser chamados de uma emancipação; foram certamente um fim daquela que pareceria uma época mais dura e desumana. Mas o que foi que terminou? Do que os homens foram emancipados? Aqui ocorre um verdadeiro choque e um ponto de controvérsia entre as diferentes filosofias da História. Do lado meramente externo e secular, dir-se-ia que os homens despertaram de um sono; mas naquele sono houve sonhos de um tipo místico e às vezes monstruoso. Naquela rotina racionalista em que caiu a maioria dos historiadores modernos, basta afirmar que eles foram emancipados da mera superstição selvagem e avançaram rumo ao mero esclarecimento civilizado. Ora, esse é o grande disparate que se ergue como um obstáculo no início de nosso relato. Aquele que supõe que a Idade das Trevas foi uma simples escuridão e nada mais, e que a alvorada do século XIII foi apenas a luz do dia, não será capaz de compreender coisa alguma da história de São Francisco de Assis. A verdade é que a alegria de São Francisco e de seus *jongleurs de Dieu* não foi apenas um despertar. Era algo que não pode ser compreendido sem que se entenda antes o próprio credo místico. O fim da Idade das Trevas não foi meramente o fim de um sono. Não se resumiu ao fim de uma escravidão supersticiosa. Foi o fim de algo que pertence a uma ordem de ideias bastante definida, mas bastante diferente.

O fim da Idade das Trevas foi o término de uma penitência ou, se preferirem, de uma purgação. Marcou o momento em que uma certa expiação espiritual por fim se realizou, e certas doenças espirituais foram finalmente expurgadas. Tais doenças foram eliminadas por uma era de ascetismo, a única coisa que poderia tê-las expelido. O Cristianismo entrara no mundo para curá-lo, e o curou da única maneira possível.

Vista de fora e apenas de maneira experimental, toda a alta civilização da Antiguidade terminou com o aprendizado de uma certa lição, isto é, com sua conversão ao Cristianismo. Mas essa lição foi um fato teológico, bem como uma fé teológica. Aquela civilização pagã fora, de fato, uma civilização muito elevada. Não enfraqueceria nossa tese, e poderia até mesmo fortalecê-la, dizer que tal civilização foi a mais elevada que a humanidade já alcançou. Ela descobriu suas artes ainda inigualáveis da poesia e da representação plástica; descobriu seus próprios ideais políticos permanentes; descobriu seu próprio sistema claro de lógica e linguagem. Mas acima de tudo, descobriu o próprio erro.

Era um erro profundo demais para ser idealmente definido; a melhor maneira de resumi-lo é chamá-lo de o erro do culto à natureza. Ele pode ser chamado também de o erro de ser natural; e foi um erro bastante natural. Os gregos, os grandes guias e pioneiros da Antiguidade pagã, partiram da ideia de algo esplendidamente óbvio e direto, a ideia de que, se o homem caminhasse sempre em frente na estrada principal da razão e da natureza, nada de mal lhe aconteceria, principalmente se ele fosse, como o homem grego, esclarecido e inteligente. Podemos ser petulantes a ponto de dizer que o homem devia simplesmente seguir seu nariz, tão grande quanto fosse um nariz grego. E o caso dos próprios gregos basta para ilustrar a estranha, mas certa, fatalidade que acompanha essa falácia. Tão logo os próprios gregos começaram a seguir seus próprios narizes e sua própria noção de ser natural, a coisa mais estranha na história parece lhes ter acontecido. Foi algo estranho demais para que a discussão fosse fácil. Podemos observar que nossos realistas mais repulsivos nunca nos dão o benefício de seu realismo. Seus estudos de temas insípidos nunca tomam nota do testemunho que eles prestam às verdades de uma moralidade tradicional. Mas, se tivéssemos um paladar para tais coisas, poderíamos citar milhares de outras semelhantes como parte do argumento em favor da moral cristã. E um exemplo disso se encontra no fato de que ninguém escreveu, nesse sentido, uma verdadeira história moral dos gregos. Ninguém notou a escala ou a estranheza da história. Os homens mais sábios do mundo se dispuseram a ser naturais, e a primeira coisa que fizeram foi a coisa mais antinatural do mundo. O efeito imediato de saudar o Sol e a sanidade ensolarada da natureza foi uma perversão que se espalhou como uma pestilência. Nem os maiores e mesmo os mais puros filósofos puderam evitar essa espécie inferior de insanidade. Por quê? Pareceria bastante simples para o povo cujos poetas conceberam Helena de Troia e cujos escultores entalharam a Vênus de Milo permanecer saudável. A verdade é que as pessoas que cultuam a saúde não podem permanecer saudáveis. Quando o homem caminha por uma reta, anda curvado. Quando ele segue seu nariz, consegue de alguma forma deslocar o nariz, ou mesmo arrancar o nariz para fazer mal ao rosto, e isso tem a ver com algo muito mais profundo na natureza humana, que os adoradores da natureza jamais poderiam compreender. Foi a descoberta dessa coisa mais profunda, em termos humanos, que constituiu a conversão ao Cristianismo. Há uma obliquidade no homem, como a obliquidade em uma tigela; e o Cristianismo foi a descoberta de como corrigir essa obliquidade, ou esse viés, e assim acertar o alvo. Muitos rirão do que será dito, mas a verdade é que as boas-novas trazidas pelo Evangelho foram as notícias do pecado original.

Roma se ergueu à custa de seus professores gregos, em grande medida porque não se deu o consentimento total para aprender esses truques. Ela possuía uma tradição doméstica muito mais decente; mas, em última instância, sofria da mesma falácia em sua tradição religiosa, que era necessariamente, em grande medida, a tradição pagã do culto à natureza. O problema com toda a civilização pagã foi que não havia nada para a massa dos homens em termos de misticismo, exceto aquele misticismo preocupado com as forças inominadas da natureza, como o sexo, o crescimento e a morte. No Império Romano, muito antes do fim, encontramos também o culto à natureza produzindo inevitavelmente coisas que são contra a natureza. Casos como o de Nero se tornaram proverbiais, quando o sadismo se sentou de forma descarada em um trono em plena luz do dia. Mas a verdade à qual me refiro é algo muito mais sutil e universal do que um catálogo convencional de atrocidades. O que acontecera à imaginação humana como um todo foi que o mundo inteiro se colorira de paixões perigosas e em rápida deterioração, por paixões naturais tornando-se paixões antinaturais. Assim, o efeito de tratar o sexo como apenas uma coisa natural e inocente foi que todas as outras coisas naturais e inocentes se tornaram embebidas e encharcadas de sexo. Pois não se pode admitir que o sexo seja meramente igual a emoções ou experiências elementares como comer ou dormir. Assim que o sexo deixa de ser um servo, ele se torna um tirano. Há algo perigoso e desproporcional em seu lugar na natureza humana, por alguma razão, e ele necessita mesmo de uma purificação e de uma dedicação especiais. O discurso moderno sobre o sexo ser livre como qualquer outro sentido, sobre o corpo ser belo como qualquer árvore ou flor, é ou uma descrição do Jardim do Éden ou um fragmento de péssima psicologia, do qual o mundo se cansou há 2 mil anos.

Isso não deve ser confundido com um mero sensacionalismo moralista sobre a depravação do mundo pagão. Não é tanto o caso que o mundo pagão fosse depravado, mas que ele foi bom o suficiente para perceber que seu Paganismo estava se tornando depravado, ou melhor, seguindo a principal estrada lógica rumo à depravação. O que quero dizer é que não havia futuro para a "magia natural"; aprofundá-la era apenas obscurecê-la e torná-la magia negra. Não havia futuro para ela, pois no passado ela só fora inocente por ser jovem. Podemos dizer que ela só fora inocente por ser superficial. Os pagãos foram mais sábios que o Paganismo, por isso se tornaram cristãos. Milhares deles tinham a filosofia, as virtudes familiares e a honra militar para sustentá-los; mas, nessa época, a coisa puramente popular chamada religião os arrastava para baixo. Quando essa reação contra o mal é admitida, vale repetir que aquele era um mal que estava em todo lugar. Em um outro sentido, mais literal, seu nome era Pã.

Não é nenhuma metáfora dizer que essas pessoas precisavam de um novo céu e de uma nova terra, pois elas haviam mesmo corrompido sua própria terra e até mesmo seu próprio céu. Como o problema delas poderia ser resolvido olhando para o céu, quando lendas eróticas estavam escritas nas estrelas? Como elas podiam aprender qualquer coisa a partir do amor dos pássaros e das flores, após os tipos de histórias de amor que eram contadas sobre eles? É impossível aqui multiplicar as evidências, e um pequeno exemplo pode representar o restante. Sabemos qual o tipo de associações sentimentais que são evocadas em nós pela expressão "um jardim" e como pensamos principalmente na memória de romances melancólicos e inocentes, ou, com frequência, em alguma donzela graciosa ou algum velho e gentil pastor trabalhando, indolente, sob uma sebe de teixos, talvez à vista de uma torre de alguma aldeia. Qualquer pessoa que conheça um pouco de poesia latina pode se recordar, de súbito, do que havia outrora no lugar do relógio de sol ou da fonte, obsceno e monstruoso ao Sol, e de qual era o tipo de deus nos jardins latinos.

Nada poderia purgar essa obsessão, exceto uma religião que fosse literalmente sobrenatural. De nada adiantava instruir tais pessoas a seguir uma religião natural cheia de estrelas e flores; não havia uma flor ou mesmo uma estrela que não houvesse sido manchada. Eles tinham de ir para o deserto, onde não podiam achar nenhuma flor, ou mesmo para uma caverna, onde não podiam ver nenhuma estrela. Por aquele deserto e por aquela caverna, o mais alto intelecto humano andou durante quase quatro séculos; e foi sua atitude mais sábia. Nada exceto o puro sobrenatural se apresentou como sua salvação; se Deus não pudesse salvá-lo, com certeza os deuses também não poderiam. A Igreja Antiga chamou os deuses do Paganismo de demônios, e ela estava certa. Qualquer que fosse a relação da religião natural com as origens deles, nada exceto demônios habitavam então aqueles santuários vazios. Pã não era nada exceto o pânico. Vênus nada era além do vício venéreo. Não afirmo, claro, que todos os pagãos tinham esse caráter, mesmo no fim; mas era como indivíduos que eles diferiam de tal caráter. Nada distingue o Paganismo do Cristianismo tão nitidamente quanto o fato de que aquela coisa individual chamada filosofia tinha pouco ou nada a ver com a coisa social chamada religião. De qualquer modo, de nada adiantava pregar a religião natural a pessoas para as quais a natureza se tornara tão antinatural quanto qualquer religião. Elas sabiam muito melhor do que nós qual era o problema com elas e que espécie de demônios ao mesmo tempo as tentava e atormentava; e elas escreveram naquele grande espaço da história o texto: "Esse tipo de demônio não sai exceto pela oração e pelo jejum".

Agora, a importância histórica de São Francisco e da transição do século XII para o século XIII jaz no fato de que eles marcaram o fim dessa expiação. Os homens no fim da Idade das Trevas podem ter sido rudes, iletrados e ignorantes de tudo exceto das guerras com tribos pagãs, mais bárbaras do que eles próprios, mas eram inocentes. Eles eram como crianças; os primórdios de suas artes rudes têm todo o prazer inocente das crianças. Temos de concebê-los na Europa como um todo, vivendo sob pequenos governos locais, feudais na medida em que eram um resquício de guerras ferozes com os bárbaros, frequentemente monásticos e dotados de um caráter mais amigável e paternal, ainda levemente imperial, visto que Roma ainda reinava como uma grande lenda. Mas, na Itália, havia sobrevivido algo mais típico do espírito mais fino da antiguidade: a república. A Itália era pontilhada de pequenos Estados, amplamente democráticos em seus ideais, e compostos de verdadeiros cidadãos. Mas a cidade não mais ficava aberta, como ocorria sob a paz romana, era rodeada por altas muralhas para defesa contra a guerra feudal, e todos os cidadãos tinham de ser soldados. Uma dessas cidades erguia-se em uma posição íngreme e surpreendente nas colinas arborizadas da Umbria, e seu nome era Assis. De seu portão profundo, sob suas altas torres, viria a mensagem que era o evangelho do momento: "Vossa guerra terminou, vossa iniquidade foi perdoada". Mas era a partir de todos esses fragmentos do feudalismo, da liberdade e de restos da Lei Romana que haveria de se erguer, no início do século XIII, vasta e quase universal, a poderosa civilização da Idade Média.

É um exagero atribuí-la inteiramente à inspiração de qualquer homem sozinho, mesmo que seja o gênio mais original do século XIII. Sua ética elementar de fraternidade e jogo limpo nunca fora extinta de uma vez, e a cristandade nunca fora nada menos que cristã. Os grandes truísmos sobre a justiça e a piedade podem ser encontrados nos registros monásticos mais rudes da transição bárbara ou nas máximas mais rígidas do declínio bizantino. E no início dos séculos XI e XII, um movimento moral mais amplo havia claramente se iniciado. Mas o que se pode dizer dele com justiça é que em todos aqueles movimentos iniciais ainda havia algo daquela austeridade antiga proveniente do longo período de penitência. Era a penumbra que precede a aurora, mas ainda uma penumbra cinzenta, que pode ser exemplificada pela mera menção de duas ou três dessas reformas anteriores à reforma franciscana. A própria instituição monástica, é claro, era muito mais antiga do que tudo isso; de fato, ela era, sem dúvida, quase tão antiga quanto o Cristianismo. Seus conselhos de perfeição sempre assumiram a forma de votos de castidade, pobreza e obediência. Com esses objetivos extramundanos, ela já civilizara havia muito tempo uma grande parte do mundo.

Os monges haviam ensinado as pessoas a arar e semear, bem como a ler e escrever; de fato, eles haviam ensinado às pessoas quase tudo que elas sabiam. Mas pode-se dizer que os monges eram severamente práticos, no sentido de que não eram apenas práticos, mas também severos, embora fossem geralmente severos consigo mesmos e práticos para as outras pessoas. Todo esse movimento monástico antigo se estabelecera havia muito tempo, e sem dúvida se deteriorara; mas quando chegamos aos primeiros movimentos medievais, esse caráter mais severo ainda é evidente. Três exemplos podem ilustrar esse ponto.

Primeiro, o antigo molde medieval de escravidão já começava a se desfazer. Não apenas o escravo estava se tornando o servo, que era praticamente livre no que dizia respeito à sua própria fazenda e à sua vida familiar, mas muitos senhores estavam libertando escravos e servos. Isso foi feito sob a pressão dos clérigos, mas particularmente no espírito de uma penitência. Em certo sentido, é claro, qualquer sociedade católica deve ter uma atmosfera de penitência, mas falo daquele espírito de penitência bem mais severo que expiara os excessos do Paganismo. Havia, em torno de tais restituições, a atmosfera do leito de morte, e muitas delas foram sem dúvida exemplos de arrependimento no leito de morte. Um ateu bastante honesto com quem debati certa vez fez uso da expressão: "Os homens só foram mantidos na escravidão pelo medo do inferno". Como observei a ele, se dissesse que os homens só haviam sido libertados da escravidão pelo medo do inferno, ele teria ao menos se referido a um fato histórico inquestionável.

Outro exemplo foi a abrangente reforma da disciplina da Igreja pelo papa Gregório VII.[20] Foi de fato uma reforma, realizada pelos motivos mais elevados e tendo os resultados mais saudáveis; ela conduziu uma inquisição contra a simonia ou as corrupções financeiras do clero, e insistiu em um ideal mais sério e de autossacrifício para a vida dos padres de paróquia. Mas o próprio fato de que isso tomou em grande medida a forma da universalização da obrigação do celibato soará como algo que, apesar de nobre, parecerá a muitos um tanto negativo. O terceiro exemplo é, em certo sentido, o mais forte de todos. Pois o terceiro exemplo foi uma guerra – uma guerra heroica e, para muitos de nós, uma guerra santa; ainda assim, porém, algo dotado de todas as duras

20. São Gregório VII (1020-1085) foi papa de 1073 a 1085, e pôs fim à investidura laica do clero. Gregório excomungou Henrique IV da Alemanha por reprimir a Igreja, e Henrique fez penitência na neve diante do palácio de Gregório em Canossa, em 1077. Henrique foi absolvido, mas, em 1078, o papa renovou a excomunhão. Henrique declarou guerra e capturou Roma em 1084. São Gregório morreu no exílio, em Salerno, em 1085.

e terríveis responsabilidades da guerra. Não há espaço aqui para dizer tudo que deveria ser dito sobre a verdadeira natureza das Cruzadas. Todos sabem que no momento mais sombrio da Idade das Trevas, uma espécie de heresia surgiu na Arábia e se tornou uma nova religião de tipo militar, porém nômade, invocando o nome de Maomé. Intrinsecamente, ela tinha um caráter encontrado em muitas heresias, desde a muçulmana até a monista. Parecia ao herege uma simplificação sadia da religião, enquanto ao católico parece uma simplificação insana da religião, pois simplifica tudo em uma única ideia, perdendo assim a amplitude e o equilíbrio do Catolicismo. De qualquer modo, seu caráter objetivo foi o de um perigo militar para a cristandade, e a cristandade lhe atingira o próprio coração, na tentativa de reconquistar os Lugares Sagrados. O grande duque Godofredo e os primeiros cristãos que tomaram de assalto Jerusalém foram heróis, se é que já houve algum herói no mundo, mas foram os heróis de uma tragédia.

Citei esses dois ou três exemplos dos primeiros movimentos medievais a fim de destacar um caráter geral a respeito deles, que se remete à penitência que se seguiu ao Paganismo. Há em todos esses movimentos algo revigorante, embora ainda frio, como um vento soprando entre as fendas das montanhas. Aquele vento austero e puro, do qual fala o poeta, é realmente o espírito da época, pois é o vento de um mundo que foi enfim purificado. Para qualquer pessoa capaz de apreciar as atmosferas, há algo de claro e limpo na atmosfera dessa sociedade grosseira e frequentemente severa. Seus próprios desejos são limpos, pois não têm mais qualquer cheiro de perversão. Suas próprias crueldades são limpas, não são as crueldades luxuosas do anfiteatro. Elas provêm de um horror muito simples contra a blasfêmia ou de uma fúria muito simples contra o insulto. De modo gradual, a beleza começa a aparecer nesse panorama cinzento, como algo realmente fresco, delicado e, acima de tudo, surpreendente. O amor que retorna não é mais o que antes fora chamado de amor platônico, e sim o que ainda é chamado de amor cavalheiresco. As flores e estrelas recuperaram sua inocência inicial. O fogo e a água são dignos de serem irmãos e irmãs de um santo. O expurgo do Paganismo está finalmente completo.

Pois a própria água foi lavada. O próprio fogo foi purificado, como que pelo fogo. A água não é mais aquela na qual os escravos eram jogados para alimentar os peixes. O fogo não é mais aquele fogo no qual as crianças eram sacrificadas a Moloch. As flores não têm mais o cheiro das guirlandas esquecidas e recolhidas no jardim de Príapo; as estrelas não são mais os símbolos da distante frigidez de deuses tão frios quanto aqueles fogos apagados. Todas essas coisas são como que recém-criadas, aguardando novos nomes, por parte de alguém que virá nomeá-las. O universo e a Terra deixaram de ter a antiga significância sinistra do mundo. Eles aguardam uma nova reconciliação com o homem, mas já são capazes de se reconciliar. O homem arrancou de sua alma os últimos farrapos do culto à natureza e pode retornar à natureza.

Enquanto ainda era penumbra, uma figura apareceu, de forma silenciosa e súbita, em uma pequena colina sobre a cidade, um vulto em meio à escuridão evanescente. Pois era o fim de uma noite longa e severa, uma noite de vigília, visitada pelas estrelas. Ele permaneceu com as mãos erguidas, como tantas estátuas e pinturas; ao seu redor irrompia o canto dos pássaros, e atrás dele rompia o dia.

III

Francisco, o Guerreiro

De acordo com um relato, que, se não for verdadeiro, não será menos típico, o próprio nome de São Francisco era antes um apelido que um nome. Parece que, graças ao seu instinto popular e familiar, ele recebeu o apelido assim como um estudante comum poderia ser chamado de "Francesinho" na escola. Segundo essa versão, seu nome não era Francisco, mas João, e seus amigos o chamavam de "Francesco", ou "o pequeno francês", por causa de sua paixão pela poesia francesa dos trovadores. A história mais provável é que sua mãe lhe dera o nome João quando ele nasceu, na ausência do pai, que logo retornou de uma visita à França, onde seu sucesso comercial lhe dera tanto entusiasmo pelo gosto e costume social dos franceses, que deu a seu filho o novo nome, significando Franco ou Francês. De qualquer forma, o nome tem uma certa importância, ligando Francisco desde muito cedo àquela que ele próprio considerava a terra encantada dos trovadores.

O nome de seu pai era Pietro Bernardone, e ele era um cidadão importante da guilda dos mercadores de tecido na cidade de Assis. É difícil descrever a posição de tal homem sem avaliarmos a posição de tal guilda, e mesmo de tal cidade. Essa posição não correspondia a nada que nos tempos modernos seria compreendido por um mercador, um homem de negócios ou um comerciante nem a nada que exista sob as condições do capitalismo. Bernardone pode ter empregado pessoas, mas não era um empregador, isto é, não pertencia a uma classe empregadora distinta de uma classe empregada. A pessoa que sabemos, com certeza, que ele empregou foi seu filho Francisco, o qual, somos levados a crer, devia ser a última pessoa que qualquer homem de negócios empregaria se lhe fosse conveniente empregar outra. Ele era rico, como um camponês pode ser rico por meio do trabalho de sua própria família; mas esperava que sua própria família trabalhasse de uma maneira quase tão simples quanto a de um camponês. Era um cidadão proeminente, mas pertencia a uma ordem social que existia para impedi-lo de ser proeminente demais para ser um cidadão. Tal ordem mantinha todas as pessoas desse tipo em seu próprio nível simples, e nenhuma prosperidade conotava aquela fuga da labuta pela qual, nos tempos modernos, o rapaz poderia parecer um senhor, um fino cavalheiro ou algo que não fosse o filho do mercador de tecido. Essa é uma regra comprovada até mesmo na exceção. Francisco era uma daquelas pessoas que são populares com todos em qualquer situação, e seu jeito ingênuo de trovador e líder de estilos franceses fez dele uma espécie de líder romântico entre os jovens da cidade. Ele distribuía dinheiro, tanto por extravagância quanto por benevolência, de uma maneira própria a um homem que nunca, em toda sua vida, compreendeu exatamente o que era o dinheiro. Isso levava sua mãe a um misto de exultação e exasperação, e ela disse, como qualquer esposa de mercador diria em qualquer lugar: "Ele parece mais um príncipe do que nosso filho". Mas uma das primeiras visões que temos dele mostra-o simplesmente vendendo fardos de tecido em uma barraca no mercado, o que talvez sua mãe acreditasse ser um dos hábitos dos príncipes. Esse primeiro vislumbre do rapaz no mercado é simbólico em vários sentidos. Determinado incidente talvez seja o mais breve e claro resumo de certas coisas curiosas que eram parte de seu caráter, muito antes de ele ser transfigurado pela fé transcendental. Enquanto ele vendia veludo e bordados finos para algum importante mercador da cidade, um mendigo veio implorando esmolas, de uma maneira um tanto indelicada. Aquela era uma sociedade rude e simples, e não havia leis para punir um homem por expressar sua necessidade de comida, tais como foram estabelecidas em uma época mais humanitária, e a falta de uma polícia organizada permitia que tais pessoas importunassem os ricos sem correr grande perigo. Mas em muitos lugares havia, creio, um costume local da guilda, que impedia estranhos de interromperem uma barganha justa; e é possível que algo desse tipo tenha colocado o mendigo em uma situação pior do que o normal. Francisco teve durante toda sua vida um grande apreço por pessoas que se encontravam em situações de desespero. Nessa ocasião, ele deve ter lidado com o confronto de uma maneira bastante dividida, certamente com distração e talvez até com irritação. Talvez se sentisse ainda mais desconfortável por causa do padrão de maneiras quase fastidiosas que lhe ocorria naturalmente. Todos concordam que a polidez fluía de Francisco desde o início, como uma das fontes públicas em um mercado italiano ensolarado. Ele poderia ter escrito entre seus próprios poemas, como seu próprio mote, aquele verso do poema do sr. Belloc:

"Da Cortesia, ela é muito menos
Do que a coragem do coração ou a santidade,
Ainda assim em minhas caminhadas me parece
Que a graça de Deus está na Cortesia."

Ninguém jamais duvidou de que Francisco Bernardone tivesse coragem de coração, mesmo a do tipo viril e militar mais comum, e ainda chegaria uma época em que também a santidade e a graça de Deus quase não seriam duvidadas. Mas penso que, se havia uma coisa sobre a qual ele era meticuloso, era a meticulosidade. Se havia uma coisa da qual se podia dizer que um homem tão humilde tinha orgulho, era das boas maneiras. Só que, por trás de sua perfeita urbanidade, havia possibilidades mais amplas e até mesmo mais fantásticas, das quais obtemos o primeiro vislumbre neste incidente trivial. De alguma forma, Francisco se dividiu ante o incômodo de dois interlocutores, mas terminou sua questão com o mercador de algum modo; e, quando terminou, descobriu que o mendigo se fora. Francisco saltou de sua barraca, deixou todos os fardos de veludo e bordados para trás, aparentemente desprotegidos, e correu pelo mercado como uma flecha recém-atirada. Ainda correndo, ele percorreu o labirinto de ruas tortas e estreitas da pequena cidade, procurando seu mendigo, o qual ele por fim encontrou e encheu de dinheiro o espantado mendicante. Então ele se endireitou, por assim dizer, e jurou perante Deus que nunca em toda sua vida ele se recusaria a ajudar um homem pobre. A grande simplicidade desse compromisso é extremamente característica. Nunca um homem teve tão pouco medo de suas próprias promessas. Sua vida foi um tumulto de votos ousados; de votos ousados que se revelaram certos.

Os primeiros biógrafos de Francisco, naturalmente animados com a grande revolução religiosa que ele empreendeu, olharam para trás, para seus primeiros anos, de modo também natural, em busca de augúrios e sinais de tal terremoto espiritual. Mas escrevendo a partir de uma distância maior, não vamos diminuir esse efeito dramático, e sim, pelo contrário, aumentá-lo, se percebermos que não havia naquela época sinal externo algum de algo particularmente místico acerca do rapaz. Ele não tinha nada daquele senso inicial de sua vocação, comum a alguns santos. Além de sua ambição principal de ganhar a fama como um poeta francês, ele parece ter pensado com mais frequência em ganhar a fama como soldado. Nascera gentil, era corajoso à maneira normal dos meninos, mas traçara a linha tanto da gentileza quanto da bravura mais ou menos onde a maioria dos meninos a teria traçado; por exemplo, ele tinha o horror humano à lepra, do qual poucas pessoas normais sentiam qualquer necessidade de se envergonhar. Apreciava os trajes alegres e brilhantes, como era inerente ao gosto heráldico da época medieval, e parece ter sido uma figura bastante festiva. Se não pintou a cidade de vermelho, provavelmente preferiria pintá-la com todas as cores do arco-íris, como em uma pintura medieval. Mas nessa história do rapaz em trajes alegres correndo atrás do desaparecido mendigo vestido com trapos há certas notas de sua individualidade natural que devem ser presumidas do início ao fim.

Por exemplo, há o espírito da rapidez. Em certo sentido, ele continuou correndo pelo resto de sua vida, como correu atrás do mendigo. Uma vez que todas as missões em que se envolveu foram missões de misericórdia, aparecia em seu retrato um mero elemento de suavidade que era verdadeiro no sentido mais puro, porém facilmente incompreendido. Uma certa precipitação era a própria postura de sua alma. Esse santo deveria ser representado entre os outros santos como os anjos eram às vezes representados nas imagens de anjos, com pés alados ou mesmo com penas, no espírito do texto que torna os anjos vento e os mensageiros um fogo flamejante. Uma curiosidade da linguagem é que coragem, de fato, significa correria; e alguns de nossos céticos sem dúvida demonstrarão que a coragem significa, por outro lado, fuga. Mas sua coragem era uma correria, no sentido de uma urgência. Com toda sua gentileza, havia um traço original de impaciência em sua impetuosidade. A verdade psicológica a esse respeito ilustra muito bem a confusão moderna em torno da palavra "prática". Se o que entendemos por prático é aquilo mais imediatamente praticável, então só nos apegamos ao que é mais fácil. Nesse sentido, São Francisco era muito pouco prático, e seus objetivos últimos eram bastante sobrenaturais. Mas, se por praticidade entendermos uma preferência pelo pronto esforço e pela energia em vez da dúvida e do atraso, ele era de fato muito prático. Alguns poderiam chamá-lo de louco, mas ele era o próprio inverso de um sonhador. Ninguém o chamaria de um homem de negócios; ele era, isto sim, um homem de ação excessiva. Em alguns de seus primeiros experimentos, foi até um homem de ação; agia cedo demais e era prático demais para ser prudente. Mas em todas as reviravoltas de sua carreira extraordinária nós o encontraremos lançando-se em torno das curvas da maneira mais rápida e inesperada, como quando correu pelas ruas tortas atrás do mendigo.

Outro elemento implicado na história, que já era em parte um instinto natural, antes de se tornar um ideal sobrenatural, era algo que jamais se perdera naquelas pequenas repúblicas da Itália medieval. Isso era um tanto confuso para algumas pessoas; parecia mais claro para os habitantes do sul do que para os do norte, e, penso eu, mais para os católicos do que para os protestantes: a pressuposição bastante natural da igualdade dos homens. Esse elemento não tem necessariamente nada a ver com o amor franciscano pelos homens; ao contrário, um de seus testes apenas práticos é a igualdade do duelo. Talvez um cavalheiro nunca se torne plenamente igualitário até poder de fato brigar com seu servo. Mas essa era uma condição prévia da irmandade franciscana; e nós a sentimos neste primeiro incidente secular. Imagino que Francisco tenha sentido uma dúvida real em relação a qual dos dois ele devia dar atenção, ao mercador ou ao mendigo; e, tendo atendido o mercador, voltou-se para o mendigo, pensou neles como dois homens. Essa é uma atitude muito mais difícil de descrever, em uma sociedade na qual ela não existe, mas era a base original de todo o negócio; foi por isso que o movimento popular emergiu naquele tipo de lugar e naquele tipo de homem. Sua magnanimidade imaginativa se elevaria mais tarde como uma torre, a alturas estelares, que podem parecer vertiginosas e até mesmo loucas; mas se baseava nesse alto planalto da igualdade humana.

Tomei esta como a primeira dentre uma centena de histórias da juventude de São Francisco, e me estendi um pouco sobre seu significado porque, até aprendermos a buscar o significado, haverá pouco mais do que uma espécie de sentimento superficial ao contarmos a história. São Francisco não é uma pessoa adequada para ser protegida com meras histórias "bonitas". Há várias delas, mas são muito usadas como sedimento sentimental do mundo medieval, em vez de serem um desafio ao mundo moderno, como é o santo, de modo tão enfático. Devemos considerar seu desenvolvimento humano real de modo bem mais sério; e a próxima história em que obtemos um vislumbre real dele ocorre em um cenário muito diferente. Porém, também revela como que por acidente, certos abismos da mente e talvez do inconsciente. Francisco ainda parece mais ou menos um rapaz comum; e é só quando olhamos para ele como um rapaz comum que percebemos o quanto ele deve ser extraordinário.

Eclodira a guerra entre Assis e Perugia. Hoje é elegante dizermos em um espírito satírico que tais guerras não eclodiam, mas de fato prosseguiam indefinidamente entre as cidades-Estado da Itália medieval. Basta afirmarmos aqui que, se uma dessas guerras medievais tivesse realmente prosseguido sem pausa por um século, ela poderia quase matar tantas pessoas quanto matamos em um ano, em uma de nossas grandes guerras científicas entre nossos grandes impérios industriais modernos. Mas os cidadãos da república medieval se encontravam sob a limitação de só serem chamados a morrer por aquelas coisas pelas quais sempre haviam vivido: as casas que habitavam, os santuários que veneravam e os governantes e representantes que conheciam; e não tinham aquela visão mais ampla chamando-os a morrer pelos rumores mais recentes em torno de colônias remotas relatados em jornais anônimos. E se inferirmos a partir de nossa própria experiência que a guerra paralisava a civilização, devemos pelo menos admitir que essas cidades em guerra apresentaram um certo número de paralíticos que atendem pelos nomes de Dante e Michelangelo, Ariosto e Ticiano, Leonardo e Colombo, sem mencionarmos Catarina de Siena e o sujeito desta história. Embora lamentemos todo esse patriotismo local como uma algazarra da Idade das Trevas, parece um fato bastante curioso que cerca de três quartos dos maiores homens que já viveram vieram dessas pequenas cidades e viviam envolvidos nessas pequenas guerras. Resta ver o que virá em última instância de nossas grandes cidades; mas não houve nenhum sinal desse tipo de coisa desde que elas se tornaram grandes; e às vezes sou assombrado por uma fantasia de minha juventude: que essas coisas não ocorrerão até que haja uma muralha em torno de Clapham e o sino de alerta seja tocado à noite para armar os cidadãos de Wimbledon.

De qualquer modo, o sino de alarme foi tocado em Assis e os cidadãos se armaram; entre eles estava Francisco, o filho do mercador de tecido. Ele saiu para lutar com alguma companhia de lanceiros, e em alguma luta ou saque ele e seu pequeno bando foram feitos prisioneiros. O que me parece mais provável é que tenha havido algum relato de traição ou covardia acerca do desastre, pois dizem que seus companheiros de prisão se recusavam terminantemente a se associar com um dos cativos, mesmo na prisão; e quando isso acontece em tais circunstâncias, geralmente é porque a culpa militar pela rendição é imposta a algum indivíduo. De qualquer modo, alguém notou uma coisa pequena, porém curiosa, embora pareça mais negativa do que positiva. Dizem que Francisco se movimentava entre seus companheiros cativos com toda sua costumeira cortesia e mesmo socialidade, "liberal e hilário", como alguém disse dele, resolvido a manter a elevação do espírito dos outros e do seu próprio. E quando se aproximou do misterioso proscrito, traidor ou covarde, ou como quer que fosse chamado, ele simplesmente tratou-o como tratara todos os outros, sem frieza nem compaixão, mas com a mesma alegria neutra e boa camaradagem. Mas se estivesse presente naquela prisão alguém com uma espécie de segunda visão acerca da verdade e da tendência das coisas espirituais, esse alguém saberia que estava na presença de algo novo e quase anárquico, uma maré profunda fluindo rumo a mares não mapeados de caridade. Pois nesse sentido faltava algo em Francisco de Assis; algo para o qual ele era cego, de modo que pudesse ver coisas melhores e mais belas. Todos aqueles limites de boa camaradagem e boa forma, todos aqueles marcos da vida social que separam o tolerável e o intolerável, todos aqueles escrúpulos sociais e condições convencionais que são normais e até mesmo nobres nos homens comuns, todas aquelas coisas que mantêm unidas muitas sociedades decentes, nunca poderiam reter esse homem. Ele gostava de quem gostava; ele parece ter gostado de todos, principalmente daqueles de quem ninguém gostava que ele gostasse. Algo muito vasto e universal já estava presente naquela masmorra estreita, e o tal vidente teria visto naquela escuridão a auréola vermelha da *caritas caritatum* que marca um santo entre os santos, bem como entre os homens. Teria ouvido o primeiro sussurro daquela fantástica bênção que posteriormente tomou a forma de uma blasfêmia: "Ele ouve àqueles que o próprio Deus não ouve".

Mas embora um vidente pudesse ter visto tal verdade, é extremamente duvidoso que o próprio Francisco a tenha visto. Ele agia a partir de uma grandeza inconsciente, ou, na bela expressão medieval, de uma generosidade de espírito no interior de si próprio, algo que seria quase ilegal, se não se estendesse rumo a uma lei mais divina; talvez não soubesse, contudo, que a lei era divina. É evidente que ele não tinha nessa época nenhuma intenção de abandonar a vida militar, e menos ainda de adotar a vida monástica. É verdade que não há, como os pacifistas e puritanos imaginam, a menor inconsistência entre amar os homens e combatê-los, se os combatemos justamente e por uma boa causa. Mas me parece que havia mais do que isso; a mente do rapaz realmente se dirigia para uma moralidade militar, enfim. Por volta dessa época, a primeira calamidade cruzou seu caminho na forma de uma enfermidade, que haveria de revisitá-lo muitas vezes e estorvar sua carreira impetuosa. A doença tornou-o mais sério, mas pode-se imaginar que o tornaria um soldado mais sério, ou mesmo mais sério quanto à vida de soldado. E, enquanto ele se recuperava, algo bem maior do que as pequenas brigas e ataques das cidades italianas abriu-lhe uma via de aventura e ambição. A coroa da Sicília, um considerável centro de controvérsias da época, foi reivindicada por um certo Gauthier de Brienne, e a causa papal, em cujo auxílio Gauthier foi convocado, despertou entusiasmo entre um certo número de jovens assisenses, incluindo Francisco, que propôs marchar sobre a Apúlia em favor do conde; talvez seu nome francês tivesse algo a ver com isso. Pois não devemos esquecer que, embora aquele mundo fosse, em um sentido, um mundo de pequenas coisas, era um mundo de pequenas coisas preocupadas com coisas grandes. Havia mais internacionalismo nas terras pontilhadas de pequenas repúblicas do que nas grandes divisões nacionais impenetráveis de hoje. A autoridade legal dos magistrados assisenses não se estenderia mais que a distância de uma flecha atirada de um arco a partir das altas muralhas aguerridas de sua cidade. Mas suas simpatias podiam estar com a cavalgada dos normandos através da Sicília ou no palácio dos trovadores em Toulouse, com o imperador entronado nas florestas alemãs ou com o grande papa[21] morrendo no exílio em Salermo. Lembremonos acima de tudo que, quando os principais interesses de uma época são religiosos, devem ser universais. Nada pode ser mais universal do que o universo. E há diversas coisas acerca da posição religiosa naquele momento particular que as pessoas modernas não conseguem perceber. Por exemplo, as pessoas modernas pensam em pessoas remotas como povos antigos ou mesmo como os primeiros povos. Sentimos vagamente que essas coisas aconteceram nas primeiras eras da Igreja. A Igreja já tinha bem mais de mil anos de idade. Ou seja, era mais velha do que a França é hoje, bem mais velha do que a Inglaterra é hoje. E já parecia velha, quase tão velha quanto parece hoje, possivelmente até mais. A Igreja parecia-se com o grande Carlos Magno, com sua longa barba branca, que já lutara em uma centena de guerras contra os pagãos e, na lenda, recebia de um anjo a ordem de seguir em frente e lutar mais uma vez, embora tivesse 200 anos de idade. A Igreja alcançara seus mil anos e entrava no segundo milênio, atravessara a Idade das Trevas, na qual nada podia fazer, exceto lutar desesperadamente contra os bárbaros e repetir por teimosia o credo. O credo ainda era repetido após a vitória ou a fuga; mas não deixa de ser natural supor que havia algo um pouco monótono acerca da repetição. A Igreja parecia velha naquela época, como parece hoje; e alguns pensavam que ela estava morrendo, como pensam hoje. Na verdade, a ortodoxia não estava morta, mas podia estar entorpecida; pelo menos era a impressão de alguns. Os trovadores do movimento provençal já haviam começado a adotar aquela tendência ou desvio rumo às fantasias orientais e ao paradoxo do pessimismo, que sempre chegam aos europeus como algo novo, quando sua própria sanidade parece rançosa. É bem provável que, após todos aqueles séculos de guerra desesperada no exterior e ascetismo cruel no interior, a ortodoxia oficial parecesse mesmo rançosa. O frescor e a liberdade dos

21. Ver capítulo II, nota 20.

primeiros cristãos pareciam então, tanto quanto hoje, uma era de ouro perdida e quase pré-histórica. Roma ainda era mais racional, acima de tudo; a Igreja era realmente mais sábia, mas pode ter parecido mais abatida do que o mundo. Havia algo de mais aventuroso e sedutor, talvez, acerca da louca metafísica que fora soprada a partir da Ásia. Os sonhos se acumulavam como nuvens escuras sobre o Midi, para irromperem em um trovão de anátema e guerra civil. Só havia luz na grande planície em torno de Roma, mas a luz era pálida e a planície vazia, e não havia nenhum tremor no ar parado, enquanto um silêncio imemorial cercava a cidade sagrada.

No alto da casa escura de Assis, Francesco Bernardone dormia e sonhava com armas. Veio até ele na escuridão uma visão esplêndida de espadas modeladas segundo a cruz, à maneira dos cruzados, de lanças, escudos e elmos suspensos em um alto armorial, todos trazendo o símbolo sagrado. Quando acordou, aceitou o sonho como uma trombeta chamando-o ao campo de batalha, e correu para tomar o cavalo e as armas. Ele se deleitava com todos os exercícios de cavalaria, e era sem dúvida um cavaleiro e guerreiro consumado, segundo os testes do torneio e do campo. Ele sem dúvida teria preferido, em qualquer situação, o tipo de cavalaria cristã; mas parece claro que também se encontrava em um estado de espírito que ansiava pela glória, embora aquela glória sempre fosse idêntica à honra. Não lhe faltava uma visão daquela coroa de louros que César deixara para todos os latinos. Quando cavalgou para a guerra, o grande portão na espessa muralha de Assis ressoou com sua última bazófia: "Voltarei como um grande príncipe".

Pouco percorrera a estrada, quando a doença ressurgiu e prostrou-o. É muito provável, à luz de seu temperamento impetuoso, que ele tenha saído em cavalgada muito antes de estar pronto para voltar à atividade. E, na escuridão dessa segunda e bem mais desoladora interrupção, ele teria tido outro sonho, no qual uma voz lhe dizia: "Confundiste o significado da visão. Retorna para tua cidade". E Francisco retornou para Assis em sua enfermidade, uma figura bastante lúgubre, desapontada e até mesmo ridicularizada, sem nada a fazer senão esperar pelo que aconteceria depois. Essa foi sua primeira descida ao desfiladeiro escuro que é chamado de vale da humilhação, que lhe pareceu bastante pedregoso e desolado, mas no qual ele posteriormente haveria de encontrar muitas flores.

Mas Francisco não estava apenas desapontado e humilhado; sentia-se também muito confuso e espantado. Ainda acreditava firmemente que seus dois sonhos tinham algum significado, e não podia imaginar qual seria. Foi enquanto ele perambulava, ou pode-se mesmo dizer devaneava, pelas ruas de Assis e pelos campos fora da muralha da cidade, que lhe ocorreu um incidente que poderia não ter uma relação imediata com os sonhos, mas que me parece a óbvia culminação deles. Francisco cavalgava, distraído, em algum lugar à beira da estrada, provavelmente em campo aberto, quando viu uma figura vindo pela estrada em sua direção e parou, pois notou que era um leproso. Logo compreendeu que sua coragem fora desafiada, não como o mundo desafia, mas como desafiaria alguém que conhece os segredos do coração de um homem. O que ele viu avançando não foi o estandarte e as lanças de Perugia, dos quais nunca lhe ocorrera fugir; nem os exércitos que lutavam pela coroa da Sicília, sobre os quais ele sempre pensara como um homem corajoso pensa diante mero perigo vulgar. Francisco Bernardone viu seu medo vindo pela estrada em sua direção; o medo que vem de dentro e não de fora, embora aparecesse claro e horrível à luz do sol. Por uma vez, na longa corrida de sua vida, sua alma deve ter se paralisado. Ele saltou do cavalo, não conhecendo nenhum intermediário entre a imobilidade e a rapidez, correu rumo ao leproso e lançou os braços ao redor dele. Esse foi o início de uma longa vocação de ministério entre os leprosos, para os quais ele realizou muitos serviços; àquele homem ele deu todo o dinheiro que podia, depois montou e seguiu em frente. Não sabemos até onde cavalgou nem como percebia as coisas ao seu redor, mas diz-se que, quando olhou para trás, não viu ninguém na estrada.

IV

Francisco, o Construtor

Chegamos agora à grande ruptura na vida de Francisco de Assis; o ponto em que lhe aconteceu algo que deve permanecer extremamente obscuro para a maioria de nós, que somos homens comuns e egoístas que Deus não quebrou para fazer de novo.

Para lidar com essa passagem difícil, especialmente tendo em vista meu propósito de tornar as coisas moderadamente fáceis para o simpatizante mais secular, hesitei quanto ao curso apropriado; decidi por fim enunciar, antes de mais nada, o que aconteceu, com pouco mais que uma sugestão do que imagino ter significado. O significado mais pleno pode ser debatido com mais facilidade depois, desenrolando-se na vida franciscana como um todo. De qualquer modo, o que aconteceu foi o seguinte. A história gira em grande medida em torno das ruínas da Igreja de São Damião, um velho santuário em Assis que estava negligenciado e caindo aos pedaços. Ali Francisco adquirira o hábito de rezar diante do crucifixo naqueles dias obscuros e sem objetivo da transição que se seguiu ao colapso trágico de todas as suas ambições militares, provavelmente abaladas por alguma perda de prestígio social terrível para seu espírito sensível. Um dia, enquanto ali rezava, Francisco ouviu uma voz dizendo-lhe: “Francisco, não vês que minha casa está em ruínas? Vai e restaura-a para mim”.

Francisco levantou-se e foi. Ir e fazer algo era uma das exigências impulsionadoras de sua natureza; provavelmente foi e agiu antes de pensar bem no que fazia. De qualquer modo, fizera algo muito decisivo e desastroso para sua carreira social singular. Na grosseira linguagem convencional do mundo incompreensivo, ele roubou. A partir de seu próprio ponto de vista entusiástico, ele estendeu a seu venerável pai Pedro Bernardone a primorosa excitação e o inestimável privilégio de auxiliar, mais ou menos de maneira inconsciente, na reconstrução da Igreja de São Damião. De fato, o que ele fez foi primeiro vender seu cavalo, e depois sair e vender diversos fardos de tecido de seu pai, imprimindo o sinal da cruz sobre eles para indicar seu destino pio e caridoso. Pedro Bernardone não via as coisas sob essa luz. Pedro Bernardone de fato não tinha muita luz para ver que lhe permisse compreender o gênio e o temperamento de seu filho extraordinário. Em vez de entender em que espécie de vento e fogo de desejos abstratos o rapaz vivia, em vez de simplesmente dizer-lhe (como o padre praticamente fez depois) que ele fizera uma coisa indefensável com a melhor das intenções, o velho Bernardone abordou o assunto ao estilo mais duro, de maneira legal e literal. Fez uso de poderes políticos absolutos como um pai pagão e, por conta própria, trancafiou o filho como um ladrão vulgar. O clamor se espalhou entre muitos com os quais o infeliz Francisco ganhara popularidade, e de modo geral, em seus esforços para reconstruir a casa de Deus, ele conseguiu apenas derrubar sua própria casa sobre sua cabeça, ficando soterrado sob as ruínas. A temível briga se arrastou por vários estágios; em dado momento, o desgraçado rapaz desapareceu no subterrâneo, por assim dizer, em alguma caverna ou porão, onde permaneceu envolto na escuridão, desesperançado. De qualquer modo, aquele foi seu momento mais negro; o mundo inteiro virara de pernas para o ar; o mundo lhe caíra sobre a cabeça.

Quando ele saiu, talvez apenas aos poucos alguém tenha percebido que algo havia acontecido. Ele e seu pai foram chamados ao tribunal do bispo, pois Francisco recusava a autoridade de todos os tribunais legais. O bispo dirigira-lhe algumas observações, cheio daquele excelente senso comum que a Igreja Católica mantém como o pano de fundo para todas as atitudes flamejantes de seus santos. Ele disse a Francisco que devia, sem sombra de dúvida, devolver o dinheiro a seu pai e que nenhuma bênção podia seguir-se a uma boa obra realizada por métodos injustos; e, em suma (para sermos diretos), se o jovem fanático devolvesse o dinheiro ao velho tolo, o incidente estaria terminado. Havia uma nova atmosfera em torno de Francisco. Ele não estava mais esmagado, tampouco se arrastava diante de seu pai; contudo, suas palavras não indicam, penso eu, nem uma simples indignação, nem um insulto insolente, nem coisa alguma da natureza de uma mera continuação da briga. Lembram, isto sim, as misteriosas declarações de seu grande modelo: "Que tenho eu a ver contigo?". Ou mesmo o terrível: "Não me toques".

Francisco se ergueu diante de todos e disse: "Até este momento chamei Pedro Bernardone de pai, mas agora sou um servo de Deus. Não apenas o dinheiro, mas tudo que pode ser chamado de seu eu restituirei a meu pai, até mesmo as próprias roupas que ele me deu". E livrou-se de todas as suas roupas exceto uma; e eles viram que era uma camisa de pano de saco.

Ele empilhou as peças de roupa no chão e jogou o dinheiro sobre elas. Voltou-se, então, para o bispo e recebeu sua bênção, como alguém que vira as costas para a sociedade, e, de acordo com o relato, saiu como estava, para o frio do mundo. O mundo devia estar literalmente frio naquele momento, e havia neve no chão. Um curioso detalhe, de significado muito profundo, imagino, aparece no mesmo relato dessa grande crise de sua vida. Ele saiu seminu, com sua camisa de saco, rumo aos bosques de inverno, caminhando sobre a terra congelada entre as árvores cobertas de geada, um homem sem pai. Ele não tinha um tostão nem família e, pelo que consta, não tinha nenhuma profissão ou um plano, ou qualquer esperança no mundo; enquanto caminhava sob as árvores geladas, irrompeu em uma súbita canção.

Parecia, então, extraordinário o fato de ele ter cantado em francês, ou naquele provençal chamado por conveniência de francês. Não era sua língua nativa; e foi em sua língua nativa que ele enfim se tornou famoso como poeta. De fato, São Francisco foi um dos primeiros poetas nacionais nos dialetos nacionais da Europa. Mas aquela era a língua com a qual todos os seus ardores e ambições mais infantis se identificavam; era, para ele, preeminentemente a língua do romance. Que ela tenha irrompido naquele momento extremo e extraordinário me parece algo à primeira vista muito estranho e, em última análise, muito significativo. O possível significado é algo que tentarei sugerir no capítulo subsequente; basta indicar por ora que toda a filosofia de São Francisco girava em torno da ideia de uma nova luz sobrenatural sobre as coisas naturais, que significava a recuperação final, e não a recusa final das coisas naturais. Para o propósito desta parte apenas narrativa do tema, basta eu registrar que, enquanto perambulava pela floresta de inverno, vestindo sua camisa de saco, como o mais selvagem dos eremitas, Francisco cantava na língua dos trovadores.

Enquanto isso, a narrativa retorna ao problema da igreja arruinada, ou pelo menos negligenciada, que fora o ponto de partida do crime inocente do santo e de sua punição beatífica. Aquele problema ainda lhe dominava a mente e logo envolvia suas atividades insaciáveis, mas eram um novo tipo de atividade, e ele não fez mais nenhuma tentativa de interferir com a ética comercial da cidade de Assis. Começara a compreender um daqueles grandes paradoxos que são também trivialidades. Percebeu que a maneira de construir uma igreja não era envolver-se em barganhas e, para ele, questões bastante confusas de posse legal.

A maneira de construir uma igreja não é pagar por ela, com certeza não com o dinheiro de outra pessoa. A maneira de construir uma igreja não é nem mesmo pagar por ela com seu próprio dinheiro. A maneira de construir uma igreja é construí-la.

Ele saiu sozinho catando pedras. Pediu a todas as pessoas que encontrava que lhe dessem pedras. De fato, ele se tornou um novo tipo de mendigo, invertendo a parábola: um mendigo que não pede pão, mas pedras. Provavelmente, como lhe aconteceu repetidas vezes ao longo de sua extraordinária existência, a própria estranheza do pedido lhe conferia uma espécie de popularidade, e todas as espécies de pessoas ociosas e pomposas aderiram ao projeto benevolente, como teriam feito com uma aposta. Ele trabalhou com as próprias mãos na reconstrução da igreja, arrastando o material como uma besta de carga e aprendendo as lições mais rudimentares e finais do trabalho duro. Um vasto número de histórias é contado sobre Francisco nesse período de sua vida, assim como em todos os outros; mas para o propósito aqui, que é de simplificação, é melhor nos determos nessa definida reentrada do santo no mundo pelo portão inferior do trabalho manual. De fato, há um duplo sentido que percorre toda sua vida, como sua sombra projetada na parede. Todas as suas ações tinham um caráter de alegoria, sendo bastante provável que algum estúpido historiador científico tente provar algum dia que ele próprio nada mais foi que uma alegoria. É verdade, nesse sentido, que ele cumpria uma dupla tarefa, reconstruindo algo mais, além da igreja de São Damião. Não estava apenas descobrindo a lição geral de que sua glória não viria da derrota de homens em batalha, e sim da construção dos monumentos positivos e criativos da paz. Francisco realmente construía algo mais, ou começava a construir; algo que caiu em ruína, mas nunca chegou a ser reconstruído por inteiro; uma igreja que sempre pode ser construída de novo, ainda que esteja dissipada até sua primeira pedra angular, e contra a qual os portões do inferno não prevalecerão.

O estágio seguinte em seu progresso é provavelmente marcado por sua transferência das mesmas energias de reconstrução arquitetônica para a pequena igreja de Santa Maria dos Anjos, na Porciúncula. Já fizera algo do mesmo tipo em uma igreja dedicada a São Pedro; e aquela qualidade presente em sua vida, notada acima, que a fazia parecer um drama simbólico, levou muitos de seus biógrafos mais devotos a notar o simbolismo numérico das três igrejas. Havia, de qualquer modo, um simbolismo mais histórico e prático em relação a duas delas. Pois a igreja original de São Damião tornou-se, depois, a sede de seu notável experimento de uma ordem feminina e do romance puro e espiritual de Santa Clara. E a igreja da Porciúncula permanecerá sempre como um dos grandes edifícios históricos do mundo, pois foi ali que ele reuniu seu pequeno grupo de amigos e entusiastas; ela foi o lar de muitos homens sem lar. Naquela época, contudo, não é claro se ele tinha a ideia definida de quaisquer desses desenvolvimentos monásticos. Sem dúvida, é impossível dizer quando o plano surgiu em sua mente; diante dos eventos, porém, o plano toma a forma a princípio de alguns poucos amigos que, um por um, se ligaram a ele, porque partilhavam de sua paixão pela simplicidade. O relato fornecido sobre a forma da dedicação, contudo, é muito significativo, pois ela inovou a simplificação da vida conforme sugerida no Novo Testamento. A adoração de Cristo fora parte da natureza apaixonada do homem, muito tempo no passado. Mas podemos considerar que a imitação de Cristo, como uma espécie de plano ou esquema ordenado da vida, começou aqui.

Os dois primeiros homens que têm o crédito de perceber algo acerca do que ocorria no mundo da alma foram um rico e estável cidadão chamado Bernardo de Quintavalle e um cônego de uma igreja vizinha chamado Pedro. O crédito deles é ainda maior, porque Francisco, se podemos assim dizer, se regozijava na pobreza, naquela época, bem como na associação com leprosos e mendigos maltrapilhos; e aqueles dois eram homens que tinham muito a abandonar: um, os confortos do mundo, e o outro, a ambição da Igreja. Bernardo, o rico burguês, vendeu de modo literal e definitivo tudo que tinha e deu o dinheiro aos pobres. Pedro fez ainda mais, pois desceu de um assento de autoridade espiritual, provavelmente quando já era um homem de certa idade e, portanto, de hábitos mentais fixos, para seguir um jovem excêntrico e extravagante que a maioria das pessoas considerava um maníaco. O vislumbre que ambos tiveram, aquilo de que Francisco vira a glória, será sugerido mais adiante, se é que podemos sugerir algo. Neste estágio, não precisamos professar nada mais do que toda a Assis viu, o que é totalmente indigno de comentário. Os cidadãos de Assis viram apenas o camelo passar com triunfo pelo buraco da agulha e Deus fazer coisas impossíveis, pois para Ele todas as coisas são possíveis; só o que se viu foi um sacerdote que alugou suas vestes como o publicano, e não como o fariseu; e um homem rico que partiu alegre, pois não tinha nenhuma posse.

Diz-se que essas três figuras estranhas construíram para si uma espécie de cabana ou abrigo contíguo ao hospital de leprosos. Ali eles conversavam, nos intervalos de trabalho e perigo (pois era necessário dez vezes mais coragem para cuidar de um leproso do que para lutar pela coroa da Sicília), sobre os termos de sua nova vida, quase como crianças falando em uma língua secreta. Desses elementos individuais do início dessa amizade pouco sabemos com certeza, mas é certo que permaneceram amigos até o fim. Bernardo de Quintavalle ocupa na história uma posição semelhante à de *sir* Bedivere, "o primeiro a chegar e o último a partir dentre os cavaleiros de Artur", pois ele reaparece novamente à mão direita do santo em seu leito de morte e recebe algum tipo de bênção especial. Mas todas essas coisas pertencem a outro mundo histórico, e estavam muito distantes do trio fantástico e maltrapilho em sua cabana arruinada. Eles não eram monges, exceto talvez no sentido mais literal e arcaico, idêntico aos eremitas. Eram, por assim dizer, três solitários vivendo juntos socialmente, mas não como uma sociedade. A situação parecia ser intensamente individual, se vista a partir do exterior; sem dúvida, individual ao ponto da insanidade. A agitação de algo que tinha em si a promessa de um movimento ou de uma missão pode ser sentida pela primeira vez, como eu disse, no incidente do apelo ao Novo Testamento.

Aquela foi uma espécie de *sors virgiliana** aplicada à Bíblia, uma prática que não é desconhecida dos protestantes, embora aberta à crítica destes, conforme se poderia pensar, sendo atribuída a uma superstição de pagãos. De qualquer modo, abrir as Escrituras ao acaso parece ser quase o oposto de procurar algo nelas; mas São Francisco fez isso. De acordo com um relato, ele só fez o sinal da cruz sobre o volume do Evangelho e abriu-o em três lugares, lendo três textos. O primeiro foi a história do jovem rico cuja recusa em vender todos os seus bens foi ocasião para o grande paradoxo em torno do camelo e da agulha. O segundo foi o mandamento aos discípulos para não levarem nada consigo em sua jornada, nem sacola, nem cajado, nem dinheiro algum. O terceiro foi o dito, posteriormente chamado de crucial, de que o seguidor de Cristo também deve carregar sua cruz. Há um relato semelhante de Francisco encontrando um desses textos, quase que por acidente, apenas ao ouvir o que calhou de ser o Evangelho do dia. Mas, segundo a primeira versão, pareceria que o incidente ocorreu de fato muito cedo em sua nova vida, talvez pouco depois do rompimento com o pai, pois foi após esse oráculo que Bernardo, o primeiro discípulo, saiu correndo e distribuiu todos os seus bens entre os pobres. Se foi assim, parece que nada se seguiu ao episódio por um tempo, exceto a vida ascética individual, com a

* N. T.: Literalmente sorte virgiliana, uma forma de adivinhação praticada no período final do Império Romano na Idade Média por meio da seleção aleatória de trechos da *Eneida*, de Virgílio.

cabana como eremitério. É claro que aquele deve ter sido um eremitério bastante público, mas era, não obstante, afastado do mundo, em um sentido muito real. São Simão, o Estilita, no topo de seu pilar, foi em certo sentido um personagem extremamente público, mas havia algo um pouco singular em sua situação, apesar de tudo. Pode-se presumir que a maioria das pessoas achava a situação de Francisco singular, algumas até singular demais. Era inevitável que qualquer sociedade católica fosse capaz de compreender isso melhor do que uma sociedade pagã ou puritana o fizesse, ainda que em um nível inconsciente. Mas penso que não devemos, neste ponto, exagerar essa potencial simpatia pública. Como já foi sugerido, a Igreja e todas as suas instituições já tinham o ar de coisas antigas, estabelecidas e sensíveis, inclusive as instituições monásticas. Penso que o senso comum era mais comum na Idade Média do que em nossa época jornalística bastante sobressaltada; homens como Francisco, no entanto, não são comuns em nenhuma época e tampouco podem ser inteiramente compreendidos pelo mero exercício do senso comum. O século XIII foi sem dúvida um período progressista; talvez o único período realmente progressista da história humana. Mas pode de fato ser chamado de progressista, porque seu progresso foi muito ordenado. Ele é um exemplo real e verdadeiro de uma época de reformas sem revoluções. As reformas, porém, não foram apenas progressistas, mas também muito práticas; elas serviram, em grande medida, para o avanço de instituições altamente práticas: as cidades, as guildas de comércio e as artes manuais. Ora, os homens estáveis das cidades e das guildas na época de Francisco de Assis eram provavelmente muito estáveis, de fato. Eram muito mais iguais, em termos econômicos, e governados de modo muito mais justo em seu próprio ambiente econômico, do que os modernos que travam uma luta insana entre a fome e os preços monopolistas do capitalismo; mas é bastante provável que a maioria de tais cidadãos fosse tão cabeça-dura quanto os camponeses. Certamente, o comportamento do venerável Pedro Bernardone não indica uma delicada simpatia para com as finas e quase extravagantes sutilezas do espírito franciscano. E não podemos medir a beleza e a originalidade dessa estranha aventura espiritual, a menos que tenhamos o humor e a simpatia humana para explicar em palavras simples como ela seria para uma pessoa indiferente na época em que ocorreu. No próximo capítulo, farei uma tentativa, inevitavelmente inadequada, de indicar o que estava por dentro dessa história da construção das três igrejas e da pequena cabana. Neste capítulo, apenas a esbocei a partir do exterior. E ao concluir aquele capítulo, peço ao leitor que se lembre e perceba como se parecia a história, quando vista de exterior. A um crítico dotado de um senso comum bastante rudimentar, sem nenhum sentimento acerca do incidente exceto o aborrecimento, como seria a história?

Um jovem tolo ou malandro é pego roubando de seu pai e vendendo bens que deveria guardar, e a única explicação que ele oferece é que uma voz alta vinda de lugar nenhum falou em seu ouvido e lhe mandou consertar as rachaduras e buracos em uma certa parede. Ele então se declara independente de todos os poderes que correspondem à polícia ou aos magistrados, e busca o amparo de um bispo amável que é forçado a admoestá-lo e dizer-lhe que ele está errado. Francisco então tira suas roupas em público e praticamente as joga sobre seu pai, ao mesmo tempo em que anuncia que aquele não é seu pai. Ele então corre pela cidade pedindo a todos os que encontra que lhe deem fragmentos de edifícios ou materiais de construção, talvez em referência à sua antiga monomania de consertar a parede. Pode ser excelente que rachaduras sejam preenchidas, mas é melhor que isso não seja feito por um maluco; a restauração arquitetônica, como outras coisas, não é muito bem realizada por construtores que, como dizemos, têm um parafuso solto. Por fim, o desgraçado rapaz recai em trapos e na esqualidez, e praticamente rasteja para a sarjeta. Esse é o espetáculo que Francisco deve ter apresentado a um grande número de seus vizinhos e amigos.

Seu modo de vida deve ter-lhes parecido duvidoso; mas provavelmente ele já esmolava por pão, assim como esmolava por materiais de construção. Tinha o cuidado, porém, de pedir o pão mais escuro ou o pior que pudesse conseguir, as cascas de pão mais rançosas ou algo bem menos suntuoso do que as migalhas que os cães comem e que caem da mesa do rico. Assim, ele provavelmente vivia pior do que um mendigo comum, pois o mendigo comeria o melhor que encontrasse, e o santo comia o pior que obtivesse. De fato, ele estava pronto para viver de refugos, e aquela deveria ser uma experiência muito mais feia do que a refinada simplicidade que os vegetarianos e bebedores de água chamariam de vida simples. Da mesma forma como ele lidava com a questão da comida, devia tratar da questão do vestuário. Isto é, lidava com ela com base no mesmo princípio de aceitar o que encontrasse, e nem mesmo o melhor disso. De acordo com um relato, ele trocou de roupas com um mendigo; e, sem dúvida, teria se contentado em trocá-las com um espantalho. Em outra versão, ele conseguiu uma tosca túnica marrom de um camponês, mas supostamente porque o camponês lhe deu sua túnica marrom mais velha de todas, que devia ser muito velha. A maioria dos camponeses tem poucas mudas de roupa para dar, e alguns nada dão até que seja absolutamente necessário. Diz-se que, no lugar do cinturão que ele jogara fora (talvez com o desprezo mais simbólico, porque o cinturão transportava a bolsa ou carteira, segundo a moda do período), ele apanhou uma corda mais ou menos ao acaso, porque estava por perto, e atou-a ao redor da cintura. Ele sem dúvida fez isso como um expediente maltrapilho, assim como um vagabundo indigente às vezes prende suas roupas com um pedaço de barbante. Ele pretendia coletar suas roupas de uma forma ou de outra, como trapos de uma lixeira atrás da outra. Dez anos depois, aquela roupa improvisada seria o uniforme de 5 mil homens; e cem anos depois, vestindo-o como uma veste pontifical, sepultou o grande Dante.

V

Le Jongleur de Dieu

Muitos sinais e símbolos poderiam ser usados para indicar o que realmente ocorreu na mente do jovem poeta de Assis. De fato, eles são, ao mesmo tempo, muito numerosos para ser selecionados e, ainda assim, muito superficiais para ser satisfatórios. Mas um deles pode ser esboçado neste evento pequeno e aparentemente acidental: que, quando ele e seus companheiros seculares conduziam seu cortejo de poesia pela cidade, se autodenominavam Trovadores, mas, quando Francisco e os companheiros espirituais passaram a realizar seu trabalho espiritual no mundo, foram chamados por seu líder de *Jongleurs de Dieu*.

Nada foi dito aqui em detalhes sobre a grande cultura dos trovadores, quando esta apareceu em Provença ou no Languedoc, apesar de sua grande influência na história e de sua influência sobre São Francisco. Voltaremos a falar dos Trovadores quando resumirmos a relação de São Francisco com a história; mas aqui basta registrar em poucas sentenças os fatos acerca dos trovadores que eram relevantes para ele e, de um modo especial, o assunto que agora está em questão, que foi o mais relevante de todos. Todo mundo sabe quem foram os trovadores; todo mundo sabe que, bem no início da Idade Média, no século XII e início do século XIII, emergiu uma civilização no sul da França que ameaçou rivalizar ou eclipsar a tradição emergente de Paris. Seu produto principal foi uma escola de poesia, ou antes, mais especificamente, uma escola de poetas. Eram poetas de amor, embora também houvesse entre eles satiristas e críticos das coisas em geral. Sua postura pitoresca na história deve-se em grande medida ao fato de que eles cantavam seus próprios poemas e costumavam tocar seu próprio acompanhamento, usando os pequenos instrumentos musicais do período; eram menestréis, bem como homens de letras. Aliadas à sua poesia de amor existiam outras instituições de tipo decorativo ou extravagante preocupadas com o mesmo tema. Havia o que era chamado de "Gaia Ciência", a tentativa de reduzir a uma espécie de sistema os finos tons do flerte e do namoro. Existiam os tais Tribunais do Amor, em que os mesmos assuntos delicados eram tratados com pompa legal e pedantismo. Há um detalhe nesse tema que deve ser lembrado em relação a São Francisco. Havia perigos morais expressos em todo esse esplêndido sentimentalismo, mas é um erro supor que seu único perigo de exagero fosse a inclinação ao sensualismo. Havia uma tendência no romance sulista que era, de fato, um excesso de espiritualidade; assim como a heresia pessimista que ele produziu foi em certo sentido um excesso de espiritualidade. O amor nem sempre era animal; às vezes era tão aéreo, a ponto de se tornar quase alegórico. O leitor percebe que a donzela é o ser mais belo que pode existir, só que às vezes duvida de que ela exista. Dante teve um débito para com os trovadores, e os debates críticos sobre sua mulher ideal são um excelente exemplo dessas dúvidas. Sabemos que Beatriz não foi sua esposa, mas, de qualquer modo, deveríamos ter igual certeza de que ela não foi sua amante; e alguns críticos até mesmo sugeriram que ela não foi absolutamente nada, por assim dizer, exceto sua musa. Acredito que essa ideia de Beatriz como uma figura alegórica é infundada; parecerá infundada para qualquer homem que tenha lido a *Vita Nuova* e se apaixonado. Mas o próprio fato de que é possível sugerir isso ilustra algo abstrato e escolástico presente nessas paixões medievais. Embora elas fossem paixões abstratas, foram paixões bastante apaixonadas. Esses homens podiam sentir-se quase como amantes, mesmo em relação a alegorias e abstrações. É necessário lembrar disso para compreendermos que São Francisco falava a verdadeira linguagem do trovador quando disse que também tinha uma donzela muitíssimo gloriosa e graciosa, e que seu nome era Pobreza.

O principal ponto a ser notado aqui não diz respeito, porém, tanto à palavra "trovador", mas à palavra "*jongleur*". Tem uma relevância especial com a transição de uma para a outra, e para isso é necessário perceber outro detalhe dos poetas da Gaia Ciência. Um *jongleur* não era a mesma coisa que um trovador, ainda que o mesmo homem fosse tanto um trovador quanto um *jongleur*. Creio que, com mais frequência, eram indivíduos diferentes, assim como profissões distintas. Em muitos casos, aparentemente, os dois homens percorriam o mundo juntos, como companheiros de armas, ou antes, companheiros de artes. O *jongleur* era, na prática, um comediante ou bufão, às vezes era o que chamaríamos de um malabarista. Este é o ponto focal, imagino, da lenda de Taillefer, o *jongleur*, que na batalha de Hastings cantou a morte de Rolando enquanto lançava para cima sua espada e a apanhava, como um malabarista apanha bolas. Às vezes o *jongleur* pode ter sido um acrobata, como aquele da bela lenda chamada "O Acrobata de Nossa Senhora", que ficou de ponta-cabeça diante da imagem da Virgem Abençoada, pelo que foi nobremente agradecido e confortado por ela e por todo o séquito do céu. Podemos imaginar que, normalmente, o trovador estimularia a companhia com rompantes sinceros e solenes de amor, e em seguida o *jongleur* faria sua parte como uma espécie de alívio cômico. Ainda não foi escrito um glorioso romance medieval sobre dois companheiros desse tipo perambulando pelo mundo. De qualquer modo, se há um lugar onde o verdadeiro espírito franciscano possa ser encontrado fora da verdadeira história franciscana é no conto do Acrobata de Nossa Senhora. E quando São Francisco chamava seus seguidores de *Jongleurs de Dieu*, ele se referia a algo muito semelhante aos Acrobatas de Nosso Senhor.

Em algum lugar, naquela transição da ambição do trovador para as cambalhotas do acrobata, se esconde, como que sob uma parábola, a verdade de São Francisco. Dos dois menestréis ou artistas, presume-se que o bufão era o servo, ou pelo menos a figura secundária. São Francisco falava a sério ao afirmar que encontrara o segredo da vida no ato de ser o servo e a figura secundária. Em última instância, encontrariar-se-ia em tal serviço uma liberdade quase equivalente à frivolidade. Era comparável à condição do *jongleur*, pois quase equivalia à frivolidade. O bufão podia ser livre, quando o cavaleiro era rígido; e era possível ser um bufão em um serviço que é a perfeita liberdade. Esse paralelo dos dois poetas ou menestréis talvez seja a melhor afirmação preliminar e exterior da mudança franciscana de atitude, concebida segundo uma imagem com a qual a imaginação do mundo moderno tem certa simpatia. Havia, é claro, muito mais do que isso; e devemos nos esforçar, ainda que esforço seja insuficiente, para penetrar a imagem e alcançar a ideia. Até agora ela é uma ideia semelhante a um acrobata, sendo ainda obscura para muitas pessoas.

Francisco, na mesma época ou em alguma época próxima de quando desapareceu na prisão ou na caverna escura, passou por uma certa inversão de tipo psicológico, realmente como a inversão de um salto mortal completo, que, ao fechar um círculo completo retornou, ou pareceu retornar, à mesma postura normal. É necessário usar a imagem grotesca de um salto acrobático, porque nenhuma outra imagem tornaria tão claro o fato. Mas, no sentido interior, foi uma profunda revolução espiritual. O homem que entrou na caverna não foi o mesmo homem que saiu; nesse sentido, ele era quase tão diferente quanto se estivesse morto, como se fosse um fantasma ou um espírito abençoado. E os efeitos disso sobre sua atitude em relação ao mundo real foram realmente tão extravagantes quanto qualquer paralelo pode fazê-los parecer. Ele olhava para o mundo de modo tão diferente dos outros homens, como se houvesse saído daquele buraco escuro caminhando sobre as mãos.

Se aplicarmos essa parábola do Acrobata de Nossa Senhora ao caso, chegaremos muito próximo do ponto crucial. É fato que qualquer cena, como uma paisagem, por exemplo, pode às vezes ser vista de modo mais claro e novo se for virada de cabeça para baixo. Alguns pintores de paisagens adotaram as posturas mais surpreendentes e pantomímicas a fim de olhar para a paisagem dessa maneira por um momento. Assim, essa visão invertida, muito mais brilhante, singular e arrebatadora, tem uma certa semelhança com o mundo que um místico, como São Francisco, vê todos os dias. Mas aqui está a parte essencial da parábola. O Acrobata de Nossa Senhora não ficou de ponta-cabeça *a fim de* enxergar flores e árvores com uma visão mais clara ou mais singular. Ele não fez isso, e nunca teria lhe ocorrido fazê-lo. O Acrobata de Nossa Senhora ficou de ponta-cabeça para agradar a Nossa Senhora. Se São Francisco tivesse feito a mesma coisa, como era bem capaz de fazer, teria sido pelo mesmo motivo: o motivo de um pensamento puramente sobrenatural. Seria *depois* disso que seu entusiasmo se estenderia e concederia uma espécie de auréola aos contornos de todas as coisas terrenas. É por isso que não condiz com a verdade representar São Francisco como um mero precursor romântico da Renascença e como um renascimento dos prazeres naturais por si mesmos. Toda sua particularidade é que o segredo de recuperar os prazeres sobrenaturais advém de considerá-los à luz de um prazer sobrenatural. Em outras palavras, ele repetiu em sua própria pessoa aquele processo histórico notado no capítulo introdutório: a vigília do ascetismo, que termina na visão de um mundo natural refeito. Mas no caso pessoal havia ainda mais do que isso: havia elementos que tornam o paralelo do *jongleur*, ou acrobata, ainda mais apropriado.

Pode-se suspeitar que, naquela cela ou caverna escura, Francisco passou as horas mais negras de sua vida. Por natureza, ele era o tipo de homem que possui aquela vaidade que é o oposto do orgulho, aquela vaidade que está muito próxima da humildade. Ele nunca desprezava outras criaturas e, portanto, nunca desprezava a opinião das outras criaturas, incluindo a admiração delas. Toda essa parte de sua natureza humana sofrera os golpes mais pesados e mais esmagadores. É possível que, após seu humilhante retorno da campanha militar frustrada, ele fosse chamado de covarde. É certo que, após a briga com o pai por causa dos fardos de tecido, Francisco foi chamado de ladrão. E até mesmo aqueles que mais simpatizavam com ele, o padre cuja igreja ele restaurara, o bispo cuja bênção ele recebera, evidentemente o trataram com uma amabilidade quase jocosa, que deixava bastante clara a conclusão do assunto. Ele fizera papel de bobo. Qualquer homem que já foi jovem, que montou cavalos ou pensou estar pronto para uma luta, que se imaginou como um trovador e aceitou as convenções da camaradagem, reconhecerá o peso grave e esmagador dessa frase simples. A conversão de São Francisco, assim como a conversão de São Paulo, envolveu o fato de ele ser, em algum sentido, subitamente derrubado de um cavalo; mas em certo sentido aquela foi uma queda ainda pior, pois o cavalo era um cavalo de batalha. De qualquer modo, não restara nenhum trapo dele que não fosse ridículo. Todos sabiam que, na melhor das hipóteses, ele bancara o bobo. Era um fato sólido e objetivo como as pedras da estrada que ele fizera papel de bobo. Via a si mesmo como um objeto, muito pequeno e distinto, como uma mosca caminhando em uma vidraça limpa; e o objeto era, sem questionamento, um bobo. Conforme ele olhava para a palavra "bobo" escrita em letras luminosas diante dele, a própria palavra começou a brilhar e mudar.

Na infância, costumam nos dizer que se um homem fizesse um buraco passando pelo centro da Terra e se movesse cada vez mais para baixo, chegaria um momento, no centro, em que ele pareceria estar se movendo para cima. Não sei se isso é verdade. A razão pela qual não sei se é verdade é que nunca fiz um buraco passando pelo centro da Terra, e muito menos rastejei por ele. Se não sei qual a sensação dessa inversão ou reversão, é porque nunca estive lá. E isso também é uma alegoria. Com certeza o escritor, e até mesmo, possivelmente, o leitor, são pessoas comuns que nunca estiveram lá. Não podemos seguir São Francisco até aquela reviravolta espiritual final em que a completa humilhação se torna a completa santidade ou felicidade, porque nunca estivemos lá. De minha parte, não professo segui-la além daquela primeira ruptura das barricadas românticas da vaidade de menino que sugeri no parágrafo anterior. E até mesmo aquele parágrafo, claro, é mera conjetura, uma adivinhação individual sobre o que ele pode ter sentido; mas talvez tenha sentido algo muito diferente. O que quer que fosse, enfim, foi análogo à história do homem que faz um túnel no meio da Terra, pois significou realmente um homem descendo cada vez mais, até que em algum momento misterioso ele começou a subir. Nunca subimos dessa maneira, porque nunca descemos dessa maneira; e somos incapazes de dizer que aquilo não acontece: quanto mais lermos a história humana com calma e honestidade, e, de modo específico, a história dos homens mais sábios, mais chegaremos à conclusão de que aquilo acontece. Não tenho absolutamente nenhuma pretensão de escrever sobre a essência interior intrínseca à experiência. Mas o efeito exterior dela, para o propósito desta narrativa, pode ser expressado quando digo que ao sair de sua caverna de visões, Francisco trazia a mesma palavra "bobo" como uma pena em seu boné; como um penacho ou mesmo uma coroa. Ele continuaria a ser um bobo; se tornaria cada vez mais bobo; seria o bobo da corte do Rei do Paraíso.

Esse estado só pode ser representado por um símbolo; mas o símbolo da inversão é verdadeiro em outro sentido. Se um homem visse o mundo de cabeça para baixo, com todas as árvores e torres dependuradas como em um lago, isso teria como um dos efeitos a ênfase na ideia de *dependência*. Há uma ligação latina e literal, pois a própria palavra dependência significa apenas dependurar-se. Isso torna vívido o texto da Escritura que diz que Deus pendurou o mundo no nada. Se São Francisco tivesse visto, em um de seus sonhos estranhos, a cidade de Assis de cabeça para baixo, ela em nada seria diferente exceto em um único detalhe: estaria inteiramente invertida. Mas o ponto importante é o seguinte: ao passo que, para o olho normal, a pesada alvenaria de suas muralhas ou os massivos alicerces de suas torres de vigia a fariam parecer mais segura e mais permanente, no momento em que ela fosse invertida o mesmo peso a faria parecer mais desamparada e em perigo. Isso é apenas um símbolo, mas se adequa ao fato psicológico. São Francisco poderia amar sua pequena cidade tanto quanto antes, ou mais do que antes, mas a natureza do amor seria alterada, mesmo sendo aumentada. Ele poderia ver e amar cada telha de cada um dos telhados íngremes, ou cada pássaro sobre as ameias; mas veria tudo sob uma nova e divina luz de eterno perigo e dependência. Em vez de ter o mero orgulho de sua forte cidade por ela não poder ser perturbada, ele seria grato a Deus Todo-Poderoso por ela não ter despencado; seria grato a Deus por não largar todo o cosmo, como um imenso cristal a ser estilhaçado em estrelas cadentes. Talvez São Pedro tenha visto o mundo dessa maneira, quando foi crucificado de cabeça para baixo.

É comum os homens dizerem, em um sentido mais ou menos cínico: "Abençoado aquele que não espera nada, pois não será desapontado". Foi em um sentido inteiramente feliz e entusiástico que São Francisco disse: "Abençoado aquele que não espera nada, pois desfrutará de tudo". Foi por meio dessa ideia deliberada de começar a partir do zero, desde o escuro nada de seus próprios desertos, que ele veio a desfrutar até mesmo as coisas terrenas como poucas pessoas as desfrutaram; e elas são em si mesmas o melhor exemplo prático da ideia. Pois não há modo de um homem obter uma estrela ou merecer um pôr-do-sol. Mas a ideia vai mais longe e nem sempre é fácil de expressar em palavras. É apenas verdade que, quanto menos um homem pensa em si mesmo, mais ele pensa em sua boa sorte e em todas as dádivas de Deus. É também verdade que ele vê mais as coisas como de fato são quando vê a origem delas; pois a origem é parte delas e, na verdade, a parte mais importante. Assim, elas se tornam mais extraordinárias ao serem explicadas. Ele tem mais admiração por essas coisas, mas tem menos medo delas; pois uma coisa é realmente maravilhosa quando é significativa, e não quando é insignificante; e um monstro, seja ele informe, estúpido ou meramente destrutivo, pode ser maior do que as montanhas, mas ainda é, em um sentido literal, insignificante. Para um místico como São Francisco, os monstros tinham significado, isto é, eles transmitiam uma mensagem. Eles não mais falavam em uma língua desconhecida. Esse é o significado de todos aqueles relatos, sejam eles lendários ou históricos, nos quais ele aparece como um mágico falando a língua de animais e pássaros. O místico nada tem a ver com o mero mistério; o mero mistério é geralmente um mistério de iniquidade.

A transição do homem bom para o santo é uma espécie de revolução, mediante a qual alguém, para quem todas as coisas ilustram e iluminam Deus, torna-se alguém para quem Deus ilustra e ilumina todas as coisas. Ela é como a inversão pela qual um amante poderia dizer à primeira vista que uma donzela parecia uma flor, e depois dizer que todas as flores lhe lembravam sua donzela. Um santo e um poeta, olhando para a mesma flor, poderiam dizer a mesma coisa; mas, de fato, embora ambos estivessem dizendo a verdade, seriam verdades diferentes. Para um, a alegria da vida é uma causa da fé, e para outro ela é antes um resultado da fé. Mas um efeito dessa diferença é que o sentido de uma dependência divina, que para o artista é como um relâmpago brilhante, para o santo é como a clara luz do dia. Estando, em certo sentido, do outro lado das coisas, ele vê as coisas saírem do divino como crianças saindo de um lar familiar e aceito, em vez de encontrá-las depois de saírem, como a maioria de nós faz, nas estradas do mundo. E o paradoxo é que, por esse privilégio, ele é mais familiar, mais livre e fraterno, mais despreocupadamente hospitaleiro do que nós. Para nós, os elementos são como arautos que nos dizem, com trombeta e tabardo, que estamos chegando perto da cidade de um grande rei; mas o santo os saúda com uma velha familiaridade que é quase uma velha frivolidade. Ele os chama de Irmão Fogo e Irmã Água.

Assim emerge, desse abismo quase niilista, aquela coisa nobre que é chamada de Louvor, a qual ninguém jamais compreenderá enquanto identificá-la com o culto à natureza ou com o otimismo panteísta. Quando afirmamos que um poeta louva toda a criação, queremos dizer apenas que ele louva o cosmo inteiro. Mas esse tipo de poeta realmente louva a criação, no sentido do ato da criação. Ele louva a passagem ou transição da não entidade à entidade; aqui paira também a sombra daquela imagem arquetípica da ponte, que deu ao sacerdote seu nome arcaico e misterioso. O místico, que passa pelo momento em que não existe nada senão Deus, em algum sentido contempla o início sem início, no qual não existia mesmo nada mais. Ele não apenas aprecia tudo, mas aprecia também o nada a partir do qual tudo foi feito. De certa forma, ele suporta e responde até mesmo à ironia sísmica do Livro de Jó; em algum sentido, ele está presente quando os alicerces do mundo são assentados, com as estrelas da manhã cantando juntas e os filhos de Deus clamando pela alegria. Esse é apenas um prenúncio da razão pela qual o franciscano, maltrapilho, sem um tostão, sem lar e aparentemente sem esperança, saiu de fato cantando canções como as que poderiam vir das estrelas da manhã e clamando como filho de Deus.

Esse senso de uma imensa gratidão e da sublime dependência não era uma frase nem mesmo um sentimento; esse senso era a própria rocha da realidade. Não era uma fantasia, mas um fato; antes, na verdade, em comparação com ele todos os fatos são fantasias. Que todos dependemos, em todos os detalhes e a todo instante, de Deus, como diria um cristão, ou da existência e da natureza das coisas, como até mesmo um agnóstico diria, não é uma ilusão da imaginação; ao contrário, é o fato fundamental que encobrimos, como que com cortinas, com a ilusão da vida ordinária. Essa vida ordinária é em si uma coisa admirável, assim como a imaginação é em si admirável. Mas é a vida ordinária que é muito mais feita de imaginação do que a vida contemplativa. Aquele que viu o mundo inteiro pendurado por um fio de misericórdia de Deus viu a verdade; quase podemos dizer a fria verdade. Aquele que teve a visão de sua cidade de cabeça para baixo a viu da maneira correta.

Rossetti observa, em algum lugar, com amargura, porém com grande veracidade, que o pior momento para o ateu é quando ele é realmente grato, mas não tem ninguém a quem agradecer. O inverso dessa proposição também é verdadeiro, e é certo que essa gratidão produziu, no tipo de homem que consideramos aqui, os momentos de mais pura alegria jamais conhecidos pelo ser humano. O grande pintor gabou-se de misturar todas as suas cores com inteligência, e pode-se dizer que o grande santo mistura todos os seus pensamentos com agradecimentos. Todos os bens parecem melhores quando parecem dádivas. Nesse sentido, é certo que o método místico estabelece uma relação exterior muito saudável com todas as outras coisas. Mas sempre se deve lembrar que todas as outras coisas caíram para sempre em uma posição secundária, em comparação com esse simples fato da dependência em relação à realidade divina. Na medida em que as relações sociais ordinárias têm em si algo que parece sólido e autossustentador, um sentimento de ser ao mesmo tempo apoiadas e amortecidas; na medida em que elas estabelecem a sanidade, no sentido de segurança, e a segurança, no sentido de autossuficiência, o homem que viu o mundo pendurado por um fio tem alguma dificuldade em levá-las tão a sério. Na medida em que até mesmo as autoridades e hierarquias seculares, até mesmo as superioridades mais naturais e as subordinações mais necessárias, tendem ao mesmo tempo a colocar o homem em seu lugar e torná-lo certo de sua posição, o homem que viu a hierarquia humana de cabeça para baixo sempre terá em reserva um sorriso em relação a essa hierarquia. Nesse sentido, a visão direta da realidade divina perturba, de fato, solenidades que são bastante sadias em si mesmas. O místico pode ter aumentado sua estatura em um cúbito, mas geralmente perde algo de sua posição. Ele não pode mais considerar-se como algo garantido, simplesmente porque pode verificar sua própria existência em um registro de paróquia ou em uma Bíblia de família. Tal homem pode ter algo da aparência do lunático que perdeu o nome, mas preservou sua natureza, e que logo se esquece que tipo de homem ele era. "Até este momento chamei Pedro Bernardone de pai, mas agora sou um servo de Deus."

Todas essas questões profundas podem ser sugeridas por frases breves e imperfeitas; e o enunciado mais breve de certo aspecto dessa iluminação é que ela é a descoberta de uma dívida infinita. Pode parecer um paradoxo dizer que um homem pode ser tomado pela alegria ao descobrir que tem uma dívida. Mas isso ocorre apenas porque, em casos comerciais, o credor não costuma compartilhar dos rompantes da alegria, especialmente quando a dívida é, por hipótese, infinita e, portanto, irrecuperável. Mas aqui, novamente, o paralelo de uma história de amor natural do tipo mais nobre resolve a dificuldade em um piscar de olhos. Em tal história o credor infinito compartilha a alegria do devedor infinito, pois de fato ambos são devedores e ambos são credores. Em outras palavras, a dívida e a dependência tornam-se prazeres na presença do amor incólume; essa palavra é usada de maneira muito frouxa e pomposa em simplificações populares como a presente, mas aqui a palavra é mesmo a chave. Ela é a chave para todos os problemas da moralidade franciscana que confundem a mente meramente moderna; mas, acima de tudo, ela é a chave do ascetismo. O maior e mais sagrado dos paradoxos é que o homem que sabe que não pode pagar sua dívida estará sempre a pagando. Ele estará para sempre devolvendo aquilo que não pode devolver, e que não se pode esperar que devolva. Estará sempre jogando coisas em um abismo sem fundo de insondável agradecimento. Os homens que pensam ser modernos demais para compreender isso são de fato medíocres demais para compreendê-lo; e a maioria de nós é medíocre demais para praticá-lo. Não somos generosos o suficiente para sermos ascetas; quase podemos dizer que não somos geniais o suficiente para sermos ascetas. Um homem precisa possuir a magnanimidade da rendição, da qual ele tem nada mais que um vislumbre no primeiro amor, como um vislumbre de nosso Éden perdido. Mas quer ele a enxergue quer não, a verdade se encontra nesse enigma: que o mundo inteiro só tem, ou é, uma única coisa boa, e esta é uma má dívida.

Se alguma vez aquela espécie mais rara de amor romântico, que foi a verdade sustentada pelos trovadores, sair de moda e for tratada como uma ficção, poderemos ver alguma incompreensão como a do mundo moderno acerca do ascetismo. Pois parece concebível que alguns bárbaros tentem destruir o cavalheirismo no amor, assim como os bárbaros que governavam em Berlim destruíram a cavalaria na guerra. Se isso acontecer, teremos a mesma espécie de zombarias sem inteligência e questões sem imaginação. Os homens perguntarão qual foi aquela espécie de mulher egoísta que exigia tributos em forma de flores ou que criatura avarenta ela deve ter sido para exigir ouro sólido na forma de um anel, assim como perguntam que tipo de Deus cruel exigiria o sacrifício e a autonegação. Terão perdido o indício de tudo que os amantes entenderam como o amor e não compreenderão que era feito porque não era exigido. Mas quer essas coisas menores lancem quer não alguma luz sobre as coisas maiores, é absolutamente inútil estudar um grande fato como o movimento franciscano enquanto se permanece no moderno estado de espírito que murmura contra o sombrio ascetismo. Toda a particularidade de São Francisco de Assis é que ele sem dúvida foi ascético e não foi sombrio. Tão logo foi derrubado de seu cavalo pela gloriosa humilhação de sua visão da dependência em relação ao amor divino, ele se lançou ao jejum e à vigília exatamente como se lançara com fúria à batalha. Conduzira seu cavalo de batalha de volta, mas não houve pausa ou interrupção na trovejante impetuosidade de sua investida. Não havia nada de negativo nela; não era um regime nem uma simplicidade estoica da vida. Não era uma autonegação no mero sentido de autocontrole. Era tão positiva quanto uma paixão e tinha todo o ar de ser tão positiva quanto um prazer. Ele devorava o jejum como um homem devora a comida. Mergulhava atrás da pobreza como os homens poderiam ter cavado, enlouquecidos, atrás de ouro. E é precisamente a qualidade positiva e apaixonada dessa parte de sua personalidade que é um desafio para a mente moderna em relação a todo o problema da busca de prazer. Não podemos negar o fato histórico; e ligado a ele há outro fato moral quase tão inegável quanto o primeiro. É certo que ele se manteve nesse curso heroico ou antinatural desde o momento em que saiu com sua camisa de saco para os bosques de inverno, até o momento em que desejou, mesmo em sua agonia de morte, deitar-se nu sobre o chão, para provar que não possuía nada e que não era nada. E podemos dizer, com uma certeza quase tão profunda, que as estrelas que passaram sobre aquele cadáver macilento e desgastado, rígido sobre o chão pedregoso, olharam uma vez, em todos os seus ciclos brilhantes ao redor do mundo da humanidade padecente, para um homem feliz.

VI

O Pobrezinho

Daquela caverna, que foi uma fornalha de gratidão e humildade incandescentes, surgiu uma das personalidades mais estranhas, mais fortes e mais originais que a história humana conheceu. Ele foi, entre outras coisas, enfaticamente aquilo que chamamos de um personagem, quase como falamos sobre um personagem em um bom romance ou peça. Ele foi não apenas um humanista, mas um humorista; um humorista especialmente no antigo sentido inglês de um homem sempre cheio de humor, seguindo seu próprio caminho e fazendo aquilo que ninguém mais teria feito. As anedotas a respeito dele têm uma certa qualidade biográfica da qual o exemplo mais familiar é o dr. Johnson,* e que pertence de outra maneira a William Blake* ou a Charles Lamb.* Essa atmosfera só pode ser definida por uma espécie de antítese; o ato é sempre inesperado e nunca apropriado. Antes de a coisa ser dita ou feita, não pode sequer ser imaginada; mas, depois de dita ou feita, ela é sentida como mera característica. Ela é surpreendentemente e, ainda assim, inevitavelmente individual. Essa qualidade de adequação abrupta e espantosa consistência pertence a São Francisco de uma maneira que o distingue da maioria dos homens de sua época. Os homens estão aprendendo cada vez mais sobre as sólidas virtudes sociais da civilização medieval, mas essas impressões ainda são sociais em vez de individuais. O mundo medieval estava muito à frente do mundo moderno em seu senso de que todos os homens são iguais: a morte, a luz do dia da razão e a consciência comum que mantém unidas as comunidades. Suas generalizações eram mais sãs e sadias do que as loucas teorias materialistas de hoje; ninguém teria tolerado um Schopenhauer desprezando a vida ou um Nietzsche

* N.T.: Samuel Johnson (1709-1784), poeta, ensaísta e lexicógrafo inglês.
* N. T.: William Blake (1757-1827), poeta e pintor inglês.
* N. T.: Charles Lamb (1775-1834), ensaísta inglês.

vivendo apenas para o desprezo. Mas o mundo moderno é mais sutil em sua percepção de que os homens não são iguais: nas variedades temperamentais e nas diferenciações que constituem os problemas pessoais da vida. Todos os homens que podem pensar por si mesmos hoje percebem que os grandes escolásticos tinham um tipo de pensamento que era maravilhosamente claro, mas era, por assim dizer, deliberadamente incolor. Todos concordam hoje que a maior arte da época foi a arte dos prédios públicos, a arte popular e comum da arquitetura. Mas aquela não foi uma época para a arte da pintura de retratos. Contudo, os amigos de São Francisco deram um jeito de deixar para trás um retrato, algo que quase se assemelha a uma caricatura dedicada e afetuosa. Há nele linhas e cores que são pessoais quase a ponto de serem perversas, se é que se pode usar a palavra perversidade acerca de uma inversão que era também uma conversão. Mesmo entre os santos ele tem o ar de uma espécie de excêntrico, se é que se pode usar essa palavra a respeito de alguém cuja excentricidade consistia em sempre se voltar para o centro.

Antes de voltar à narrativa de suas primeiras aventuras e da construção da grande irmandade, que foi o início de uma revolução tão misericordiosa, penso que será bom completar este imperfeito retrato pessoal aqui e, tendo tentado, no capítulo anterior, fornecer uma descrição experimental do processo, acrescentar neste capítulo alguns toques para descrever o resultado. Por resultado entendo o homem real, como ele estava após suas primeiras experiências formadoras; o homem que os homens encontravam caminhando pelas estradas italianas, vestindo sua túnica marrom atada com uma corda. Pois aquele homem, salvo a graça de Deus, é a explicação de tudo que se seguiu; os homens agiam de modo bastante diferente, conforme o tivessem encontrado ou não. Se vemos depois um vasto tumulto, um apelo ao papa, multidões de homens trajando hábitos marrons sitiando os assentos de autoridade, pronunciamentos papais, sessões de acusação de heresia, julgamento e sobrevivência triunfal, o mundo cheio de um novo movimento, o frade como uma palavra caseira em todo canto da Europa, e se perguntarmos *por que* tudo isso aconteceu, só podemos nos aproximar de qualquer resposta à nossa própria pergunta se pudermos, de alguma maneira imaginativa, tênue e indireta, ouvir uma voz humana ou ver um rosto humano sob um capuz. Não há nenhuma resposta, exceto que Francisco Bernardone surgira; e devemos tentar, em algum sentido, enxergar o que veríamos se ele surgisse a nós. Em outras palavras, após algumas sugestões tateantes sobre sua vida a partir do interior, devemos novamente considerá-la a partir do exterior, como se ele fosse um estranho caminhando pela estrada em nossa direção, em meio às colinas da Umbria, entre as oliveiras e as vinhas.

Francisco de Assis era uma figura leve, com aquela espécie de leveza que, combinada com certa vivacidade, dá a impressão de pequenez. Ele era provavelmente mais alto do que parecia – de tamanho médio, dizem seus biógrafos – era sem dúvida muito ativo e, considerando tudo pelo que passou, devia ter uma tolerável resistência. Ele tinha a compleição morena do sul, com uma barba escura, fina e pontiaguda, como a que aparece em figuras sob os capuzes de elfos, e seus olhos brilhavam com o fogo que o animava dia e noite. Há algo acerca da descrição de tudo que ele disse e fez que sugere que, mais do que a maioria dos italianos, ele tendia a uma apaixonada pantomima de gestos. Se isso é verdade, é certo também que com ele, ainda mais do que com a maioria dos italianos, os gestos eram todos de polidez ou hospitalidade. E ambos os fatos, a vivacidade e a cortesia, são os sinais externos de algo que o distingue muito nitidamente de muitos que parecem mais do seu tipo do que realmente são. Diz-se, em verdade, que Francisco de Assis foi um dos fundadores do drama medieval e, portanto, do drama moderno. Ele era o próprio inverso de uma pessoa teatral no sentido egoísta, mas, de qualquer modo, era um indivíduo de preeminência dramática. Esse lado de Francisco pode ser mais bem sugerido tomando-se o que se costuma considerar uma qualidade de repouso, aquilo que se descreve como um amor pela natureza. Somos compelidos a usar esse termo, mas é um termo totalmente errado.

São Francisco não foi um amante da natureza. Entendido de modo apropriado, um amante da natureza era precisamente o que ele não era. A expressão implica a aceitação do mundo material como um ambiente vago, uma espécie de panteísmo sentimental. No período romântico da literatura, na época de Byron e Scott, era bastante fácil imaginar que um eremita nas ruínas de uma capela (de preferência à luz da lua) pudesse encontrar a paz e um prazer suave na harmonia de florestas solenes e estrelas silenciosas, enquanto refletia sobre algum pergaminho ou volume com iluminuras, sobre cuja natureza litúrgica o autor era um pouco vago. Em suma, o eremita podia amar a natureza como um pano de fundo. Ora, para São Francisco nada jamais estava no pano de fundo. Podemos dizer que sua mente não tinha pano de fundo, exceto talvez aquela escuridão divina, a partir da qual o amor divino convocara cada criatura colorida, uma a uma. Ele via tudo como dramático, distinto de seu cenário, não tudo de uma vez, como em uma imagem, mas em ação, como em uma peça. Um pássaro passava por ele como uma flecha: algo com uma história e um propósito, embora fosse um propósito de vida, e não de morte. Um arbusto podia pará-lo como se fosse um bandoleiro; e, de fato, ele estava tão pronto para acolher o bandoleiro quanto para acolher o arbusto.

Em uma palavra, estamos falando de um homem que não pode confundir a floresta com as árvores. São Francisco era um homem que não queria confundir a floresta com as árvores. Ele queria ver cada árvore como uma coisa separada e quase sagrada, sendo uma filha de Deus e, portanto, uma irmã ou um irmão do homem. Mas ele não queria ficar de pé diante de um pedaço de cenário de palco usado só como pano de fundo, no qual estivesse escrito de maneira geral: "Cena: uma floresta". Nesse sentido, podemos dizer que ele era dramático demais para o drama. O cenário teria ganhado vida em suas comédias; os muros teriam realmente falado, como Snout, o Funileiro,* e as árvores teriam de fato caminhado até Dunsinane. Tudo estaria no primeiro plano e, nesse sentido, sob os holofotes. Tudo seria, em todos os sentidos, um personagem. Essa é a qualidade em que, como um poeta, ele é o verdadeiro oposto de um panteísta. Não chamava a natureza de mãe, ele chamava um determinado burro de irmão ou uma determinada pardaloca de irmã. Se chamasse uma pelicana de tia ou um elefante de tio, como deve ter feito, quereria dizer que eles eram criaturas particulares, atribuídas a lugares particulares por seu Criador, e não meras expressões da energia evolutiva das coisas. É aí que seu misticismo se aproxima muito do senso comum da criança. Uma criança não tem dificuldade para compreender que Deus fez o cão e o gato, embora tenha bastante consciência de que a criação de cães e gatos a partir do nada é um processo misterioso além de sua imaginação. Mas nenhuma criança compreenderia o significado do que você diz quando mistura o cão, o gato e todas as outras coisas em um único monstro com uma miríade de pernas e o chama de natureza. A criança se recusaria a entender qualquer animal desse tipo. São Francisco foi um místico, mas ele acreditava no misticismo, e não na mistificação. Como místico, ele era o inimigo mortal de todos aqueles místicos que eliminam os contornos das coisas e dissolvem uma entidade em seu ambiente. Ele foi um místico da luz do dia e da escuridão, mas não um místico da penumbra. Foi o próprio contrário daquela espécie de visionário oriental que só é místico porque

* N. T.: Personagem da peça *Sonho de Uma Noite de Verão*, de Shakespeare, que interpreta um muro na peça *Píramo e Tisbe*, encenada dentro da própria peça.

é cético demais para ser materialista. São Francisco foi sobretudo um realista, usando a palavra em seu sentido medieval muito mais real. A esse respeito, ele foi de fato comparável ao melhor espírito de sua época, que acabara de obter a vitória contra o nominalismo do século XII. Nisso, de fato, havia algo de simbólico na arte e decoração contemporâneas de seu período, assim como na arte da heráldica. Os pássaros e bestas franciscanos eram realmente bastante semelhantes aos pássaros e bestas heráldicos, não no sentido de serem animais fabulosos, mas no de serem tratados como se fossem fatos claros, positivos e intocados pelas ilusões de atmosfera e perspectiva. Nesse sentido, ele via de fato um pássaro negro sobre um campo azul-celeste ou uma ovelha prateada sobre um campo verde. Mas a heráldica da humildade era mais rica do que a heráldica do orgulho, pois via todas essas coisas que Deus nos dera como algo mais precioso e único do que os brasões que os príncipes e pares davam apenas a si mesmos. De fato, a partir das profundezas, a rendição ergue-se mais alta do que os títulos mais altos da era feudal; mais alta do que os louros de César ou a coroa de ferro da Lombardia. Esse é um exemplo de extremos que se encontram: que o Pobrezinho, que se despira de tudo e chamara a si mesmo de nada, adotou o mesmo título que fora a louca ostentação do autocrata asiático e se autointitulou Irmão do Sol e da Lua.

Essa qualidade de algo notável e até mesmo surpreendente nas coisas, conforme São Francisco as via, é importante aqui para ilustrar um personagem em sua própria vida. Assim como via todas as coisas de maneira dramática, ele próprio também era sempre dramático. É desnecessário dizer que temos de presumir o tempo todo que ele era um poeta, e só pode ser entendido como um poeta. Mas tinha um privilégio poético que é negado à maioria dos poetas. A esse respeito, pode-se dizer que ele foi o único poeta feliz entre todos os poetas infelizes do mundo. Foi um poeta cuja vida era um poema. Não era tanto um mero menestrel cantando suas próprias canções quanto um dramaturgo capaz de representar a totalidade de sua própria peça. As coisas que ele dizia eram mais imaginativas do que as que escrevia. As coisas que fazia eram mais imaginativas do que as coisas que dizia. Todo seu percurso ao longo da vida foi uma série de cenas em que ele teve uma espécie de sorte perpétua para levar as coisas a uma crise bela. Falar da arte de viver passou a soar mais artificial do que artístico. Mas São Francisco tornou, em um sentido bastante definido, o próprio ato de viver uma arte, embora fosse uma arte não premeditada. Muitos de seus atos parecerão grotescos e desorientadores para o gosto racionalista. Mas foram sempre atos, e não explicações, e sempre significaram aquilo que ele quis que significassem. A surpreendente vividez com que Francisco ficou gravado na memória e na imaginação da humanidade se deve, em grande medida, ao fato de ele ter sido visto muitas e muitas vezes sob tais condições dramáticas. Desde o momento em que despiu suas roupas e lançou-as aos pés de seu pai, até o momento em que se estendeu para morrer sobre a terra nua em posição de cruz, sua vida foi constituída por essas atitudes inconscientes e gestos sem hesitação. Seria fácil encher páginas e páginas de exemplos; mas utilizarei aqui o método considerado conveniente em todo este breve esboço, tomarei um exemplo típico, demorando-me sobre ele com um pouco mais de detalhe do que seria possível em um catálogo, na esperança de tornar o significado mais claro. O exemplo adotado aqui ocorreu nos últimos dias de sua vida, mas remete, de maneira bastante curiosa, aos primeiros dias e completa o círculo da notável unidade daquele romance de religião.

A frase a respeito de sua irmandade com o Sol e a Lua, e com a água e o fogo, ocorre durante seu famoso poema chamado "Cântico das Criaturas, ou Cântico do Sol". Ele o cantou ao perambular pelas campinas na estação mais ensolarada de sua própria carreira, quando lançava ao céu todas as paixões de poeta. Esse cântico é uma obra supremamente característica, e muito de São Francisco poderia ser reconstruído a partir dessa obra apenas. Embora em alguns sentidos ela seja tão simples e direta quanto uma balada, contém um delicado instinto de diferenciação. Note, por exemplo, o senso do sexo das coisas inanimadas, que vai muito além dos gêneros arbitrários de uma gramática. Não foi em vão que ele chamou o fogo de irmão, feroz, alegre e forte, e a água de irmã, pura, clara e inviolada. Lembre que São Francisco não foi nem atrapalhado nem auxiliado por todo aquele politeísmo grego e romano transformado em alegoria, que era frequente inspiração ou convenção para a poesia europeia. Tenha ele ganhado ou perdido algo por causa de seu desprezo pela erudição, nunca lhe ocorreu relacionar Netuno e as ninfas à água ou Vulcano e os ciclopes ao fogo. Esse ponto ilustra exatamente aquilo que já foi sugerido: que, longe de ser um renascimento do Paganismo, a renascença franciscana foi uma espécie de novo começo e primeiro despertar após um esquecimento do Paganismo. Certamente, ela é responsável por um certo frescor. De qualquer modo, São Francisco foi, por assim dizer, o fundador de um novo folclore; mas ele podia distinguir suas sereias de seus tritões e suas bruxas de seus feiticeiros. Em suma, teve de criar sua própria mitologia, mas distinguia com um simples olhar as deusas dos deuses. Esse instinto fantástico para os sexos não é o único exemplo de um instinto imaginativo desse tipo. A mesma inspiração singular se encontra no fato de que ele distingue o Sol com um título um pouco mais cortês, além do título de irmão; uma expressão que um rei poderia usar em relação a outro, correspondendo a "*Monsieur notre frère*".* Isso é como uma leve sombra meio irônica da brilhante primazia que o Sol desfrutara nos céus pagãos. Diz-se que um bispo reclamou de um não conformista que disse Paulo em vez de São Paulo, e acrescentou: "Ele poderia pelo menos tê-lo chamado de sr. Paulo". Assim, São Francisco é livre de toda obrigação de bradar em louvor ou terror acerca do senhor Deus Apolo, mas em seu novo céu de infância, ele o saúda como sr. Sol. Essas são coisas em que ele tem uma espécie de infantilidade inspirada, que só se encontra em contos infantis. Algo desse mesmo assombro confuso, porém saudável, faz o conto do Irmão Raposa e do Irmão Coelho referir-se respeitosamente ao sr. Homem.

Esse poema, cheio da alegria da juventude e das memórias da infância, percorre toda sua vida como um refrão, e partes dele surgem continuamente no hábito comum de sua fala. Talvez a última aparição dessa linguagem especial seja em um incidente que sempre me pareceu deveras impressionante e é, de qualquer modo, muito ilustrativo das maneiras e gestos grandiosos aos quais me refiro. As impressões desse tipo são questão de imaginação e, nesse sentido, de gosto. É inútil discutir a respeito delas, pois sua particularidade é que se encontram além das palavras; e mesmo quando usam palavras, estas parecem ser completadas por algum movimento ritual, como uma bênção ou um golpe. Assim, em um exemplo supremo, há algo que está muito além de toda exposição, algo como o majestoso movimento e a poderosa sombra de uma mão, escurecendo até mesmo a escuridão do Getsêmani: "Dormi agora, e repousai...". Contudo, há pessoas que começaram a parafrasear e expandir o relato da Paixão.

São Francisco estava à morte. Podemos dizer que ele era um homem velho na época em que esse incidente típico ocorreu; mas, de fato, ele era apenas prematuramente velho, pois não tinha ainda 50 anos quando morreu, desgastado por sua vida de luta e jejum. Mas quando desceu do terrível ascetismo e da revelação ainda mais terrível do Alverne, era um homem alquebrado. Como veremos quando esse eventos forem abordados, por sua vez, não foram apenas a doença e a decadência corpórea que lhe obscureceram a vida; ele sofrera um desapontamento em sua principal missão de pôr fim às Cruzadas pela conversão

* N. T.: Em francês, "Senhor nosso irmão".

do Islã, e uma decepção ainda maior pelos sinais de transigência e de um espírito mais político ou prático em sua própria ordem, despendera suas últimas energias em protesto. Nesse ponto, disseram-lhe que estava ficando cego. Se o leitor compreendeu até aqui o que São Francisco sentia a respeito da glória e do fausto da terra e do céu, da forma, da cor e do simbolismo heráldico dos pássaros, das bestas e das flores, poderá ter uma ideia do que significava para ele ficar cego. Contudo, o remédio talvez fosse pior que a doença. O remédio não garantido era cauterizar o olho, sem qualquer anestesia. Em outras palavras, seus globos oculares vivos seriam queimados com um ferro incandescente. Muitas das torturas do martírio, que ele invejou na martirologia e buscou em vão na Síria, não deviam ser piores. Quando retiraram o ferro da fornalha, ele se ergueu como que em um gesto de cortesia, e falou, como que a uma presença invisível: "Irmão Fogo, Deus vos fez belo, forte e útil; rogo para que sejais cortês comigo".

Se existe tal coisa como a arte da vida, parece-me que tal momento foi uma de suas obras-primas. Pouquíssimos poetas se lembrariam de sua poesia em um momento desses, muito menos viveriam um de seus próprios poemas. Até mesmo William Blake ficaria desconcertado se, enquanto relia as nobres linhas "Tigre, tigre, que flamejas", um tigre de bengala real e vivo pusesse a cabeça pela janela do chalé em Felpham, com toda intenção de devorá-lo. Ele teria estremecido antes de saudá-lo com bons modos, acima de tudo ao completar calmamente a recitação do poema ao quadrúpede a quem ele era dedicado. Shelley, quando desejou ser uma nuvem ou uma folha carregada pelo vento, ficaria um tanto surpreso ao se encontrar girando lentamente de cabeça para baixo no ar, mil pés acima do mar. Até mesmo Keats, sabendo que seu domínio sobre a vida era frágil, teria se perturbado ao descobrir que a verdadeira e ardente Hipocrene, da qual ele partilhara livremente, continha de fato uma droga, que na verdade assegurava que ele deixaria de existir à meia-noite, sem nenhuma dor. Para Francisco não havia nenhuma droga, e sim bastante dor. Mas seu primeiro pensamento foi uma de suas primeiras fantasias das canções de sua juventude. Ele se lembrou da época em que uma chama era uma flor, a flor mais gloriosa, alegre e colorida entre as flores do jardim de Deus; e quando a chama brilhante retornou a ele na forma de um instrumento de tortura, ele a saudou de longe como um velho amigo, chamando-a pelo apelido que mais podia ser considerado seu verdadeiro nome cristão.

Esse é apenas um incidente em toda uma vida de tais incidentes; e eu o selecionei, em parte, porque mostra o que se entende aqui por aquela sombra de gesto que está em todas as suas palavras, o gesto dramático do sul, e, em parte, porque sua referência especial à cortesia cobre o próximo fato relatado. O instinto popular de São Francisco e sua perpétua preocupação com a ideia de irmandade serão inteiramente incompreendidos se vistos no sentido daquilo que se costuma chamar de camaradagem, aquela espécie de irmandade de um tapinha nas costas. Com frequência, vindo dos inimigos e, com frequência maior, vindo dos amigos do ideal democrático, proveio uma noção de que esse tom é necessário para aquele ideal. Presume-se que a igualdade significa todos os homens serem igualmente incivilizados, ao passo que deveria significar todos os homens serem igualmente civilizados. Tais pessoas esqueceram o próprio significado e a derivação da palavra civilidade, se não enxergam que ser incivilizado é o mesmo que não ser cívico. Mas, de qualquer modo, essa não era a igualdade que Francisco de Assis encorajava, e sim uma igualdade do tipo oposto: uma camaradagem realmente baseada na cortesia.

Mesmo naquela terra de fadas de suas meras fantasias acerca de flores, animais e até mesmo coisas inanimadas, ele retinha essa postura permanente de uma espécie de deferência. Um amigo meu falou a resepeito de um homem que era do tipo que pede desculpas ao gato. São Francisco realmente teria pedido desculpas ao gato. Quando estava prestes a pregar em um bosque cheio de trinados de pássaros, ele disse, com um gesto gentil: "Irmãzinhas, se já tivestes vossa vez de falar, é hora de eu também ser ouvido". E todos os pássaros ficaram em silêncio; de minha parte, acho fácil acreditar. Em deferência ao meu plano especial de tornar as coisas inteligíveis para a modernidade ordinária, tratei separadamente o assunto dos poderes milagrosos que São Francisco sem dúvida possuía. Mas, mesmo sem quaisquer poderes milagrosos, os homens desse tipo magnético, com esse intenso interesse pelos animais, costumam ter um poder extraordinário sobre eles. O poder de São Francisco era sempre exercido com essa polidez elaborada. Boa parte dela era sem dúvida uma espécie de piada simbólica, uma pantomima piedosa com intenção de comunicar a distinção vital de sua missão divina, de que ele não apenas amava, mas reverenciava Deus em todas as Suas criaturas. Nesse sentido, ele seria capaz de pedir desculpas ao gato ou aos pássaros, mas também a uma cadeira por sentar-se nela ou a uma mesa por apoiar-se nela. Qualquer um que o seguisse ao longo da vida apenas para rir dele, como uma espécie de lunático amável, teria logo a impressão de um lunático que se curvava para todo poste ou tirava o chapéu para toda árvore. Tudo isso era parte de seu instinto para a gesticulação imaginativa. Ele ensinou ao mundo grande parte de sua lição mediante uma espécie de alfabeto mudo. Mas se havia esse elemento cerimonial até mesmo em assuntos mais leves ou menores, sua importância se tornava muito mais séria no trabalho sério de sua vida, que era um apelo à humanidade, ou antes aos seres humanos.

Eu disse que São Francisco deixava deliberadamente de confundir a floresta com as árvores. É ainda mais verdadeiro afirmar que ele deliberadamente deixava de confundir a multidão com os homens. O que distingue esse democrata bastante genuíno de qualquer mero demagogo é que ele nunca enganou ou foi enganado pela ilusão da sugestão de massa. Qualquer que fosse seu gosto por monstros, ele nunca via diante de si uma besta de muitas cabeças. Via apenas a imagem de Deus multiplicada, mas nunca monótona. Para ele, um homem era sempre um homem, e não desaparecia em uma densa multidão, não mais do que em um deserto. Ele honrava todos os homens, isto é, não apenas amava, mas respeitava todos eles. O que lhe dava esse extraordinário poder pessoal era o seguinte: que do papa ao mendigo, do sultão da Síria em seu pavilhão aos ladrões maltrapilhos saídos da floresta, nunca houve um homem que olhou naqueles ardentes olhos castanhos sem ter certeza de que Francisco Bernardone estava de fato interessado *nele*, em sua própria vida individual interior, do berço ao túmulo, que ele próprio estava sendo valorizado e levado a sério, e não apenas acrescentado aos despojos de alguma política social ou aos nomes em algum documento clerical. Ora, para essa ideia moral e religiosa em particular não existe nenhuma expressão exterior além da cortesia. A exortação não a expressa, pois ela não é um mero entusiasmo abstrato; a beneficência não a expressa, pois ela não é mera piedade. Ela só pode ser comunicada por certa maneira grandiosa que pode ser chamada de boas maneiras. Podemos dizer, se quisermos, que São Francisco, na pura e árida simplicidade de sua vida, se apegara a um trapo de luxo: as maneiras de uma corte. Mas ao passo que em uma corte há um rei e uma centena de cortesões, nesta história havia um cortesão, movendo-se entre uma centena de reis. E essa era mesmo a única atitude que teria um apelo para aquela parte do homem à qual ele desejava apelar. Não poderia fazer isso dando-lhe ouro, ou mesmo pão; pois há um provérbio que diz que qualquer festeiro pode jogar fora a grandeza por mero desprezo. Aquilo não poderia ser feito nem mesmo concedendo tempo e atenção; pois qualquer número de filantropos e burocratas benevolentes faz esse trabalho com um desprezo muito mais frio e terrível no coração. Nenhum plano, proposta ou rearranjo eficiente devolverá a um homem combalido seu autorrespeito e o sentimento de falar com um igual. Um gesto fará isso.

Com aquele gesto, Francisco de Assis se movia entre os homens; e logo se percebeu que havia em tal gesto algo de mágico e que funcionava, em duplo sentido, como um encantamento. Mas deve sempre ser concebido como completamente natural, pois era de fato quase um gesto de desculpas. Devemos imaginar Francisco movendo-se rapidamente pelo mundo com uma espécie de polidez impetuosa, quase como o movimento de um homem que tropeça e cai sobre um joelho, metade por pressa e metade por mesura. O rosto ansioso sob o capuz marrom era o de um homem sempre indo a algum lugar, como se seguisse, bem como se observasse, o voo dos pássaros. E esse sentido de movimento é de fato o significado de toda a revolução que ele empreendeu; pois a obra que deve agora ser descrita foi da natureza de um terremoto ou de um vulcão, uma explosão que impulsionou para fora, com uma energia dinâmica, as forças armazenadas por dez séculos na fortaleza ou arsenal monástico e espalhou suas riquezas de modo ousado pelos confins da Terra. Em um sentido melhor do que aquele expresso pela antítese, podemos dizer que aquilo que São Benedito armazenara, São Francisco espalhou; mas, no mundo das coisas espirituais, aquilo que fora armazenado em celeiros como grãos se espalhou pelo mundo como sementes. Os servos de Deus, que eram antes uma guarnição sitiada, tornaram-se um exército em marcha; os caminhos do mundo foram preenchidos, como que pelo trovão, com os passos de seus pés, e, muito adiante daquela hoste sempre crescente, ia um homem cantando, como cantara naquela manhã nos bosques de inverno, onde caminhara sozinho.

VII

As Três Ordens

Diz-se em um sentido popular que dois é bom, três é demais; há também outro sentido em que três é bom e quatro é demais, como prova a procissão de figuras históricas e fictícias movendo-se em grupos de três, trios famosos como os Três Mosqueteiros ou os Três Soldados de Kipling. Mas há ainda um outro sentido, diferente, em que quatro é boa companhia e três não é nada, se usarmos a palavra companhia no sentido mais vago de uma massa ou multidão. Com o quarto homem, entra a sombra de uma multidão; o grupo não é mais de três indivíduos concebidos apenas individualmente. Aquela sombra do quarto homem desceu sobre o pequeno eremitério da Porciúncula quando um homem chamado Egídio, aparentemente um pobre trabalhador, foi convidado por São Francisco a entrar. Ele se misturou sem dificuldades com o mercador e com o cônego que já haviam se tornado companheiros de Francisco; mas, com sua vinda, uma linha invisível foi cruzada, pois naquele momento deve ter havido a sensação de que o crescimento daquele pequeno grupo se tornara potencialmente infinito ou, pelo menos, que seu contorno se tornara para sempre indefinido. Talvez tenha sido na época daquela transição que Francisco teve outro de seus sonhos cheios de vozes; mas agora as vozes eram um clamor das línguas de todas as nações, franceses, italianos, ingleses, espanhóis e alemães, contando a glória de Deus, cada qual em sua própria língua, como um novo Pentecostes e uma Babel mais feliz.

Antes de descrever os primeiros passos que ele deu para regularizar o grupo crescente, será bom termos uma breve noção de como ele concebia o grupo. Não chamava seus seguidores de monges, e não era claro, pelo menos nessa época, se ele pensava neles como monges. Chamava-os por um nome que é geralmente traduzido em inglês como *Friars Minor*, ou Frades Menores, mas estaremos muito mais próximos da atmosfera de sua mente se usarmos a tradução quase literal de

Irmãozinhos. Presume-se que ele já resolvera que deviam adotar os três votos de pobreza, castidade e obediência que sempre foram a marca do monge. Mas parece que ele não tinha tanto medo da ideia do monge quanto da ideia do abade. Francisco temia que as grandes magistraturas espirituais, que concediam até mesmo a seus mais santos dos santos ao menos uma espécie de orgulho impessoal e corporativo, imporiam um elemento de pomposidade que estragaria sua versão extrema e quase extravagantemente simples da vida de humildade. Mas a suprema diferença entre sua disciplina e a disciplina do antigo sistema monástico dizia respeito, claro, à ideia de que os monges se tornariam migratórios e quase nômades em vez de estacionários. Haveriam de se misturar com o mundo; e a isto o monge mais tradicional reagiria perguntando como eles se misturariam com o mundo sem se emaranhar nele. Essa era uma pergunta muito mais real do que uma religiosidade vaga é capaz de perceber; mas São Francisco tinha uma resposta para ela, uma resposta de seu próprio tipo individual, e o interesse do problema se encontra nessa resposta altamente individual.

O bom bispo de Assis expressara uma espécie de horror acerca da dura vida que os Irmãozinhos viviam na Porciúncula, sem confortos, sem posses, comendo qualquer coisa que encontrassem e dormindo no chão de qualquer jeito. São Francisco lhe respondeu com aquela curiosa e quase formidável contundência que os indivíduos sobrenaturais às vezes brandem como uma clava de pedra. Ele disse: “Se tivéssemos quaisquer posses, precisaríamos de armas e leis para defendê-las”. Essa frase é a pista de toda a política a que ele se dedicava. Baseava-se em uma lógica muito real; aliás, ele nunca foi outra coisa além de lógico. Estava disposto a reconhecer seus erros em qualquer outra coisa, mas tinha total certeza dessa regra em particular. Francisco só foi visto irritado uma vez, e foi quando se falou de uma exceção à regra.

Seu argumento era o seguinte: que o homem dedicado podia ir a qualquer lugar em meio a qualquer tipo de homens, mesmo entre o pior de todos, contanto que não houvesse nada pelo qual pudessem segurá-lo. Se tivesse quaisquer laços ou necessidades como os homens comuns, ele se tornaria como os homens comuns. São Francisco era o último homem no mundo que pensaria mal dos homens comuns por serem comuns. Eles provavelmente receberam dele mais afeição e admiração do que jamais receberiam de qualquer outro. Mas, para seu propósito particular de agitar o mundo com um novo entusiasmo espiritual, que ele via com clareza lógica que era o oposto do fanatismo ou da sentimentalidade, os frades não deviam se tornar semelhantes aos homens comuns; o sal não devia perder seu sabor nem mesmo para se tornar a comida diária da natureza humana. E a diferença entre um frade e um homem comum era o fato de um frade ser mais livre que um homem comum. Era necessário que ele fosse livre do claustro, mas ainda mais importante que fosse livre do mundo. Parte de um senso comum perfeitamente sadio é afirmar que o homem comum não pode ser livre do mundo, ou pelo menos não deveria ser. O mundo feudal em particular era um sistema labiríntico de dependência; mas não foi apenas o mundo feudal que produziu o mundo medieval nem o mundo medieval que produziu o mundo como um todo; e o mundo como um todo está repleto desse fato. A vida familiar, tanto quanto a vida feudal, é por natureza um sistema de dependência. Os sindicatos modernos, tanto quanto as guildas medievais, são interdependentes entre si até mesmo para se tornarem independentes de outros. Na vida medieval, assim como na vida moderna, mesmo quando essas limitações existem em vista da liberdade, elas contêm em si uma considerável parcela de sorte. Elas são o resultado parcial das circunstâncias; às vezes, um resultado quase inevitável delas. Assim, o século XII fora a era dos votos; e havia uma característica de relativa liberdade naquele gesto feudal do voto, pois nenhum homem pede um voto de um escravo, assim como não o pede de uma pá. Ainda assim, na prática, um homem partia para a guerra em apoio à antiga casa da Coluna, ou atrás do Grande Cão da Escadaria, em grande medida porque nascera em certa cidade ou região. Mas nenhum homem precisava obedecer ao pequeno Francisco em sua velha túnica marrom, a menos que quisesse. Mesmo em suas relações com seu líder escolhido, tal homem era, em certo sentido, relativamente livre, em comparação com o mundo ao seu redor. O mundo ao seu redor era, como vimos, uma rede de dependências feudais, familiares e outras formas de dependências. Toda a ideia de São Francisco era que os Irmãozinhos deviam ser como peixinhos que podiam entrar e sair à vontade daquela rede. Podiam fazer isso justamente porque eram peixes pequenos e, nesse sentido, até mesmo escorregadios. Não havia nada no mundo que pudesse prendê-los, pois o mundo nos apanha pela orla de nossas roupas, os fúteis elementos exteriores de nossas vidas. Um dos franciscanos disse depois: "Um monge não deve possuir nada exceto sua harpa", o que significa, suponho, que não deve dar valor a nada, exceto sua canção, a canção com a qual era seu trabalho, por ser menestrel, fazer serenata em todo castelo e cabana, a canção da alegria do Criador em sua criação e da beleza da irmandade dos homens. Ao imaginarmos a vida desse tipo de errante visionário, temos um vislumbre do lado prático daquele ascetismo que confunde os que pensam em si mesmos como práticos. Um homem tinha de ser magro para sempre passar pelo meio das grades e sair da jaula; tinha de viajar leve a fim de cavalgar tão depressa e para tão longe. Todo o cálculo daquela astúcia inocente, por assim dizer, era que o mundo devia ser atacado por ele pelos flancos e superado em astúcia, e se embasbacar quanto ao que fazer com ele. Você não pode ameaçar matar de fome um homem que está sempre se empenhando jejuar. Não pode arruiná-lo e reduzi-lo à mendicância, pois ele já é um mendigo. Até mesmo a satisfação de bater nele com um bastão é indiferente, quando ele só dá pequenos pulos e gritos de alegria, porque a indignidade é sua única dignidade. Você não pode colocar a cabeça dele em uma forca sem o risco de colocá-la em uma auréola.

Mas uma distinção entre os antigos monges e os novos frades consistia principalmente na questão da praticabilidade e, de um modo especial, na prontidão. As antigas fraternidades, com suas habitações fixas e existência delimitada, possuíam as limitações dos chefes de família comuns. Por mais simples que fosse o modo como viviam, devia haver certo número de celas, certo número de camas ou, pelo menos certo espaço cúbico para certo número de irmãos; seus números, portanto, dependiam de sua terra e de seus materiais de construção. Entretanto, uma vez que um homem podia tornar-se um franciscano meramente ao prometer arriscar a sorte comendo bagas em uma vereda, ou esmolando uma casca de pão de uma cozinha, ou dormindo sob uma sebe, ou sentando-se pacientemente em uma soleira de porta, não havia nenhuma razão econômica por que não pudesse haver qualquer número de tais entusiastas excêntricos dentro de um curto período de tempo. Devemos nos lembrar também que todo esse rápido desenvolvimento era marcado por um tipo de otimismo democrático que fazia parte do caráter pessoal de São Francisco. Seu próprio ascetismo era, em certo sentido, a altura do otimismo. Ele exigia muito da natureza humana, não porque a desprezasse, mas antes por confiar nela. Esperava muito dos homens extraordinários que o seguiam, mas também esperava muito dos homens ordinários aos quais ele os enviava. Ele pedia comida aos leigos de modo tão confiante quanto pedia à fraternidade que jejuasse. Mas contava com a hospitalidade da humanidade, porque realmente considerava toda casa como a casa de um amigo. Ele amava e honrava os homens ordinários e as coisas ordinárias; de fato, podemos dizer que só enviava os homens extraordinários para encorajar os homens a serem ordinários.

Esse paradoxo pode ser enunciado ou explicado de modo mais exato quando lidamos com a questão muito interessante da Terceira Ordem, que se destinava a auxiliar homens ordinários a serem ordinários com uma exultação extraordinária. O ponto em questão, no momento, é a audácia e a simplicidade do plano franciscano para alojar seus soldados espirituais em meio à população, não pela força, mas pela persuasão, e mesmo pela persuasão da impotência. Foi um ato de confiança e, portanto, um cumprimento. Foi um exemplo de algo que sempre se ligava a São Francisco, uma espécie de tato que parecia sorte, pois era tão simples e direto quanto um relâmpago. Há muitos exemplos, em suas relações privadas, dessa espécie de tato sem tato, essa surpresa efetuada por um golpe ao coração da questão. Diz-se que um jovem frade sofria de uma espécie de amuamento entre a morbidez e a humildade, bastante comum na juventude e no culto aos heróis, no qual ele havia posto na cabeça que seu herói o odiava ou desprezava. Podemos imaginar o quanto os diplomatas sociais evitariam cenas e excitações, e com que cautela os psicólogos observariam e lidariam com tais casos delicados. Francisco subitamente caminhou até o jovem, que estava, é claro, reservado e silencioso como um túmulo, e disse: "Não te atormentes em teus pensamentos, pois me és caro, e mesmo entre o número daqueles que são mais caros. Sabes que és digno de minha amizade e sociedade; portanto, vem a mim em confidência sempre que quiseres, e a partir da amizade aprende a fé". Ele falava a toda a humanidade exatamente como falara àquele rapaz mórbido. Ele sempre ia direto ao ponto, sempre parecia ao mesmo tempo mais correto e mais simples do que a pessoa a quem se dirigia. Ele parecia ao mesmo tempo baixar a guarda e dar uma estocada no coração. Algo nessa atitude desarmava o mundo de um modo ímpar, jamais visto de novo. Ele era melhor do que os outros homens, era um benfeitor dos outros homens, e ainda assim não era odiado. O mundo veio para a igreja por meio de uma porta mais nova e mais próxima, e por meio da amizade aprendeu a fé.

Foi enquanto o diminuto grupo de pessoas na Porciúncula ainda era pequeno o suficiente para se reunir em um pequeno aposento que São Francisco se decidiu sobre sua primeira investida importante e sensacional. Diz-se que havia apenas 12 franciscanos no mundo inteiro quando ele decidiu marchar, por assim dizer, sobre Roma e fundar uma Ordem Franciscana. Tal apelo a um quartel-general distante podia não parecer necessário; talvez algo pudesse ser feito de uma maneira secundária sob a autoridade do bispo de Assis e do clero local. Seria ainda mais provável que as pessoas achassem bastante desnecessário incomodar o tribunal supremo da cristandade com o modo pelo qual uma dúzia de homens ao acaso escolheram chamar a si próprios. Mas Francisco foi obstinado e, por assim dizer, cego nesse ponto; e essa brilhante cegueira é extremamente característica dele. Sendo um homem satisfeito com pequenas coisas, ou mesmo apaixonado por pequenas coisas, ele, contudo, nunca se sentira como nos sentimos acerca da desproporção entre as coisas pequenas e as grandes. Nunca viu as coisas segundo a escala de nosso juízo, mas com uma vertiginosa desproporção que faz a mente cambalear. Às vezes ela parece apenas fora de proporção, como um mapa medieval de cores alegres, e de repente parece escapar de tudo, como um atalho pela quarta dimensão. Diz-se que ele fez uma jornada para ter uma audiência com o imperador, entronado entre seus exércitos sob a águia do Sacro Império Romano, a fim de interceder pelas vidas de certos passarinhos. Ele era bastante capaz de enfrentar 50 imperadores para interceder por um pássaro. Partiu com dois companheiros para converter o mundo maometano. Saiu com 11 companheiros para pedir ao papa que criasse um novo mundo monástico.

Inocêncio III, o grande papa, de acordo com Boaventura, estava caminhando no terraço de São João de Latrão, sem dúvida resolvendo as grandes questões políticas que perturbavam seu reino, quando apareceu abruptamente diante dele uma pessoa com roupas de camponês, que ele julgou ser algum tipo de pastor. Livrou-se do pastor com toda a rapidez conveniente, sendo bastante possível que o tenha considerado louco. De qualquer modo, não pensou mais naquilo até que, como diz o grande biógrafo franciscano, Inocêncio teve naquela noite um sonho estranho. Imaginou ver todo o imenso templo antigo de São João de Latrão, em cujos altos terraços ele caminhara de modo tão seguro, inclinando-se de uma maneira horrível, torto, contra o céu, como se todos os seus domos e torreões se curvassem em meio a um terremoto. Então olhou novamente e viu que uma figura humana segurava o templo como uma cariátide viva; e a figura era a do pastor ou camponês maltrapilho de quem ele se afastara no terraço. Seja isso fato ou lenda, é uma imagem muito verdadeira da abrupta simplicidade com a qual Francisco obteve a atenção e o favor de Roma. Seu primeiro amigo parece ter sido o cardeal Giovanni di San Paolo, que defendeu a ideia franciscana perante um conclave de cardeais convocado para esse propósito. É interessante notar que as dúvidas lançadas sobre ela parecem ter sido principalmente sobre se a regra não era dura demais para a humanidade, pois a Igreja Católica está sempre de guarda contra o ascetismo excessivo e seus males. Provavelmente temiam, ao dizer que a regra era demasiado dura, que fosse também demasiado perigosa. Pois um certo elemento que só pode ser chamado de perigo é o que marca a inovação, em comparação com instituições mais antigas do tipo. Em certo sentido, de fato, o frade era quase o oposto do monge. O valor do antigo monasticismo era não haver apenas um repouso ético, mas econômico. Desse repouso vieram obras pelas quais o mundo nunca será suficientemente grato: a preservação dos clássicos, o início do estilo gótico, os esquemas da ciência e as filosofias, os manuscritos com iluminuras e o vidro colorido. Toda a particularidade de um monge era que seus assuntos econômicos estavam resolvidos de maneira definitiva; ele sabia onde obteria sua refeição, embora fosse uma refeição bastante simples. Mas toda a particularidade de um frade era o fato de ele não saber onde obteria sua refeição. Havia sempre a possibilidade de não ter nenhuma. Havia um elemento daquilo que seria chamado de romance, como o do cigano ou do aventureiro. Mas também estava presente um elemento de potencial tragédia, como o do vagabundo ou do trabalhador casual. Assim, os cardeais do século XIII se encheram de compaixão ao ver alguns homens entrando por vontade própria naquele estado ao qual os pobres do século XX são diariamente levados pela fria coerção e no qual são feitos circular pela polícia.

O cardeal San Paolo teria argumentado mais ou menos nestes termos: essa pode ser uma vida dura, mas afinal é a vida descrita como ideal no Evangelho; façam quaisquer concessões que vocês acharem sábias ou humanas acerca desse ideal, mas não se comprometam a dizer que os homens *não* devem cumprir esse ideal se puderem. Veremos a importância desse argumento quando chegarmos à totalidade daquele aspecto mais elevado da vida de São Francisco que pode ser chamado de Imitação de Cristo. O resultado da discussão foi que o papa deu sua aprovação verbal ao projeto e prometeu um endosso mais definitivo, se o movimento atingisse proporções mais consideráveis. É provável que Inocêncio, ele próprio um homem de mentalidade fora do comum, tivesse muito pouca dúvida de que isso aconteceria; de qualquer modo, não ficou muito tempo em dúvida até que acontecesse. A passagem seguinte na história da Ordem é simplesmente a história de mais e mais pessoas aderindo a seu padrão; e, como já foi observado, uma vez que começou a crescer, ela pôde, por sua natureza, crescer muito mais rápido do que qualquer sociedade ordinária, exigindo fundos ordinários e edifícios públicos. Até mesmo o retorno dos 12 pioneiros de sua audiência papal parece ter sido uma espécie de procissão triunfal. Em um local em particular, diz-se, toda a população de uma cidade, homens, mulheres e crianças, abandonou seu trabalho, sua riqueza e seus lares exatamente como estavam, e foi implorar para ser aceita no exército de Deus imediatamente. De acordo com o relato, foi nessa ocasião que São Francisco prenunciou pela primeira vez a ideia da Terceira Ordem, que permitiria aos homens partilhar do movimento sem deixar seus lares e os hábitos da humanidade normal. Por ora, é mais importante considerar esse relato como um exemplo do tumulto de conversão com o qual ele já tomava todas as estradas da Itália. Aquele era um mundo de peregrinação: os frades indo e vindo perpetuamente em todas as estradas principais e secundárias, buscando assegurar que qualquer homem que encontrasse um deles por acaso tivesse uma aventura espiritual. A Primeira Ordem de São Francisco entrara para a história.

Este esboço rudimentar só pode ser completado aqui com alguma descrição da Segunda e da Terceira Ordens, embora elas tenham sido fundadas depois e em momentos distintos. A primeira foi uma ordem para mulheres, e deveu sua existência, claro, à bela amizade entre São Francisco e Santa Clara. Não há nenhum relato sobre o qual até mesmo os críticos mais favoráveis de outro credo tenham sido mais confusos e enganosos. Pois nenhum outro relato depende tão claramente daquele teste simples que considerei crucial ao longo dessa crítica. Quero dizer que o problema com esses críticos é que eles não acreditam que um amor celeste possa ser tão real quanto um amor terreno. No momento em que ele é tratado como real, como um amor terreno, todo seu enigma se resolve. Uma moça de 17 anos, de nome Clara e pertencente a uma das famílias nobres de Assis, se tomou de entusiasmo pela vida de convento, e Francisco ajudou-a a escapar de seu lar e a aderir à vida de convento. Se quisermos colocar dessa maneira, ele a ajudou a fugir para o claustro, desafiando os pais dela como desafiara seu pai. De fato, a cena teve muitos dos elementos de uma fuga romântica habitual, pois ela escapou por um buraco na parede, fugiu através de um bosque e foi recebida à meia-noite sob a luz de tochas. Até mesmo a sra. Oliphant, em seu fino e delicado estudo sobre São Francisco, chama-o de "um incidente que dificilmente podemos registrar com satisfação".

Quanto a esse incidente direi apenas isto. Se tivesse sido realmente uma fuga romântica, e a moça tivesse se tornado uma noiva em vez de uma freira, quase todo o mundo moderno a teria considerado uma heroína. Se a ação do frade em relação a Clara fosse a ação do frade em relação a Julieta, todos simpatizariam com ela, assim como simpatizam com Julieta. Não é conclusivo dizer que Clara tinha apenas 17 anos. Julieta tinha apenas 14. As meninas se casavam e os meninos lutavam em batalhas com essas poucas idades nos tempos medievais; e uma moça de 17 anos no século XIII tinha, sem dúvida, idade suficiente para ser dona da própria vontade. Não pode haver sombra de dúvida, para qualquer pessoa sã ao considerar os eventos subsequentes, de que Santa Clara de fato conhecia sua vontade. Mas por ora, o ponto importante é que o romantismo moderno encoraja inteiramente tal desafio em relação aos pais quando feito em nome do amor romântico. Pois sabe que o amor romântico é uma realidade, mas não sabe que o amor divino também é. Poderíamos dizer algo em favor dos pais de Clara; poderíamos dizer algo em favor de Pedro Bernardone. Da mesma forma, muitos poderíamos falar em favor dos Montechios e Capuletos; mas o mundo moderno não quer que tais coisas sejam ditas, e não as diz. O fato é que, tão logo assumimos por um momento, como uma hipótese, aquilo que São Francisco e Santa Clara assumiram o tempo todo como um dado absoluto, isto é, que existe uma relação divina direta mais gloriosa do que qualquer romance, a história da fuga de Santa Clara é apenas um romance com um final feliz, e São Francisco é o São Jorge ou o cavaleiro errante que deu a esse romance um final feliz. E vendo que alguns milhões de homens e mulheres viveram e morreram tratando essa relação como uma realidade, um homem não é grande coisa como filósofo se não puder sequer tratá-la como uma hipótese.

Quanto ao resto, podemos ao menos presumir que nenhum defensor do que chamamos de emancipação das mulheres lamentará a revolta de Santa Clara. No jargão moderno, ela verdadeiramente viveu sua própria vida, a vida que ela quis levar, diferente da vida a que o domínio dos pais ou os arranjos convencionais a teriam forçado. Ela se tornou a fundadora de um grande movimento feminino que ainda afeta profundamente o mundo, e o lugar dela é com as mulheres poderosas da história. Não sabemos se ela teria sido tão grandiosa ou útil se tivesse fugido para casar, ou mesmo permanecido em casa e feito um *mariage de convenance*.* Tudo isso qualquer homem sensível pode afirmar, considerando a questão meramente a partir do exterior; e não tenho nenhuma intenção de tentar considerá-la a partir do interior. Se um homem pode duvidar se é digno de escrever uma palavra a respeito de São Francisco, ele com certeza desejará palavras melhores do que as suas para falar da amizade de São Francisco e Santa Clara. Observei com frequência que os mistérios desse relato são mais bem expressos simbolicamente em certas atitudes e ações silenciosas. E não conheço nenhum símbolo melhor do que aquele encontrado pela inspiração da

* N. T.: Casamento de conveniência.

lenda popular, que diz que, certa noite, as pessoas de Assis pensaram que as árvores e a casa sagrada estavam pegando fogo e correram para apagar o incêndio. Mas encontraram tudo em silêncio no interior, onde São Francisco partilhava um pão com Santa Clara, em um de seus raros encontros, e falava do amor de Deus. Seria difícil encontrar uma imagem mais imaginativa para alguma espécie de paixão absolutamente pura e incorpórea do que aquela auréola vermelha em torno das figuras inconscientes sobre a colina, uma chama que não se alimenta de nada e incendeia o próprio ar.

Mas se a Segunda Ordem foi o memorial de tal amor sobrenatural, a Terceira Ordem foi um sólido memorial de uma simpatia bastante sólida, com amores terrenos e vidas terrenas. Toda essa característica da vida católica, as ordens laicas em contato com as ordens clericais, é muito pouco compreendida nos países protestantes e muito pouco admitida na história protestante. A visão tenuemente sugerida nestas páginas nunca se confinou aos monges ou mesmo aos frades. Ela foi uma inspiração para incontáveis multidões de homens e mulheres casados, vivendo vidas como as nossas, porém muito diferentes. Aquela glória matutina que São Francisco espalhou pela Terra e pelo céu persistiu como um raio de sol secreto sob uma miríade de telhados e de aposentos. Em sociedades como a nossa, nada se sabe acerca de tal comitiva franciscana. Nada se sabe de tais seguidores obscuros, e, se isto for possível, menos ainda se sabe dos seguidores bem conhecidos. Se imaginarmos passando por nós na rua uma procissão da Terceira Ordem de São Francisco, as figuras famosas nos surpreenderiam mais do que as estranhas. Para nós, isso seria como o desmascaramento de alguma poderosa sociedade secreta. Ali cavalga São Luís, o grande rei, senhor da alta justiça, cujo prato da balança se inclinava em favor dos pobres. Ali está Dante, coroado de louros, o poeta que em sua vida de paixões cantou os louvores da senhora Pobreza, cujas vestes cinzentas são revestidas de púrpura e todas gloriosas por dentro. Todos os tipos de grandes nomes dos séculos mais recentes e racionalistas seriam revelados: o grande Galvani, por exemplo, pai da eletricidade, o mágico que criou tantos sistemas de estrelas e sons. Um séquito tão variado bastaria para provar que São Francisco não carecia nem um pouco de simpatia entre os homens normais, se toda sua vida já não o tivesse provado.

Mas, de fato, sua vida o provou, e possivelmente em um sentido mais sutil. Imagino que haja alguma verdade na sugestão de um de seus biógrafos modernos, de que até mesmo suas paixões naturais eram singularmente normais e até mesmo nobres, no sentido de voltar-se para coisas que não eram ilegítimas em si mesmas, mas apenas ilegítimas para ele. Jamais viveu alguém a quem pudéssemos aplicar de forma menos apropriada a palavra "remorso" do que São Francisco de Assis. Embora houvesse muito de romântico, nada havia de sentimental em seu estado de espírito. Não era melancólico o suficiente para isso. Ele tinha um temperamento muito veloz e impetuoso para ser perturbado por dúvidas e reconsiderações em torno da corrida da qual participava, embora tivesse bastante autocensura por não correr mais rápido. Suspeitamos, porém, que seja verdade que, quando ele lutou com o Diabo, como todo homem deve fazer para ser digno de ser chamado de homem, os sussurros se referiam principalmente àqueles instintos saudáveis que ele teria aprovado em outros; nada tinham a ver com aquele Paganismo hediondo que enviou cortesãs demoníacas para atormentar Santo Antão no deserto. Se São Francisco tivesse se deleitado, teria sido com prazeres mais simples. Ele era movido para o amor em vez da lascívia, e por nada que fosse um pouco mais excitante do que sinos de casamento. Isso é sugerido naquele estranho relato de como ele desafiou o diabo desenhando imagens na neve e gritando que aquelas lhe bastavam como esposa e família. É sugerido nas palavras que ele usava quando negava qualquer segurança em relação ao pecado: "Posso ainda ter filhos", quase como se sonhasse antes com os filhos do que com a mulher. E isso, se for verdade, dá o toque final à verdade sobre seu caráter. Ele era tão movido pelo espírito da manhã, tão curiosamente jovem e limpo, que mesmo seus traços maus eram bons. Assim como se diz de outros que a luz em seu corpo era escuridão, pode-se dizer deste espíriso luminoso que as próprias sombras de sua alma eram de luz. O próprio mal não podia vir até ele exceto na forma de um bem proibido; e ele só podia sofrer a tentação de um sacramento.

VIII

O Espelho de Cristo

Nenhum homem que recebeu a liberdade da fé é passível de cair naquelas extravagâncias furtivas pelas quais certos franciscanos degenerados posteriores, ou antes *Fraticelli*, queriam se concentrar em São Francisco como um segundo Cristo, o criador de um novo evangelho. De fato, qualquer noção desse tipo transforma em contrassenso todos os motivos da vida do homem: pois nenhum homem reverenciaria aquilo com que queria rivalizar, nem professaria apenas seguir aquilo que almejava suplantar. Ao contrário, como veremos mais adiante, este pequeno estudo insiste que foi de fato a sagacidade papal que salvou o grande movimento franciscano para o mundo como um todo e para a Igreja universal, e impediu-o de definhar como aquele tipo de seita caduca e de segunda classe que é chamada de nova religião. Tudo que está escrito aqui deve ser entendido não apenas como distinto, mas como diametralmente oposto à idolatria dos *Fraticelli*. A diferença entre Cristo e São Francisco era a diferença entre o criador e a criatura; e com certeza nenhuma criatura foi tão consciente desse contraste colossal quanto o próprio São Francisco. Mas, sujeitando-se a essa compreensão, é perfeitamente verdadeiro e de vital importância que Cristo foi o padrão que São Francisco seguia como modelo, e que, em muitos pontos, suas vidas humanas e históricas até coincidiam de maneira curiosa, e acima de tudo, que, em comparação com a maioria de nós, pelo menos, São Francisco é uma aproximação bastante sublime de seu mestre. Embora seja um intermediário e um reflexo, é um esplêndido e ainda assim misericordioso espelho de Cristo. E essa verdade sugere outra, que penso quase nunca ter sido notada, mas que é um argumento bastante convincente em favor da continuidade da autoridade de Cristo na Igreja Católica.

O cardeal Newman escreveu em sua mais jovial e controvertida obra uma sentença que poderia ser um modelo daquilo que entendemos ao afirmar que seu credo tende à lucidez e à coragem lógica. Ao falar sobre a facilidade com que a verdade pode parecer sua própria sombra ou engodo, ele disse: "Se o Anticristo é como Cristo, suponho que Cristo seja como o Anticristo". O mero sentimento religioso pode ficar chocado ao final da sentença, mas ninguém pode objetar, exceto aquele lógico que disse que César e Pompeu eram muito semelhantes, especialmente Pompeu. O choque pode ser muito mais suave se eu disser aqui aquilo que a maioria de nós esqueceu, ou seja, que se São Francisco foi como Cristo, Cristo foi, nessa medida, como São Francisco. E meu presente argumento é que, de fato, torna-se bastante esclarecedor perceber que Cristo foi como São Francisco. Afirmo, na verdade, que, se os homens encontram certos enigmas e palavras duras na história da Galileia, e se encontram as respostas para esses enigmas na história de Assis, isso realmente mostra que um segredo foi transmitido em uma tradição religiosa e em nenhuma outra. Mostra que o baú trancado na Palestina pode ser destrancado na Umbria, pois a Igreja é a guardiã das chaves.

Ora, na verdade, embora sempre tenha parecido natural explicar São Francisco à luz de Cristo, nunca ocorreu a muitas pessoas explicar Cristo à luz de São Francisco. Talvez a palavra "luz" não seja aqui a metáfora apropriada, mas a mesma metáfora é admitida na metáfora aceita do espelho. São Francisco é o espelho de Cristo, assim como a lua é o espelho do sol. A lua é muito menor do que o sol, mas ela está também muito mais próxima de nós; e, sendo menos vívida, é mais visível. Exatamente no mesmo sentido, São Francisco está mais próximo de nós e, sendo um mero homem como nós, é nesse sentido muito mais imaginável. Sendo um mistério muito menor, ele não abre tanto a boca para nos dizer mistérios. Contudo, é fato que muitas coisas menores que parecem mistérios na boca de Cristo pareceriam meros paradoxos característicos na boca de São Francisco. Seria natural reler os incidentes mais remotos com a ajuda dos mais recentes. É um truísmo dizer que Cristo viveu antes do Cristianismo; e segue-se que, como figura histórica, Ele é uma figura na história pagã. Quero dizer que o meio em que Ele se movia não era o da cristandade, mas o do antigo império pagão; e apenas daí, para não mencionarmos a distância no tempo, segue-se que Suas circunstâncias são mais estranhas para nós do que as de um monge italiano tal como encontraríamos ainda hoje. Suponho que nem o comentário mais informado poderia ter certeza do peso corrente ou convencional de todas as Suas palavras ou frases; de quais delas teriam naquela época parecido uma alusão comum, e quais uma estranha fantasia. Esse ambiente arcaico deixou muitos dos dizeres como hieróglifos, sujeitos a muitas e peculiares interpretações individuais. Contudo, acerca de quase qualquer um deles podemos afirmar com veracidade que, se simplesmente os traduzirmos para o dialeto umbriano dos primeiros franciscanos, eles parecerão semelhantes a qualquer outra parte do relato franciscano; sem dúvida fantásticos, em certo sentido, mas bastante familiares. Todos os tipos de controvérsias críticas giram em torno da passagem que ordena aos homens considerar os lírios do campo e copiá-los sem pensar no amanhã. O cético alterna entre dizer que devemos ser verdadeiros cristãos e agir assim mesmo, e explicar que isso é algo impossível de fazer. Já um indivíduo comunista, além de ateu, geralmente fica em dúvida entre nos culpar por pregar algo impraticável ou por não o colocar logo em prática. Não vou discutir aqui o ponto da ética e da economia; limito-me a observar que até mesmo aqueles que ficam confusos com a fala de Cristo dificilmente hesitariam em aceitá-lo como uma fala de São Francisco. Ninguém ficaria surpreso ao descobrir que ele dissera: "Eu vos suplico, Irmãozinhos, que sejais tão sábios quanto a Irmã Margarida e o Irmão Dente-de-leão; pois eles nunca ficam acordados pensando no amanhã e, contudo, têm coroas de ouro como reis e imperadores ou como Carlos Magno em toda sua glória". Ainda mais amargura e confusão surgiram do mandamento de voltar a outra face e dar a túnica ao ladrão que tomou o manto. Atribui-se a tais dizeres a ideia da perversidade da guerra entre nações, sobre a qual nenhuma palavra parece ter sido dita. Tomado assim de modo literal e universal, tais palavras implicam de modo muito mais claro a perversidade de toda lei e governo. Contudo, há muitos pacificadores prósperos que ficam muito mais chocados com a ideia de usar a força bruta de soldados contra um estrangeiro poderoso do que com a de usar a força bruta de policiais contra um pobre cidadão. Mais uma vez me contento em observar que o paradoxo se torna perfeitamente humano e provável se expresso por Francisco aos franciscanos. Ninguém se surpreenderia ao ler que o Irmão Junípero correu atrás do ladrão que roubara seu capuz, implorando-lhe para levar também seu roupão, pois assim São Francisco havia lhe ordenado. Ninguém se surpreenderia se São Francisco dissesse a um jovem nobre prestes a ser admitido em sua companhia que, longe de perseguir um bandido para recuperar seus sapatos, ele deveria persegui-lo para darlhe de presente as meias. Podemos gostar ou não da atmosfera que essas coisas implicam, mas sabemos qual é. Reconhecemos um certo tom, tão natural e claro quanto o tom de um pássaro: o tom de São Francisco. Há nele algo de uma gentil zombaria da própria ideia de posse; algo de uma esperança de desarmar o inimigo pela generosidade; um senso de humor de aturdir os mundanos com o inesperado; a alegria de levar uma convicção entusiástica até um extremo lógico. Mas, de qualquer modo, não teremos nenhuma dificuldade em reconhecê-lo, se tivermos lido qualquer coisa da literatura dos Irmãozinhos e do movimento que começou em Assis. É razoável inferir que, se foi esse o espírito que tornou tais coisas estranhas possíveis na Umbria, foi o mesmo espírito que as tornou possíveis na Palestina. Se ouvimos o mesmo tom inconfundível e sentimos o mesmo sabor indescritível em duas coisas a tal distância uma da outra, parece natural supor que o caso mais distante de nossa experiência foi semelhante ao caso mais próximo dela. Já que a questão é explicada com base na suposição de que Francisco falava aos franciscanos, não é irracional sugerir que Cristo também falava a algum bando dedicado que tinha praticamente a mesma função que os franciscanos. Em outras palavras, parece apenas natural sustentar, como sustentou a Igreja Católica, que esses conselhos de perfeição eram parte de uma vocação particular para espantar e despertar o mundo. Mas, de qualquer modo, é importante notar que, quando encontramos essas características particulares, com sua adequação aparentemente fantástica, reaparecendo depois de mais de mil anos, nós as vemos produzidas pelo mesmo sistema religioso que afirma a continuidade e a autoridade desde as cenas em que elas apareceram pela primeira vez. Qualquer filosofia pode repetir as trivialidades do Cristianismo. Mas é a Igreja antiga que pode mais uma vez surpreender o mundo com os paradoxos do Cristianismo. *Ubi Petrus ibi Franciscus.*[22]

Entretanto, se compreendemos que foi mesmo sob a inspiração de seu divino Mestre que São Francisco realizou esses atos de caridade meramente peculiares ou excêntricos, devemos compreender que foi sob a mesma inspiração que ele realizou atos de autonegação e austeridade. Claro que essas parábolas mais ou menos brincalhonas de amor pelos homens foram concebidas após um estudo atento do Sermão da Montanha. É evidente, porém, que ele realizou um estudo ainda mais atento daquele sermão silencioso ocorrido naquela outra montanha, a montanha chamada Gólgota. Aqui, mais uma vez, disse a estrita verdade histórica quando afirmou que, ao jejuar ou sofrer humilhação, ele tentava apenas fazer algo daquilo que Cristo fez; e aqui, novamente, é provável que, como a mesma verdade aparece em dois extremos de uma corrente de tradição, a tradição preservou a verdade. Mas a importância

22. Onde está Pedro, aí está Francisco.

desse fato no momento afeta a fase seguinte da história pessoal do próprio homem.

Pois, à medida que se tornava mais claro que seu grande esquema comunal era um fato consumado e superara o perigo de um colapso inicial, uma vez que era evidente a já existência de uma Ordem dos Frades Menores, essa ambição individual e intensa de São Francisco emergia cada vez mais. Tão logo ele passa a ter seguidores certos, não se compara com seus seguidores, aos quais ele poderia aparecer como um mestre; compara-se mais e mais com seu Mestre, do qual ele seria apenas um servo. Pode-se dizer, a propósito, que essa é uma das conveniências morais e até mesmo práticas do privilégio ascético. Toda outra espécie de superioridade pode ser arrogância. O santo, porém, nunca é arrogante, pois sempre está, por hipótese, na presença de um superior. A objeção a uma aristocracia é que ela é um sacerdócio sem deus. Mas, de qualquer modo, o serviço com o qual São Francisco se comprometera era um serviço que, naquela época, ele concebia cada vez mais em termos de sacrifício e crucificação. Ele se norteava pelo sentimento de que não sofrera o suficiente nem mesmo para ser digno de ser um seguidor distante de seu Deus sofredor. E essa passagem em sua história pode ser resumida de modo imperfeito como a busca pelo martírio.

Essa era a ideia final por trás de sua expedição entre os sarracenos na Síria. Havia, de fato, outros elementos em sua concepção, os quais merecem uma compreensão mais inteligente do que até hoje receberam. Claro que sua ideia era pôr um fim às Cruzadas, em um duplo sentido, isto é, chegar à sua conclusão e cumprir seu propósito. Só que ele desejava fazer isso pela conversão, e não pela conquista; isto é, por meios intelectuais, e não materiais. A mente moderna é difícil de agradar, e costuma afirmar que a maneira de Godofredo foi feroz e a de Francisco fanática. Isto é, a mente moderna diz que nenhum método moral é prático, quando acabou de dizer que qualquer método prático é imoral. Mas a ideia de São Francisco estava longe de ser uma ideia fanática, ou mesmo necessariamente não prática; embora ele talvez visse o problema como simples demais, carecendo da erudição de seu grande herdeiro Raimundo Lúlio,[23] que compreendeu melhor, mas também foi muito pouco compreendido. A maneira como Francisco abordou a questão foi de fato altamente pessoal e peculiar, mas assim era em quase tudo que

23. Raimundo Lúlio (*c.* 1232-1316). Conhecido como *Doctor Illuminatus*, foi um teólogo, filósofo e autor franciscano espanhol. Lúlio buscou restabelecer a unificação da verdade na teologia e na filosofia, em oposição à teoria da dupla verdade de racionalistas como Boécio e Siger de Brabant.

ele fazia. De certa forma, a ideia era simples, como a maioria de suas ideias. Mas não era uma ideia tola; haveria muito a se dizer a favor dela, e poderia ter dado certo. Resumia-se, claro, na noção de que é melhor criar cristãos do que destruir muçulmanos. Se o Islã se tivesse convertido, o mundo teria sido muito mais unido e feliz; por exemplo, três quartos das guerras da história moderna nunca teriam ocorrido. Não era absurdo supor que isso pudesse ser efetuado, sem força militar, por missionários que também eram mártires. A Igreja conquistara a Europa dessa maneira, e pode ainda conquistar a Ásia ou a África do mesmo modo. Contudo, mesmo após levar em conta tudo, há ainda outro sentido em que São Francisco não pensava no martírio como um meio para um fim, mas quase como um fim em si mesmo: para ele, o fim supremo era chegar mais perto do exemplo de Cristo. Por todos os seus dias arriscados e agitados corria o refrão: não sofri o suficiente; não sacrifiquei o suficiente; ainda não sou digno nem mesmo da sombra da coroa de espinhos. Ele percorreu os vales do mundo, procurando pelo monte que tinha o contorno de uma caveira.

Pouco antes de sua partida final para o Oriente, uma vasta e triunfante assembleia de toda a ordem foi realizada próximo da Porciúncula, e chamada de Assembleia das Cabanas de Palha, em função do modo como aquele poderoso exército acampou no campo. A tradição diz que foi nessa ocasião que São Francisco encontrou São Domingos pela primeira e última vez. Também segundo a tradição – e o que é bastante provável – o espírito prático do espanhol ficou quase estarrecido com a devota irresponsabilidade do italiano, que reunira tamanha multidão sem organizar uma intendência. Domingos, o espanhol, era, como quase todo espanhol, um homem com mente de soldado. Sua caridade assumia a forma prática da provisão e da preparação. Mas, deixando de lado as disputas sobre a fé que tais incidentes abrem, ele provavelmente não compreendia nesse caso o poder da mera popularidade produzida pela mera personalidade. Em todos os seus saltos no escuro, Francisco tinha uma faculdade extraordinária de cair em pé. Toda zona rural desceu como uma avalanche para fornecer comida e bebida para aquele tipo de piquenique piedoso. Camponeses trouxeram carroças de vinho e caça; grandes nobres andaram por ali fazendo o trabalho de lacaios. Essa foi uma vitória bastante real para o espírito franciscano de uma fé ousada, não apenas em Deus, mas também no homem. Claro que há muitas dúvidas e disputas acerca de toda a história e de toda a relação entre Francisco e Domingos; e o relato da Assembleia das Cabanas de Palha é contado a partir do lado franciscano. Mas o suposto encontro é digno de nota, precisamente porque foi pouco antes de São Francisco partir em sua cruzada sem sangue que ele teria encontrado São Domingos, tão criticado por ter se dedicado a uma cruzada mais sangrenta. Não há espaço neste pequeno livro para explicar como São Francisco, tanto quanto São Domingos, teria em última instância defendido a defesa da unidade cristã pelas armas. De fato, seria necessário um livro bem maior para desenvolver apenas esse ponto a partir de seus primeiros princípios. Pois a mente moderna é apenas um vácuo no que diz respeito à filosofia da tolerância, e o agnóstico comum dos tempos recentes não tinha mesmo nenhuma noção do que ele próprio entendia por liberdade e igualdade religiosas. Ele adotava sua própria ética como autoevidente e a cumpria, tal como a decência ou o erro da heresia adamita. Teria, portanto, um horrível choque ao ouvir que qualquer outro, muçulmano ou cristão, adotara a ética *dele* como autoevidente e a cumprira; tal como a reverência ou o erro da heresia ateísta. Acabou, enfim, tomando todo esse impasse ilógico e distorcido do inconsciente encontrando o não familiar, afirmando que se tratava da liberalidade de sua própria mente. Os homens medievais pensavam que, se um sistema social era baseado em certa ideia, ele devia lutar por aquela ideia, fosse ela tão simples quanto o Islã ou tão cuidadosamente equilibrada quanto o Catolicismo. Os homens modernos pensam a mesma coisa, como se vê no caso dos comunistas, que atacam a ideia de propriedade. Só que eles não a pensam de modo tão claro, porque não elaboraram, por sua vez, uma ideia de propriedade. Mas, embora seja provável que São Francisco concordasse, ainda que com relutância, com São Domingos que a guerra pela verdade era correta como último recurso, é certo que São Domingos estava de pleno e entusiástico acordo com São Francisco que seria muito melhor prevalecer pela persuasão e pelo esclarecimento, se fosse possível. São Domingos se dedicou muito mais a persuadir do que a perseguir; mas havia uma diferença nos métodos, simplesmente porque havia uma diferença nos homens. Em tudo que São Francisco fazia havia algo infantil, no bom sentido, e até voluntarioso, também no bom sentido. Ele se lançava às coisas de modo abrupto, como se tivessem acabado de lhe ocorrer. Ele correu para sua empreitada mediterrânea com um quê de menino de escola correndo em direção ao mar.

No primeiro ato de tal tentativa, distinguiu-se, de modo característico, tornando-se o Santo Padroeiro dos Clandestinos. Ele nunca pensou em esperar por apresentações ou barganhas, ou por qualquer amostra do considerável apoio que já possuía de pessoas ricas e responsáveis. Simplesmente via um barco e lançava-se nele, como fazia em tudo mais.

Isso tinha todo o ar de uma corrida, o que faz sua vida inteira parecer uma escapada, ou mesmo uma fuga literal. Ele ficou como um pedaço de madeira em meio à carga, com um companheiro que arrastara consigo em seu ímpeto; mas a viagem foi aparentemente infeliz e errática, e terminou em um retorno forçado à Itália. Parece que foi após esse primeiro falso início que ocorreu a grande reunião na Porciúncula, e, entre esta e a jornada final à Síria, houve também uma tentativa de confrontar a ameaça muçulmana pregando aos mouros na Espanha. De fato, na Espanha, vários dos primeiros franciscanos já haviam tido um glorioso sucesso como mártires. Mas o grande Francisco ainda prosseguia estendendo os braços em direção a tais tormentos e desejando aquela agonia em vão. Ninguém teria dito mais prontamente do que o próprio Francisco que ele devia ser menos semelhante a Cristo do que aqueles outros que já haviam encontrado seu Calvário; mas o segredo permanecia com ele, a mais estranha das tristezas do homem.

Sua viagem posterior foi mais bem-sucedida no que dizia respeito a chegar ao cenário da ação. Ele chegou ao quartel-general da Cruzada, que era em frente à cidade sitiada de Damieta, e, à sua maneira rápida e solitária, procurou o quartel-general dos sarracenos. Conseguiu uma entrevista com o sultão, e foi naquela entrevista que se ofereceu, e, como dizem alguns, o fez na prática, para lançar-se ao fogo como um ordálio divino, desafiando os professores religiosos muçulmanos a fazer o mesmo. Sem dúvida, ele o teria feito sem hesitação. De fato, se lançar ao fogo não seria um gesto mais desesperado, enfim, do que se lançar entre as armas e instrumentos de tortura de uma horda de maometanos fanáticos e pedir-lhes que renunciasse a Maomé. Diz-se ainda que os muftis maometanos mostraram alguma frieza em relação à competição proposta e que um deles retirou-se em silêncio enquanto ela estava em discussão; o que também pareceria crível. Mas, por alguma razão, Francisco evidentemente retornou tão livre quanto viera. Pode haver algo no relato da impressão individual acerca do sultão que o narrador representa como uma espécie de conversão secreta. Talvez haja uma sugestão de que o homem santo foi inconscientemente protegido entre os orientais semibárbaros pela auréola de santidade que em tais lugares se supõe rodear um tolo. É provável que exista tanto valor, ou mais, na explicação mais generosa daquela cortesia e compaixão graciosas, apesar de caprichosas, que se misturavam com coisas mais ferozes em sultões majestosos do tipo e da tradição de Saladino. Por fim, é possível que o conto de São Francisco seja contado como uma espécie de tragédia e comédia irônica chamada "O Homem que Não

Conseguia Ser Morto". Os homens gostavam demais dele, pelo que era, para deixá-lo morrer por sua fé, e o homem foi recebido no lugar da mensagem. Mas todas essas são apenas conjeturas convergentes acerca de um grande esforço que é difícil julgar, porque foi interrompido cedo, como o início de uma grande ponte que poderia ter unido o Oriente e o Ocidente, e permanece como um dos grandes acontecimentos da história que "poderiam ter ocorrido".

Enquanto isso, o grande movimento na Itália dava passos gigantescos. Agora apoiado pela autoridade papal, bem como pelo entusiasmo popular, e criando uma espécie de camaradagem entre todas as classes, o movimento iniciara um levante de reconstrução em todos os aspectos da vida religiosa e social, e começara a se expressar de uma maneira particular naquele entusiasmo pela construção que é a marca de todas as ressurreições da Europa ocidental. De forma notável, estabelecera-se em Bolonha uma magnífica casa de missão dos Frades Menores, e um vasto grupo deles e de seus simpatizantes rodeava-a com um coro de aclamação. Sua unanimidade teve uma estranha interrupção. Um único homem naquela multidão foi visto virando-se e subitamente denunciando o edifício como se fosse um templo babilônico, perguntando com indignação desde quando a Senhora Pobreza fora insultada assim com a luxúria de palácios. Era Francisco, uma figura feroz, de volta de sua Cruzada oriental, e aquela foi a primeira e última vez que ele falou com ira a seus filhos.

Voltaremos a mencionar mais adiante essa séria divisão de sentimento e política, em decorrência da qual muitos franciscanos, e em certa medida o próprio Francisco, se afastaram da política mais moderada, que em última instância prevaleceu. Neste ponto, só precisamos registrá-la como outra sombra caída sobre seu espírito após seu desapontamento no deserto e, em certo sentido, como o prelúdio para a fase seguinte de sua carreira, que é a mais isolada e a mais misteriosa. É verdade que tudo acerca desse episódio parece coberto por uma nuvem de disputa, inclusive a data, alguns escritores situando-a em um ponto muito anterior da narrativa. Mas seja ela ou não a culminação da história de um ponto de vista cronológico, sob o ponto de vista lógico certamente é, e isso pode ser indicado aqui. Digo indicado, pois essa deve ser uma questão um pouco além de uma indicação, constituindo um verdadeiro mistério, tanto no sentido moral, superior, quanto no sentido mais trivial, histórico. De qualquer modo, as condições do incidente parecem ter sido as seguintes. Francisco e um jovem companheiro, no decorrer de suas perambulações comuns, passaram por um grande castelo todo iluminado com as festividades em homenagem à outorga da cavalaria a um filho da casa. À sua maneira bela e casual, eles entraram naquela mansão aristocrática, que derivava seu nome do Monte Feltro, e começaram a transmitir suas boas notícias. Pelo menos alguns ouviram o santo "como se ele fosse um anjo de Deus"; entre eles estava um cavalheiro de nome Orlando de Chiusi, que possuía muitas terras na Toscana, e que fez a São Francisco um ato singular e bastante pitoresco de cortesia. Ele lhe deu uma montanha, uma coisa bastante única entre as dádivas do mundo. Supostamente a regra franciscana que proibia um homem de aceitar dinheiro não fazia nenhuma restrição detalhada quanto a aceitar montanhas. Tampouco São Francisco aceitou-a, salvo do modo como aceitava tudo, como uma conveniência temporária em vez de uma posse pessoal; mas ele a transformou em uma espécie de refúgio para a vida eremítica em vez da monástica; retirava-se para lá quando desejava uma vida de oração e jejum, que ele não pedia nem mesmo a seus amigos mais próximos para seguir. Aquele era o Alverne dos Apeninos, e sobre seu pico repousa para sempre uma nuvem escura que tem uma orla ou auréola de glória.

Talvez nunca saibamos o que exatamente aconteceu ali. O assunto foi, creio, tema de disputa entre os estudantes mais devotos da vida santa, bem como entre esses estudantes e outros de tipo mais secular. Pode ser que São Francisco nunca tenha falado a ninguém sobre o assunto, o que seria bastante característico, e é certo, de qualquer modo, que ele disse muito pouco; acredita-se que só tenha falado a respeito disso a um homem. Embora sujeito a tais dúvidas verdadeiramente sagradas, confessarei que, para mim, esse único relato solitário e indireto parece ser de algo muito real, de algumas daquelas coisas que são mais reais do que aquilo que chamamos de realidades diárias. Até mesmo algo, por assim dizer, de dúbio e espantoso acerca da imagem parece carregar a impressão de uma experiência que abala os sentidos, assim como a passagem no Apocalipse sobre as criaturas sobrenaturais cheias de olhos. Parece que São Francisco viu os céus acima dele ocupados por um vasto ser alado, como um serafim estendido como uma cruz. Há um mistério quanto ao detalhe de a própria figura alada estar ou não crucificada, como na postura da crucificação, ou se ela apenas formava com a estrutura de suas asas um imenso crucifixo. Mas parece claro que a primeira impressão é mais plausível; São Boaventura diz, com clareza, que São Francisco duvidava que um serafim pudesse ser crucificado, uma vez que aqueles principados antigos e terríveis não tinham a enfermidade da Paixão. São Boaventura sugere que a aparente contradição talvez signifique que São Francisco seria crucificado como espírito, uma vez que não podia ser crucificado como homem; mas qualquer que seja o significado da visão, sua ideia geral é bastante vívida e esmagadora. São Francisco viu, acima de si, preenchendo todo o céu, algum vasto poder imemorial e impensável, antigo como o Ancião dos Dias, cuja serenidade os homens concebiam sob as formas de touros alados ou querubins monstruosos, e toda aquela maravilha alada sofria como um pássaro ferido. Diz-se que aquele sofrimento seráfico perfurou sua alma com uma espada de tristeza e piedade; pode-se inferir que ao êxtase se seguiu certa agonia crescente. Por fim, de alguma maneira o apocalipse desapareceu do céu e a agonia interior aquietou-se; e o silêncio e o ar natural encheram a penumbra da manhã e se assentaram calmamente sobre os penhascos purpúreos e sobre as fendas abissais dos Apeninos.

A cabeça do solitário abaixou-se, em meio àquela calma e relaxamento em que o tempo passa com o sentimento de algo completo e terminado; e quando ele começou a descer, viu as marcas de pregos em suas próprias mãos.

IX

Milagres e Morte

A história incrível dos estigmas de São Francisco, no fim do capítulo anterior, foi em certo sentido o fim de sua vida. Em um sentido lógico, tal relato teria sido o fim mesmo que tivesse ocorrido no início. Tradições mais verdadeiras, porém, remetem-no a uma data posterior e sugerem que seus dias restantes sobre a Terra pareciam seguidos de uma sombra pairante. Se São Boaventura estava correto em sua sugestão de que São Francisco viu naquela visão seráfica algo semelhante a um vasto espelho de sua própria alma, que podia ao menos sofrer como um anjo, embora não como um deus, ou se a visão expressava em imagens mais primitivas e colossais do que a arte cristã comum o paradoxo primário da morte de Deus, é evidente a partir de suas consequências tradicionais que ela significava uma coroa e um selo. Parece que foi depois dessa visão que ele começou a ficar cego.

O incidente, porém, tem outro lugar bem menos importante neste esboço grosseiro e limitado. É o ensejo natural para considerarmos de maneira sucinta e coletiva todos os fatos ou fábulas de outro aspecto da vida de São Francisco; um aspecto que é, não direi mais discutível, mas certamente mais discutido. Refiro-me àquela massa de testemunhos e tradição que diz respeito a seus poderes milagrosos e experiências sobrenaturais, com a qual teria sido fácil guarnecer e adornar de joias cada página do relato; entretanto, certas circunstâncias necessárias às condições desta narrativa fazem com que seja melhor reunir, de modo um tanto apressado, todas essas joias em uma pilha.

Adotei tal curso de ação aqui para levar em conta um preconceito. Em grande medida, esse é, de fato, um preconceito do passado, um preconceito que já começa a desaparecer em dias de maior esclarecimento, e principalmente de uma maior gama de experimentação e conhecimentos científicos. Mas é um preconceito tenaz em muitos de uma geração mais antiga, e que ainda é tradicional em muitos da geração mais jovem.

Refiro-me, é claro, àquela que costumava ser chamada de a crença de que "milagres não acontecem", como penso que Matthew Arnold afirmou ao expressar o ponto de vista de tantos de nossos tios e tios-avós vitorianos. Em outras palavras, é o remanescente daquela simplificação específica mediante a qual alguns filósofos do início do século XVIII popularizaram (por um tempo bastante curto) a impressão de que havíamos descoberto o funcionamento do cosmo como o mecanismo de um relógio, um relógio tão simples que era possível distinguir à primeira vista o que podia ou não ter ocorrido na experiência humana. Devemos nos lembrar que esses verdadeiros céticos, da era dourada do ceticismo, tinham tanto desprezo pelas primeiras elucubrações da ciência quanto pelas lendas sobreviventes da religião. Voltaire, quando ouviu que um fóssil de peixe fora encontrado nos picos dos Alpes, riu abertamente do relato e disse que algum monge ou eremita em jejum tinha jogado suas espinhas de peixe ali, talvez com o intuito de produzir outra fraude monástica. Todo mundo sabe hoje que a ciência teve sua vingança contra o ceticismo. A fronteira entre o crível e o incrível não apenas se tornou novamente tão vaga quanto em qualquer crepúsculo, mas o crível está aumentando e o incrível diminuindo. Um homem da época de Voltaire não sabia qual milagre teria de abandonar em seguida. Um homem de nossa época não sabe qual o próximo milagre que terá de engolir.

Mas muito antes de tais coisas ocorrerem, naqueles tempos de minha infância quando vi pela primeira vez a figura de São Francisco ao longe, e me sentindo atraído mesmo àquela distância, naqueles tempos vitorianos que separavam com rigor as virtudes e os milagres dos santos, mesmo naqueles tempos, eu não podia deixar de me sentir vagamente confuso quanto ao modo como esse método podia ser aplicado à História. Não entendia muito bem, e ainda hoje não entendo completamente, com base em qual princípio alguém deve selecionar e escolher entre as crônicas do passado, uma vez que parecem todas iguais. Todo nosso conhecimento de certos períodos históricos, e notavelmente de todo o período medieval, baseia-se em certas crônicas relacionadas, escritas por pessoas que já morreram, algumas das quais não têm nome e as quais não podem, enfim, ser interrogadas e, em alguns casos, nem corroboradas. Nunca compreendi com clareza com que direito os historiadores aceitavam massas de detalhes provenientes dessas crônicas como definitivamente verdadeiras, mas logo negavam sua veracidade quando um detalhe parecia sobrenatural. Não reclamo de serem céticos; só me intriga o fato de não serem ainda mais céticos. Entendo quando eles dizem que esses detalhes só teriam sido incluídos em uma crônica por lunáticos ou mentirosos; mas, nesse caso, a única inferência é que a crônica foi de fato escrita por mentirosos ou lunáticos. Eles escrevem, por exemplo: "O fanatismo monástico espalhou com facilidade o relato de que milagres já estavam sendo realizados no túmulo de Thomas Becket". Por que não dizem igualmente: "O fanatismo monástico espalhou com facilidade a calúnia de que quatro cavaleiros da corte do rei Henrique assassinaram Thomas Becket na catedral"? Escreviam algo assim: "A credulidade da época prontamente acreditou que Joana d'Arc foi inspirada a apontar para o Delfim, embora ele estivesse disfarçado". Por que não deveriam escrever, com base no mesmo princípio: "A credulidade da época era tamanha a ponto de supor que uma camponesa obscura conseguiu uma audiência na corte do Delfim"? E assim, no caso presente, quando nos dizem que há uma história fantástica de que São Francisco se lançou ao fogo e saiu ileso, qual é o princípio exato que os proíbe de falar de uma história fantástica de que São Francisco se lançou ao campo dos ferozes muçulmanos e retornou em segurança? Peço apenas informação, pois não vejo a razão. Comprometo-me a afirmar que não houve uma palavra escrita acerca de São Francisco por qualquer contemporâneo seu que fosse incapaz de acreditar e de contar uma história milagrosa. Talvez todas sejam fábulas de monges, e nunca tenha existido nenhum São Francisco, nenhum São Thomas Becket e nenhuma Joana d'Arc. Isso é sem dúvida uma *reductio ad absurdum*; mas é uma *reductio ad absurdum* da visão segundo a qual todos os milagres são absurdos.

Na lógica abstrata, esse método de seleção conduziria aos absurdos mais fantásticos. Um relato intrinsecamente incrível só poderia significar que a autoridade era indigna de crédito. Não poderia significar que outras partes de seu relato devem ser recebidas com uma completa credulidade. Se alguém afirmasse ter visto um homem de calças amarelas, que depois saltou para dentro de sua própria garganta, não podemos exatamente jurar sobre a Bíblia ou ser queimados em uma estaca pela declaração de que ele vestia calças amarelas. Se alguém afirmasse ter subido em um balão azul e descoberto que a Lua é feita de queijo verde, não podemos também fazer uma declaração juramentada de que o balão era azul, não mais do que a Lua era verde. E a conclusão lógica a que se chegou após lançarem dúvidas sobre todos os relatos como os milagres de São Francisco era duvidar da própria existência de homens como São Francisco. E houve de fato um momento moderno, uma espécie de marca registrada do ceticismo insano, no qual se afirmou isso: que ele não existiu. As pessoas costumavam sair por aí dizendo que não existiu nenhum São Patrício; o que é um disparate histórico e humano tão grande quanto dizer que não existiu nenhum São Francisco. Houve uma época, por exemplo, em que a loucura da explicação mitológica dissolvera grande parte da história sólida sob o calor e a radiância universais e luxuriosos do mito solar. Acredito que esse sol em particular já se pôs, mas que surgiram muitas luas e meteoros para tomarem seu lugar.

É claro que São Francisco daria um magnífico mito solar. Como alguém perderia a chance de ser um mito solar, quando é de fato mais famoso por uma canção chamada "O Cântico do Sol"? É desnecessário apontar que o fogo na Síria foi o alvorecer no Oriente, e os ferimentos sangrentos na Toscana, o pôr do sol no Ocidente. Eu poderia expor essa teoria em consideráveis detalhes; porém, como tão frequentemente acontece com tais teóricos formidáveis, uma outra teoria mais promissora me ocorre. Não consigo imaginar como todo mundo, incluindo eu mesmo, pode ter ignorado o fato de que toda a história de São Francisco tem uma origem totêmica. De modo inquestionável, ele é um conto literalmente apinhado de totens. Os bosques franciscanos são tão cheios deles quanto qualquer fábula indígena. Dize-se que Francisco chamava a si mesmo de asno, porque no mito original Francisco era apenas o nome dado ao burro real de quatro patas, que depois evoluiu vagamente para a forma de um deus ou herói semi-humano. E essa é, sem dúvida, a razão pela qual eu costumava sentir que o Irmão Lobo e a Irmã Pássara de São Francisco eram de algum modo semelhantes ao Irmão Raposa e à Irmã Corvo do Tio Remus. Alguns dizem que há um estágio inocente da infância em que realmente acreditamos que uma vaca falou ou que uma raposa fez um boneco de piche. De qualquer modo, há um período inocente do crescimento intelectual em que às vezes acreditamos que São Patrício foi um mito solar ou que São Francisco foi um totem. Mas para a maioria de nós, ambas as fases pertencem a um paraíso perdido.

Como devo sugerir em breve, podemos, para fins práticos, distinguir entre coisas prováveis e improváveis dentro de tal relato. Mas essa não é tanto uma questão de crítica cósmica sobre a natureza do evento, e sim de crítica literária quanto à natureza do relato. Alguns relatos são contados de modo muito mais sério que outros. Fora isso, não tentarei realizar aqui nenhuma diferenciação definida entre eles. Não farei isso por uma razão prática que afeta a utilidade do procedimento; refiro-me ao fato de que, em um sentido prático, toda essa questão se encontra de novo em um caldeirão, do qual muitas coisas podem emergir moldadas na forma daquilo que o racionalismo chamaria de monstros. Os pontos fixos da fé e da filosofia, de fato, permanecem sempre os mesmos. Se um homem acredita que o fogo pode, em algum caso, deixar de queimar, depende de por que ele pensa que o fogo geralmente queima. Se ele queima nove entre dez gravetos porque é sua natureza ou destino fazê-lo, então também queimará o décimo graveto. Se queima nove gravetos porque é a vontade de Deus que o faça, então pode ser a vontade de Deus que o décimo não seja queimado. Ninguém pode ultrapassar essa diferença fundamental sobre a razão das coisas; e é tão racional para um teísta acreditar em milagres quanto é para um ateu não acreditar neles. Em outras palavras, há somente uma razão inteligente pela qual um homem não acredita em milagres, e esta é que ele acredita no materialismo. Mas esses pontos fixos da fé e da filosofia são temas para um trabalho teórico e não têm nenhum lugar específico aqui. E quanto à questão da história e da biografia, que cabem aqui, nada é absolutamente fixo. O mundo é uma miscelânea de possibilidades e impossibilidades, e ninguém sabe qual será a próxima hipótese científica a apoiar alguma antiga superstição. Três quartos dos milagres atribuídos a São Francisco já seriam explicados pelos psicólogos, não como um católico os explica, mas como um materialista deve necessariamente recusar-se a explicá-los. Há todo um departamento de milagres de São Francisco, os milagres de cura. Qual a vantagem de um cético superior os rejeitar como impensáveis, no momento em que a cura pela fé já é um grande negócio ianque em expansão, como o Show de Barnum? Há todo um outro departamento análogo aos relatos em que Cristo "percebe os pensamentos dos homens". De que adianta censurá-los e excluí-los por serem marcados como "milagres", quando a leitura de pensamento já é uma brincadeira de salão, como a dança das cadeiras? Há um terceiro departamento, a ser estudado separadamente se tal estudo científico fosse possível, dos prodígios bem atestados pelas relíquias e fragmentos de objetos pessoais. De que adianta rejeitar tudo isso como inconcebível, quando até mesmo aqueles truques paranormais de salão, tão comuns, se baseiam sempre no contato com algum objeto familiar ou no ato de segurar na mão alguma posse pessoal? Não acredito, claro, que esses truques sejam do mesmo tipo que as boas obras do santo; exceto, talvez, no sentido do *Diabolus simius Dei*.[24] Não se trata, porém, do que eu acredito e por quê, mas sim daquilo que o cético não acredita e por quê. E a moral para o biógrafo e historiador prático é que ele deve esperar até que as coisas se assentem um pouco mais, antes de afirmar que não acredita em coisa alguma.

24. "O Diabo imitador de Deus".

Sendo assim, ele pode escolher entre dois cursos de ação; e, embora com certa hesitação, escolhi. O procedimento melhor e mais ousado seria contar toda a história de maneira direta, com milagres e tudo, como os historiadores originais a contaram. E os novos historiadores provavelmente terão de retornar a esse método simples e sadio. Mas devemos nos lembrar que este livro é nada mais que uma introdução a São Francisco ou ao estudo de São Francisco. Aqueles que necessitam de uma introdução são, por natureza, estranhos ao assunto. Com eles, o objetivo é fazer com que ouçam a São Francisco, pelo menos um pouco; e, ao fazê-lo, é perfeitamente legítimo arranjar a ordem dos fatos de modo que os fatos familiares venham antes dos exóticos, e aqueles compreensíveis venham antes daqueles que consideram difíceis de compreender. Ficarei bastante grato se este pequeno e rabiscado esboço contiver uma linha ou duas que atraiam os homens para o estudo de São Francisco; e se eles o estudarem por si mesmos, logo descobrirão que a parte sobrenatural da história parece tão natural quanto o restante. Foi necessário, no entanto, que o perfil por mim apresentado fosse apenas humano, uma vez que eu apenas apresentei sua ascendência sobre toda a humanidade, incluindo a humanidade cética. Adotei, portanto, o curso alternativo de mostrar primeiro que ninguém, exceto um tolo nato, deixaria de perceber que Francisco de Assis foi um ser humano histórico bastante real, e então resumir neste capítulo os poderes sobre-humanos que foram certamente uma parte daquela história e daquela humanidade. Resta apenas dizer algumas palavras acerca de algumas distinções que podem ser observadas no assunto por qualquer homem dotado de alguma visão, para que não se confunda a importância e o clímax da vida do santo com as fantasias e rumores que foram nada mais que os eixos de sua reputação.

Há uma quantidade tão imensa de lendas e anedotas a respeito de São Francisco de Assis, e tantas compilações admiráveis que abrangem quase todas elas, que fui compelido dentro destes limites restritos a seguir uma política bastante estreita: adotar uma linha de explicação e mencionar apenas uma anedota aqui e ali, porque ela ilustra aquela explicação. Se isso se aplica a todas as lendas e histórias, também é verdade acerca das lendas milagrosas e das histórias sobrenaturais. Se aceitássemos algumas histórias como chegam, teríamos uma impressão bastante confusa de que a biografia contém mais eventos sobrenaturais do que naturais. Ora, é contrário à tradição católica, que coincide com o senso comum em muitos pontos, supor que essa é a proporção real de tais coisas na vida humana prática. Ademais, mesmo se consideradas como histórias sobrenaturais ou preternaturais, elas se encaixam em certas classes diferentes, não tanto por nossa experiência dos milagres quanto por nossa experiência das histórias. Algumas delas têm o caráter de conto de fadas, mais na forma que no incidente. Elas são histórias obviamente contadas ao redor do fogo a camponeses ou a filhos de camponeses, sob condições em que ninguém pensaria que o contador está propondo uma doutrina religiosa a ser aceita ou rejeitada, mas apenas passando uma história da maneira mais simétrica, de acordo com aquela espécie de esquema ou padrão decorativo que perpassa todos os contos de fadas. Outras são enfaticamente evidenciais em sua forma, isto é, são testemunhos, verdadeiros ou não, e seria muito difícil para qualquer juiz da natureza humana pensar que são mentiras.

Admite-se que a história dos estigmas não é uma lenda, mas só pode ser uma mentira. Quero dizer que ela, com certeza, não é um acréscimo lendário tardio, adicionado posteriormente à fama de São Francisco, mas algo que começou quase imediatamente com seus primeiros biógrafos. É necessário sugerir que foi uma conspiração; de fato, houve a tentativa de se jogar a culpa da fraude sobre o desventurado Elias, que tantos grupos queriam tratar como um útil vilão universal. Afirma-se, inclusive, que esses primeiros biógrafos, São Boaventura, Celano e os Três Companheiros, embora declarem que São Francisco recebeu os ferimentos místicos, não dizem que viram por si mesmos aqueles ferimentos. Não acho que esse argumento seja conclusivo, porque ele deriva apenas da própria natureza da narrativa. Os Três Companheiros não estão fazendo, enfim, uma declaração juramentada, e, portanto, nenhuma das partes admitidas de sua história tem a forma de uma declaração juramentada. Eles escrevem uma crônica de uma descrição comparativamente impessoal e bastante objetiva. Não dizem: "Eu vi os ferimentos de São Francisco"; e sim: "São Francisco recebeu os ferimentos". Mas tampouco dizem: "Eu vi São Francisco entrar na Porciúncula"; registram: "São Francisco entrou na Porciúncula". No etanto, ainda não posso compreender por que se deve confiar neles como testemunhas oculares acerca de um fato e não de outro fato. É tudo a mesma coisa; seria uma interrupção bastante abrupta e anormal de seu modo de contar a história se eles de uma hora para outra começassem a xingar e amaldiçoar, dessem seus nomes e endereços, e jurassem que viram e verificaram por si mesmos os fatos físicos em questão. Parece-me, portanto, que essa discussão se remete à questão geral que já mencionei: de por que se deve dar qualquer crédito a tais crônicas, se elas são reconhecidas como abundantes naquilo que é inacreditável. No entanto, outra vez descobriremos que isso provavelmente se remete, em última instância, ao mero fato de que alguns homens não podem acreditar em milagres porque são materialistas. Isso é bastante lógico; mas eles são obrigados a negar o sobrenatural tanto no testemunho de um professor científico moderno quanto no de um cronista monástico medieval. E há muitos professores para eles contradizerem hoje em dia.

Mas o que quer que se pense acerca de tal sobrenaturalismo no sentido comparativamente material e popular de atos sobrenaturais, deixaremos de perceber toda a particularidade de São Francisco, especialmente de São Francisco após o Alverne, se não percebermos que ele estava vivendo uma vida sobrenatural. E há esse sobrenaturalismo cada vez mais presente em sua vida conforme ele se aproxima da morte. Esse elemento sobrenatural não o separava do natural, pois toda a particularidade de sua posição era que o unia de modo mais perfeito ao natural. Ela não o tornava sinistro ou desumano, pois todo o sentido de sua mensagem era que tal misticismo torna um homem alegre e humano. Mas toda a particularidade de sua posição e todo o sentido de sua mensagem eram o fato de que o poder que fazia isso era sobrenatural. Se essa distinção simples não fosse evidente a partir da totalidade de sua vida, seria difícil para qualquer pessoa ignorá-la ao ler o relato de sua morte.

Em certo sentido, pode-se dizer que ele perambulou como um homem moribundo, assim como perambulara como vivo. À medida que se tornava cada vez mais claro que sua saúde se debilitava, ele parecia ser levado de um lugar a outro como um quadro vivo de enfermidade, ou quase como um quadro vivo de mortalidade. Ele foi a Rieti, a Núrsia, talvez a Nápoles e certamente a Cortona, às margens do lago de Perúgia. Mas há algo profundamente patético e cheio de grandes problemas, no fato de que, afinal, ao que parece, sua chama de vida ergueu-se e seu coração se alegrou quando ele viu de longe, sobre a colina de Assis, os pilares solenes da Porciúncula. Aquele que se tornara um vagabundo por causa de uma visão, aquele que negara a si mesmo todo sentimento de lugar e posse, aquele cujo evangelho e glória consistiam em não ter lar, recebeu como um tiro partia* da natureza a ferroada do sentimento de lar. Também teve sua *maladie du clocher*, sua doença do campanário, embora seu campanário fosse mais alto do que os nossos. "Nunca", gritou ele com a súbita energia dos espíritos fortes durante a morte, "nunca

* N.T.: O tiro parta foi uma técnica militar empregada por arqueiros montados do antigo Império Parta (III a. C. - III d. C.), que existiu na região do atual Irã. A técnica consistia em simular uma retirada, na qual os cavaleiros então se viravam sobre a sela para atirar contra o perseguidor.

desistam deste lugar. Se forem a qualquer lugar ou fizerem qualquer peregrinação, retornem sempre para seu lar, pois esta é a casa de Deus". E a procissão passou sob os arcos de seu lar, ele deitou a cabeça e seus irmãos se reuniram ao seu redor para a última longa vigília. Não me parece o momento para entrar nas disputas subsequentes sobre quais sucessores ele abençoou, ou de que maneira, e com qual significado. Naquele momento poderoso, ele nos abençoou a todos.

Após despedir-se de alguns de seus amigos mais próximos, e especialmente dos mais antigos, ele foi erguido, a seu próprio pedido, de sua cama tosca e deitado nu sobre o chão; alguns dizem que ele vestia apenas uma camisa de saco, como saíra de início para os bosques de inverno, deixando para trás seu pai. Aquela foi a afirmação final de sua grande ideia fixa, do louvor e do agradecimento erguendo-se às alturas mais elevadas a partir da nudez e do nada. Enquanto ele jazia ali, podemos ter certeza de que seus olhos cegos e ressequidos não viram nada exceto seu objetivo e sua origem. Podemos ter certeza de que a alma, em seu último isolamento inconcebível, estava face a face com nada menos do que Deus Encarnado e Cristo Crucificado. Mas, para os homens ao seu redor, deve ter havido outros pensamentos misturados a estes, e muitas memórias devem ter se reunido como fantasmas ao crepúsculo, conforme o dia terminava e chegava a grande escuridão na qual todos perdemos um amigo.

Pois quem estava morrendo ali não era Domingos dos Cães de Deus,[25] um líder em guerras lógicas e controvertidas que podiam ser reduzidas a um plano e passadas adiante como um plano, um mestre de uma máquina de disciplina democrática pela qual outros podiam se organizar. O que deixava o mundo era uma pessoa; um poeta; uma visão da vida como uma luz que nunca mais existiu na terra ou no mar; uma coisa que não pode ser substituída ou repetida enquanto a Terra persistir. Foi dito que houve apenas um cristão, que morreu na cruz; é mais verdadeiro dizer, nesse sentido, que houve apenas um franciscano, cujo nome era Francisco. Imenso e feliz, como a obra popular que deixou atrás de si, havia algo que ele não podia deixar para trás, não mais do que um pintor de paisagens pode deixar seus olhos em seu testamento. Ele foi um artista em vida, aqui chamado a ser um artista na morte, e tinha mais direito do que Nero, sua antítese, a dizer *Qualis artifex pereo*.[26] Pois a vida de Nero foi cheia de poses para ocasião, como a de um

25. O símbolo da ordem dominicana é o cão. Um trocadilho com a expressão *Domini canes* – cães do Senhor.

26. Qual um artista, pereço.

ator; enquanto a do umbriano teve uma graça natural e contínua, como a de um atleta. Mas São Francisco tinha coisas melhores a dizer, e coisas melhores em que pensar; e seus pensamentos se elevaram para onde não podemos segui-los, a alturas divinas e vertiginosas às quais somente a morte pode nos elevar.

Ao seu redor estavam os irmãos em seus hábitos marrons, aqueles que o haviam amado, mesmo que depois tenham disputado entre si. Ali estava Bernardo, seu primeiro amigo; Ângelo, que servira como seu secretário; e Elias, seu sucessor, o qual a tradição tentou transformar em uma espécie de Judas, mas que parece ter sido apenas um oficial no lugar errado. Sua tragédia foi ter um hábito franciscano sem um coração franciscano ou, de qualquer modo, com uma cabeça muito pouco franciscana. Mas embora fosse um mau franciscano, ele poderia ter sido um decente dominicano. De qualquer modo, não há razão para duvidar de que ele amava Francisco, pois rufiões e selvagens o amaram. Enfim, ele ficou com os outros enquanto as horas passavam e as sombras se alongavam na casa da Porciúncula; e ninguém precisa pensar tão mal dele a ponto de supor que seus pensamentos se encontravam então no tumultuoso futuro, nas ambições e controvérsias de seus anos posteriores.

Pode-se imaginar que os pássaros sabiam o que e quando aconteceu, e fizeram certa comoção no céu noturno. Assim como certa vez, segundo a lenda, se espalharam pelos quatro ventos no céu na forma de uma cruz, a um sinal de dispersão dele, poderiam agora ter escrito em tais linhas pontilhadas um augúrio mais terrível no céu. Ocultas nos bosques talvez estivessem pequenas criaturas agachadas, que nunca mais seriam tão notadas e compreendidas; e diz-se que os animais às vezes têm consciência de coisas para as quais o homem, seu superior espiritual, é temporariamente cego. Não sabemos se algum tremor passou por todos os ladrões, párias e proscritos, para dizer-lhes o que acontecera àquele que nunca conheceu a natureza do escárnio. Mas pelo menos nas passagens e pórticos da Porciúncula houve uma súbita calmaria, em que todas as figuras marrons ficaram como estátuas de bronze, pela parada do grande coração que não se partiu até conter o mundo.

X

O Testamento de São Francisco

Sem dúvida, em certo sentido, é uma grande ironia que São Francisco, que durante toda sua vida desejou que os homens concordassem, tenha morrido em meio a crescentes desacordos. Mas não devemos exagerar essa discórdia, como fizeram alguns, a ponto de torná-la uma mera derrota de todos os seus ideais. Há alguns que representam sua obra como uma mera ruína ante a perversidade do mundo ou nas mãos daquilo que presumem ser a perversidade ainda maior da Igreja.

Este pequeno livro é um ensaio sobre São Francisco, e não sobre a Ordem Franciscana, e menos ainda sobre a Igreja Católica, o papado ou a política aplicada em relação aos franciscanos extremistas ou *Fraticelli*. Portanto, só é necessário registrar em muito poucas palavras qual foi a natureza geral da controvérsia que irrompeu após a morte do grande santo e em alguma medida, perturbou os últimos dias de sua vida. O detalhe dominante era a interpretação do voto de pobreza, ou a recusa de todas as posses. Até onde sei, ninguém jamais propôs interferir no voto do frade enquanto indivíduo, o voto de que ele não teria nenhuma posse individual. Isto é, ninguém propôs interferir em sua negação da propriedade privada. Mas alguns franciscanos, invocando a autoridade de São Francisco para seu lado, foram mais longe do que isso e, penso, mais longe do que qualquer outra pessoa tenha ido. Propuseram abolir não apenas a propriedade privada, mas toda propriedade. Isto é, eles se recusaram a ser corporativamente responsáveis por qualquer coisa, por quaisquer edifícios, armazéns ou ferramentas; recusaram-se a possuí-los coletivamente, até mesmo quando os usavam em coletividade. É verdade que muitos, principalmente entre os primeiros defensores dessa visão, foram homens de espírito esplêndido e altruísta, inteiramente dedicados ao ideal do grande santo. Também é verdade que o papa e as autoridades da Igreja não pensaram que essa concepção fosse um arranjo viável, chegando a ponto de modificá-la, colocando de lado certas cláusulas do testamento do grande santo. Mas não é fácil ver que aquele *era* um arranjo viável, ou mesmo um arranjo; pois se tratava, na realidade, de uma recusa a arranjar qualquer coisa. Todos sabiam, claro, que os franciscanos eram comunistas; mas aquilo significava ser mais um anarquista que comunista. Claro que, em qualquer argumento, alguém ou algo se responsabilizaria pelo que acontece aos edifícios históricos, bens e posses comuns, ou no interior de tais bens, ou em relação a eles. Muitos idealistas socialistas, em especial da escola do sr. Shaw ou do sr. Wells, trataram essa disputa como se fosse um mero caso de tirania dos ricos e perversos pontífices esmagando o verdadeiro Cristianismo dos socialistas cristãos. Mas, na verdade, esse ideal extremo era, em certo sentido, o próprio inverso do ideal socialista, ou mesmo do ideal social. O que esses entusiastas recusavam era aquela posse social em que o socialismo é baseado; o que eles se recusavam primariamente a fazer era o que os socialistas existem para fazer em primeiro: possuir em termos legais algo em sua capacidade corporativa. Tampouco é verdade que o tom dos papas em relação aos entusiastas fosse apenas severo e hostil. O papa manteve por muito tempo um compromisso que ele planejara especialmente para satisfazer as objeções conscienciosas dos próprios franciscanos; um compromisso pelo qual o próprio papado mantinha a propriedade sob uma espécie de custódia para os possuidores que se recusavam a tocá-la. A verdade é que esse incidente revela duas coisas muito comuns na história católica, mas muito pouco compreendidas pela história jornalística da civilização industrial. Revela que os santos foram às vezes grandes homens, enquanto os papas foram homens pequenos. Mas revela também que os grandes homens às vezes estão errados, enquanto os homens pequenos estão certos. E, afinal, qualquer pessoa de fora que seja honesta e tenha uma mente clara achará muito difícil negar que o papa estava certo, quando insistiu que o mundo não fora feito apenas para os franciscanos.

Pois isso era o que estava por trás da disputa. Por trás dessa questão prática em particular havia algo muito maior e mais importante, cujo tumulto e agitação podemos sentir à medida que lemos a controvérsia. Podemos ir tão longe a ponto de definir a verdade final da seguinte maneira: São Francisco foi um homem tão grande e tão original que teve em si algo daquilo que produz o fundador de uma religião. Muitos de seus seguidores estavam mais ou menos dispostos, em seus corações, a tratá-lo como o fundador de uma religião. Estavam dispostos a deixar o espírito franciscano escapar da cristandade, assim como esse mesmo espírito cristão escapara de Israel. Estavam dispostos a deixá-lo eclipsar a cristandade, assim como o espírito cristão eclipsara Israel. Francisco, o fogo que percorreu as estradas da Itália, seria o início de um incêndio em que a velha civilização cristã se consumiria. Esse foi o problema que o papa teve de resolver; se a cristandade devia absorver Francisco ou Francisco, a cristandade. E ele tomou a decisão correta, à parte dos deveres de sua posição; pois a Igreja podia incluir tudo que havia de bom nos franciscanos, mas os franciscanos não podiam incluir tudo que havia de bom na Igreja.

Há uma consideração que, apesar de suficientemente clara em todo o relato, talvez não tenha sido bem notada por aqueles que não conseguem enxergar o argumento a favor de um certo senso comum católico ainda maior do que o entusiasmo franciscano. Contudo, ela emerge dos próprios méritos do homem que eles tão devidamente admiram. Francisco de Assis, como foi dito repetidas vezes, foi um poeta; isto é, foi uma pessoa que podia expressar sua personalidade. Ora, em toda parte a marca dessa espécie de homem é que suas próprias limitações o tornam maior. Ele é o que é, não apenas por aquilo que possui, mas, em algum grau, por aquilo que não possui. No entanto, os limites que produzem as linhas de tal retrato pessoal não podem ser transformados nos limites de toda a humanidade. São Francisco é um exemplo muito forte dessa qualidade no homem de gênio, de que nele até mesmo aquilo que é negativo é positivo, porque faz parte de um caráter. Um excelente exemplo do que quero dizer pode ser encontrado em sua atitude para com o saber e a erudição. Ele ignorava e, em algum grau, desencorajava os livros e o saber livresco; e, de seu ponto de vista e daquele de sua própria obra no mundo, ele estava absolutamente certo. Toda a particularidade de sua mensagem era ser tão simples que o ignorante do vilarejo pudesse compreendê-la. Toda a particularidade de seu ponto de vista era olhar de modo novo para um mundo novo, que pudesse ser criado naquela manhã. Exceto pelas grandes coisas primais, como a Criação e o Relato do Éden, o primeiro Natal e a primeira Páscoa, o mundo não tinha nenhuma história. Mas será desejado ou desejável que toda a Igreja Católica não tenha nenhuma história?

Talvez a principal sugestão deste livro seja que São Francisco caminhou pelo mundo como o perdão de Deus. Quero dizer que seu aparecimento marcou o momento em que os homens puderam se reconciliar não apenas com Deus, mas com a natureza e, o mais difícil de tudo, com eles mesmos. Pois marcou o momento em que todo o Paganismo caduco que envenenara o mundo antigo foi por fim expulso do sistema social. Ele abriu os portões da Idade das Trevas como uma prisão do purgatório, onde os homens haviam se purificado como eremitas no deserto ou como heróis nas guerras bárbaras. Toda sua função foi, de fato, dizer aos homens que começassem de novo e, nesse sentido, mandá-los esquecer. Se eles quisessem virar a folha e começar uma página nova com as primeiras letras grandes do alfabeto, desenhadas de modo simples e com cores vivas à maneira do início do período medieval, faria parte daquela particular alegria infantil descartar a página velha, que era toda negra e sangrenta, cheia de coisas horríveis. Por exemplo, já comentei que não há na poesia desse primeiro poeta italiano nenhum traço daquela mitologia pagã que subsistiu por muito tempo após o Paganismo. O primeiro poeta italiano parece o único homem no mundo que nunca ouviu falar de Virgílio. Isso é perfeitamente válido no sentido especial de ele ser mesmo o primeiro poeta italiano. É correto que ele chame um rouxinol de rouxinol, e não tenha sua canção estragada ou entristecida pelas lendas terríveis de Ítilo e Procne.[27] Em suma, é realmente correto e desejável que São Francisco nunca tivesse ouvido falar de Virgílio. Mas será que gostaríamos que Dante nunca tivesse ouvido falar de Virgílio? Será que gostaríamos que Dante nunca tivesse lido qualquer mitologia pagã? Afirma-se, com bastante propriedade, que o uso que Dante faz de tais fábulas é parte de uma ortodoxia mais profunda, que seus grandes fragmentos pagãos, suas gigantescas figuras de Minos ou Caronte, fornecem apenas uma sugestão de alguma imensa religião natural por trás de toda história, prenunciando a fé desde o início. É bom ter a Sibila, assim como Davi no *Dies Irae*.* É verdade também que São Francisco teria queimado todas as folhas de todos os livros da Sibila em troca de uma única folha da árvore mais próxima; e isso é algo perfeitamente apropriado para São Francisco. Mas é bom ter o *Dies Irae*, bem como o "Cântico do Sol".

Segundo essa tese, em suma, a vinda de São Francisco foi como o nascimento de uma criança em uma casa sombria, ignorante dessa obscuridade, uma criança que cresce inconsciente da tragédia e dos triunfos ao seu redor, por causa de sua inocência. Faz parte da essência da história que *ele* agarre a grama verde, sem saber que ela cresce sobre um homem assassinado, ou que suba na macieira, sem saber que ela foi a forca de um suicida. Tal foi a anistia e a reconciliação que o frescor do espírito franciscano trouxe para todo o mundo. Mas ele deve, por isso, impor sua ignorância a todo o mundo. Mas penso que ele teria tentado

27. Procne cozinhou seu filho Ítilo e serviu-o a seu marido Tereu como jantar. Procne foi transformada em uma andorinha.

* N. T.: "Dia da Ira", um hino latino do século XIII.

justamente isso. Para alguns franciscanos, pareceria correto que a poesia franciscana expulsasse a prosa beneditina. Para a criança simbólica, isso seria bastante racional. Para tal criança, seria bastante correto que o mundo fosse um grande e novo quarto de criança, com paredes brancas nas quais ela pudesse desenhar suas próprias figuras com giz, à maneira infantil, com contornos toscos e cores alegres, os primórdios de toda nossa arte. Seria bastante correto que, para ela, tal quarto de criança parecesse a mais magnífica morada da imaginação do homem. Mas na Igreja de Deus há muitas moradas.

Toda heresia foi um esforço para estreitar a Igreja. Se o movimento franciscano tivesse se tornado uma nova religião, teria sido, afinal, uma religião estreita. Na medida em que ele se tornou, aqui e ali, uma heresia, foi uma heresia estreita. Fez o que toda heresia faz: colocou o estado de espírito contra a mente. A disposição era, de fato, originalmente, o bom e glorioso estado de espírito do grande São Francisco, mas aquela não era a totalidade da mente de Deus ou mesmo do homem. E é fato que o próprio estado de espírito se degenerou, à medida que se tornou uma monomania. Os membros de uma seita que vieram a ser chamados de *Fraticelli* se declararam os verdadeiros filhos de São Francisco e se desligaram dos compromissos de Roma em favor do que eles teriam chamado de programa completo de Assis. Em muito pouco tempo, esses franciscanos desvinculados começaram a parecer tão ferozes quanto os flagelantes. Emitiram vetos novos e violentos; denunciaram o casamento, isto é, denunciaram a humanidade. Em nome do mais humano dos santos, declararam guerra à humanidade. Não pereceram particularmente por serem perseguidos; muitos deles foram por fim persuadidos e o restante que não pôde ser persuadido permaneceu sem produzir nada que fizesse qualquer pessoa se lembrar do São Francisco real. O problema com esses indivíduos é que eles foram místicos; místicos e nada além de místicos; místicos, e não católicos; místicos, e não cristãos; místicos, e não homens. Eles desapareceram, porque, no sentido mais exato, não ouviram a razão. E São Francisco, por mais extravagantes e românticos que seus giros possam parecer a muitos, sempre se ligou à razão por um fio invisível e indestrutível.

O grande santo era são; e com o próprio som da palavra "sanidade", como em um acorde mais profundo tocado em uma harpa, voltamos a algo de fato mais profundo do que todas aquelas coisas a seu respeito que pareciam uma excentricidade quase élfica. Ele não era um mero excêntrico porque se voltava sempre para o centro e para o coração do labirinto; tomava os atalhos mais estranhos e mais tortuosos pelo bosque, mas estava sempre indo para casa. Ele era não apenas humilde demais para ser um heresiarca, mas também humano demais para desejar ser um extremista, no sentido de um exilado nos confins da Terra. O próprio senso de humor que tempera todas as histórias de suas escapadas impediu-o de enrijecer-se na solenidade do orgulho sectário. Estava sempre disposto, por natureza, a admitir que errara; e se seus seguidores tiveram de admitir que ele estava errado acerca de alguns pontos práticos, só o fizeram para provar que ele estava certo. Pois foram eles, seus verdadeiros seguidores, que realmente provaram que ele estava certo; e, mesmo ao transcenderem algumas de suas negações, ampliaram e interpretaram triunfalmente sua verdade. A Ordem Franciscana não se fossilizou nem se interrompeu como algo cujo verdadeiro propósito fora frustrado pela tirania oficial ou pela traição interna. Foi esse tronco interno e ortodoxo dela que depois deu frutos para o mundo. Ela contou entre seus filhos com Boaventura, o grande místico, e Bernardino, o pregador popular, que encheu a Itália com as próprias bufonarias de um *jongleur de Dieu*. Ela contou com Raimundo Lúlio, com seu estranho saber e seus grandes e ousados planos para a conversão do mundo; um homem intensamente individual, assim como São Francisco. A Ordem contou com Roger Bacon, o primeiro naturalista cujos experimentos com a luz e com a água tiveram toda singularidade luminosa que pertence aos primórdios da história natural, e o qual até mesmo os cientistas mais materialistas saudaram como um pai da ciência. E a verdade é que esses foram grandes homens que não apenas realizaram grandes obras para o mundo, mas também foram do tipo de homem que mantém o espírito e o sabor, e no qual podemos discernir um gosto e um sabor de audácia e simplicidade, e que podemos reconhecer como filhos de São Francisco.

Pois esse é o espírito completo e final com que devemos nos voltar para São Francisco: o espírito do agradecimento pelo que ele fez. Ele foi, acima de tudo, um grande doador e se preocupou principalmente com o melhor tipo de doação, que é chamado de ação de graças. Se outro grande homem escreveu uma gramática do assentimento,* pode-se muito bem dizer que ele escreveu uma gramática da aceitação, uma gramática da gratidão. Compreendeu as próprias profundezas da teoria do agradecimento; e suas profundezas são um abismo sem fundo. Ele sabia que o louvor de Deus apoia-se em sua base mais forte quando se apoia no nada. Sabia que a melhor maneira de medirmos o grandioso milagre do

* N. T.: Referência à obra do cardeal John Henry Newman (1801-1890), *Um Ensaio em favor de uma gramática do assentimento*.

mero fato da existência é percebermos que, se não fosse por alguma estranha misericórdia, nós nem sequer existiríamos. E algo dessa verdade maior se repete de forma menor em nossas relações com um poderoso fazedor da história. Ele também é um doador de coisas que não poderíamos sequer imaginar; ele também é grandioso demais para qualquer coisa que não seja a gratidão. Dele proveio todo um despertar do mundo e um alvorecer em que todas as formas e cores puderam ser vistas de modo novo. Os poderosos homens de gênio que produziram a civilização cristã que conhecemos aparecem na história quase como seus servos e imitadores. Antes de Dante existir, ele dera a poesia à Itália; antes de São Luís governar, ele se erguera como tribuno dos pobres; antes de Giotto pintar suas pinturas, ele representara as cenas. O grande pintor que deu início a toda a inspiração humana da pintura europeia procurou pessoalmente São Francisco para nele se inspirar. Diz-se que, quando São Francisco encenou à sua própria maneira simples uma peça da Natividade em Belém, com reis e anjos vestidos com as espessas e alegres roupas medievais e as perucas douradas que representavam auréolas, um milagre foi realizado, pleno da glória franciscana. O Santo Menino era um boneco ou menino de madeira, e diz-se que São Francisco o abraçou e que a imagem ganhou vida em seus braços. Ele certamente não pensava em coisas menores, mas podemos ao menos dizer que uma coisa ganhou vida em seus braços: aquilo que chamamos de drama. Exceto por seu intenso amor individual pelo canto, o próprio Francisco talvez não tenha corporificado esse espírito em nenhuma dessas artes. Ele foi o espírito que se corporificou. Foi a essência e a substância espirituais que caminharam pelo mundo, antes de qualquer pessoa ter visto essas coisas em formas visíveis derivadas delas: um fogo errante, vindo como de lugar nenhum, do qual homens mais materiais podiam acender tochas e velas. Ele foi a alma da civilização medieval antes mesmo de ela encontrar um corpo. Um outro fluxo muito diferente de inspiração espiritual deriva dele em grande medida: toda aquela energia reformadora dos tempos medievais e modernos que representa o fardo do *Deus est Deus Pauperum*.[28] Seu ardor abstrato pelos seres humanos estava em uma miríade de leis medievais justas contra o orgulho e a crueldade dos ricos; ele se encontra hoje presente naquele que chamamos vagamente de socialista cristão, para o qual uma definição melhor seria democrata católico. Nem no lado artístico nem no social, ninguém alegaria que essas coisas não existiriam sem ele; contudo, é bem verdade que não

28. Deus é o Deus dos pobres.

podemos agora imaginá-las sem ele, desde que ele viveu e mudou o mundo.

E parte daquele senso de impotência que constituía mais da metade de seu poder descerá sobre qualquer um que saiba o que aquela inspiração foi na história e que possa registrá-la em não mais que uma série de sentenças esparsas e escassas. Tal pessoa compreenderá em parte o que São Francisco entendia pela grande e boa dívida que não pode ser paga. Sentirá logo o desejo de ter feito infinitamente mais e a futilidade de ter feito qualquer coisa. Tal pessoa saberá o que é ser inundado no dilúvio das maravilhas de um homem morto e nada ter para dar-lhe em troca, nada ter para colocar sob os abrangentes e irresistíveis arcos de um templo de tempo e eternidade, exceto esta breve vela consumida tão rapidamente perante seu santuário.

MADRAS® Editora

CADASTRO/MALA DIRETA

Envie este cadastro preenchido e passará a receber informações dos nossos lançamentos, nas áreas que determinar.

Nome ____

RG ____________________ CPF ____________________

Endereço Residencial ______________________________

Bairro _______________ Cidade _______________ Estado _____

CEP ____________ Fone ______________________________

E-mail ____

Sexo ❑ Fem. ❑ Masc. Nascimento ____________________

Profissão _______________ Escolaridade (Nível/Curso) __________

Você compra livros:

❑ livrarias ❑ feiras ❑ telefone ❑ Sedex livro (reembolso postal mais rápido)

❑ outros: ____

Quais os tipos de literatura que você lê:

❑ Jurídicos ❑ Pedagogia ❑ Business ❑ Romances/espíritas

❑ Esoterismo ❑ Psicologia ❑ Saúde ❑ Espíritas/doutrinas

❑ Bruxaria ❑ Autoajuda ❑ Maçonaria ❑ Outros:

Qual a sua opinião a respeito desta obra? ____________________

____

Indique amigos que gostariam de receber MALA DIRETA:

Nome ____

Endereço Residencial ______________________________

Bairro _______________ Cidade _______________ CEP __________

Nome do livro adquirido: ***<u>São Tomás de Aquino e São Francisco de Assis</u>***

Para receber catálogos, lista de preços e outras informações, escreva para:

MADRAS EDITORA LTDA.
Rua Paulo Gonçalves, 88 – Santana – 02403-020 – São Paulo/SP
Caixa Postal 12183 – CEP 02013-970 – SP
Tel.: (11) 2281-5555 – Fax.:(11) 2959-3090
www.madras.com.br

Este livro foi composto em Minion Pro, corpo 11,5/13.
Papel Offset 75g
Impressão e Acabamento
Mundial Gráfica LTDA
Rua Visconde de Taunay, 651 – Bom Retiro – São Paulo/SP
Email: Vendas@mundialgrafica.com.br. – Tel: 3337-4586